韓国の居住と貧困

スラム地区パンジャチョンの歴史

金秀顯 著

全泓奎 監訳

川本綾／松下茉那 訳

明石書店

가난이 사는 집 : 판자촌의 삶과 죽음
Copyright ⓒ 2024 by Soo-hyun KIM
All rights reserved.
Japanese Translation copyright ⓒ2024 by Akashi Shoten
This Japanese edition is published with the consent of the author and Maybooks.

日本の読者のみなさんへ

　韓国に渡航したことがある方はおわかりだと思いますが、仁川空港からソウルに入れば周りはすべてマンションが立ち並んでいる様子が目に入ります。ソウルは住宅の6割が高層のマンションで、香港やシンガポールを除けば、世界で最も高い比重をマンションが占めているのではないでしょうか。

　いまや外国人観光客はもちろん、ソウル市民でさえも、わずか50年前まではソウル市内にある住宅の4割ほどがパンジャチプ（25頁「用語整理」参照）であったことを知る術もありません。

　韓国は、1953年に休戦状態となった朝鮮戦争による混乱を乗り越えて、1960年代より経済成長が本格化しました。当時まだ農村に踏み止まっていた60％の人口を、一日も早く大都市に呼び込み産業発展の主力を担わせることが課題でした。世界のどの国よりも速かった都市化とそのスピードに助けられ、経済発展の奇跡も成し遂げてきました。

　しかし問題となったのは、このようにして大都市に集まってきた農村の人々が体を休める場所を見つけることでした。当時の政府はしっかりした住居を供給する意志も能力もありませんでしたので、この人々は結局、山の斜面や川辺に板を集めて、その場凌ぎのパンジャチプを建ててマウル（集落）を作り都市生活を営んでいくことになりました。パンジャチョンは都市への定着と貧困克服の前進基地でもありました。たとえ家や身なりはみすぼらしくとも、居住者は都市経済の発展の主人公でした。韓国の経済成長の最も多くのところが、このパンジャチョン住民の貢献があったからだと言っても過言ではありません。

　1960年代にはソウル市内住宅地の40％、70年代には20％、80年代初めでも10％がパンジャチョンでした。しかし1983年から大規模な開発が始まり、ほとんどのパンジャチプは高層マンションに入れ替わってしまいました。それだけ韓国経済が成長し、またマンションに対する中産層のニーズも高まってい

たからです。

　本書『가난이 사는 집 : 판자촌의 삶과 죽음（貧困と居住：パンジャチョンの生と死)』はパンジャチョンの誕生から発展、そして崩壊の過程をたどっています。まさに「パンジャチョンの歴史」の本です。しかし本書は、住居と居住地というハードな側面だけを対象としていません。その中で暮らしてきた貧しい人々の物語を紹介したいという思いがありました。たとえパンジャチプがなくなりマンションに置き換えられたとしても、貧困がなくならない限り貧しい人々が住める安い居住地はまたどこかに作られるほかありません。そのような観点から、本書は韓国の「貧困世帯が居住する住まい」について話しています。

　日本も過去には絶対貧困の時代と戦災を経験し、高度経済成長を通して困難を乗り越えてきた国です。日本でもやはり、貧しい人々の住居を取り巻く長い歴史やストーリーがあることを知っています。世界の数多くの国が非正規居住地（インフォーマルセツルメント）、すなわち韓国のパンジャチョンと似たような居住地をどのように改善していくかに腐心しています。世界人口の 4 分の 1 がパンジャチョンで生活しています。そのような点で韓国のパンジャチョンでの経験は、人類共通の課題である「居住にかんする権利」について示唆的です。

　韓国人もほとんど思い出さなくなってしまったパンジャチョンに関心を抱いてくださった日本の読者のみなさんに深く感謝します。

　あわせて、韓国的な脈絡の用語に溢れた本書を、日本の文脈に合わせて理解しやすく翻訳してくださった、全泓奎教授、川本綾さん、松下茉那さんにもこの場を借りて感謝申し上げます。とりわけ日本の読者のための解説を兼ねたあとがきを本書のために新たに執筆してくださった全泓奎教授は、私の一生の同志でもあります。韓国でも人気があるわけではないパンジャチョン問題を扱った書籍を出版してくださった、明石書店にも感謝の気持ちをお伝えします。

2024 年 4 月 23 日

金秀顯

はじめに

たくさんあったパンジャチョンは
どこに行ってしまったのでしょうか？

パンジャチョンをご存じですか？

　板を組み合わせてトタンで屋根を覆った家。そしてその中にはボロを纏った子どもたちがいます。記録写真や外国のスラム街の写真でよく見られる光景です。インターネットで検索すると、以前は清渓川周辺にぎっしりと並んでいたそのような家々をすぐに見つけることができます。ほとんどは日本人の牧師、野村基之氏や写真家桑原史成氏が1970年前後に撮影した写真です。現在も世界の人口の30％近くがこのようなスタイルのスラム街に住んでおり、韓国のパンジャチョンもおそらく同じような様子だったと推察できます。

　しかし、韓国の典型的なパンジャチョンの姿は少し異なります。当初はまさに板で建てられた家が多かったのですが、1970年代中盤からはある程度「改良」されていきました。パンジャチョンの拡大を防ぐために厳しい管理と取り締まりを行い、既に建てられていたパンジャチョンをなんとか人が住めるように改装したためです。自分の土地ではなくても非認可の建築物を記録した台帳を通じて売買を可能にしたり、都市セマウル運動★1では水道、電気、路地の舗装が行われました。この時に様々な建築資材の支援を受け、パンジャチョンの家々はみな似たような形になりました。屋根には赤いペンキを塗ったセメントの瓦、壁や囲いはセメントブロックが一般的でした。ただし、家の内部は状況に応じてまちまちでした。材木業者からもらった角材の木や古いドア、ベニヤ板を使って体裁を整えたため、部屋に古い布団をかけて壁代わりにしたり、ビニールで窓を作ることもありました。

一時的に取り壊しの脅威がなくなったので、パンジャチョンはソウルでの生活、貧困からの脱出の拠点となりました。故郷の人々、親戚同士が同じ地域で暮らすのはもちろん、建設労働や内職業を一緒に行い、まさに経済共同体のようなコミュニティを形成しました。親が働きに行った後にひとりで残された子どもたちは街角のお婆さんたちに見守られました。パンジャチョン自体が職業紹介所、職業訓練所、信用協同組合、幼稚園、保育園、時には心理カウンセリングのような役割を果たしていました。その点で、パンジャチョンは単に安い家や貧しい人々が住む地域以上の意味を持っていました。厳しいソウルでの生活を乗り越えるための福祉共同体であり、都市の中の農村地域でした。そしてこのパンジャチョンが労働者たちの生活拠点となり、韓国経済の高度成長期を支えていたのでした。写真家キム・ギチャンの「路地の風景」シリーズの写真集は、この時代の物語です。1970年代半ばから1990年代半ばまで、私たちの周りでよく見かけた光景です。

　しかし、かつてソウル市民の約40％が住み、1980年代にも10％以上が生活していたパンジャチョンは、1983年に始まったいわゆる「合同再開発事業」によって一瞬で高層マンションに変わり始めました。住民と建設業者が共同で再開発する合同再開発事業は、理論的にはバラックの所有者たちにアパートを一戸ずつ与えるという事業でした。高層マンションを建てて余った部屋を売却し、その収益で建設費を賄う仕組みでした。しかし、世の中はそんなにうまくいかないものです。元々住んでいた人々のうち、アパートに入ることができたのは10％にもなりませんでした。テナントにいたっては言うまでもありません。貧しい人々が何とか住めた街が一気に消えたため、居住権が問題となりました。この頃は立ち退き反対闘争の時代でもありました。火炎瓶が投げつけられたり、住民たちは望楼を建ててそれを盾に抵抗しました。2009年の龍山事件は、このような再開発に伴う立ち退き闘争によってつくられた監視塔に火がついて起きた痛ましい事故でした。

　パンジャチョンは貧しい人々が集まる場所でしたが、希望の芽が育つ場所でもありました。家や町はみすぼらしかったかもしれませんが、韓国の経済成長に伴い生活が向上していきました。韓国のパンジャチョンは西欧の学者や国際機構が言うところの「自らの労働によって貧困を克服する」、いわゆる自

6

助（self-help）モデルの原型でした。世界銀行は韓国のパンジャチョンの改良を自助住宅（セルフ・ヘルプハウジング・プロジェクト）と称賛し、驚異的な経済成長と共に韓国が誇るものになりました。犯罪が頻発する西洋の貧民街とは異なり、韓国のパンジャチョンはみなが希望を抱いて生活していた場所（slum of hope）でした。

　しかし、オリンピック開催を前にして、パンジャチョンは隠したい場所となり、この頃ちょうど高層マンションを求めていた中産階級のニーズに合わせて一挙に消えてしまいました。まだ貧困は残っているにもかかわらず、パンジャチョンがなくなればどのようなことが起こるでしょうか？　貧困は意外な場所に集まり始めました。それが「永久賃貸住宅」★2 です。パンジャチョンの合同再開発事業は、庶民の住宅難を悪化させ、とうとう「ママ、どこに引っ越すの？」という赤ちゃんを背負った母親のプラカードまで登場しました。政府にとっても対策が急務となり、1989 年からはソウル郊外に公営住宅を急造し始めました。ソウルのいたるところにあったパンジャチョンの住民は、15 〜 20 階の公営住宅に移り住むことになりました。今や貧困は、そびえ立つマンションに目に見える形で隔離されてしまったのです。希望の共同体は、福祉の対象者の集団居住地に変わっていきました。

　そこに入れなかった人々は散り散りになりました。地下住居の間借りへ、首都圏の多世帯・多家口住宅へ、さらにはチョッパン★3 やコシウォン★4 へ。今やパンジャチョンはなくなってしまいましたが、そこに住んでいた貧困は見えない場所に隠されてしまいました。一家が貧困に苦しんでも、児童虐待があっても、鉄の扉の向こうで起こっていることに誰も気付くことができなくなりました。貧しくても活気に満ち溢れていたマウル（コミュニティ）は今や貧困が隠される家々に散らばってしまったのです。貧しい家はそのような様々な形に姿を変え、存在し続けています。むしろ、以前より環境は劣悪になっています。

　本書は、韓国経済が最も活況を呈していた時代、まだ政治的な独裁体制が生活の一部であった時代に、資本主義に適応し、また資本主義を支えていたパンジャチョンの意味を探ります。今やパンジャチョンは消えましたが、貧しい家はまだ私たちの隣にあります。本書は、パンジャチョンの成り立ちを追いなが

はじめに　7

ら、現在の居住問題について考えることを目指しています。ただし、この本は専門的な研究書でも体験記でもありません。適度に学術的で、適度に現実的な文章を通じて、パンジャチョンの全体像を整理しようとしています。

　現在の韓国社会が享受している繁栄の多くは、パンジャチョンとそこに住んでいた人々のおかげでもあります。この本が、パンジャチョンの歴史に小さな一片を刻む贈り物となれば幸いです。特に2021年は、広州大団地事件★5が起こってから50年の節目であり、また首都圏での貧困地域宣教活動★6が本格化したことを記念する「住民運動50周年」の年でもありました。多くの方々の犠牲と奉仕に感謝申し上げます。

　個人的には、この本を書く時は30〜40年前に初めて出会ったパンジャチョンの隣人、同僚、先輩たちを思い浮かべていました。もう既に他界された方もおられ、長い間連絡が途絶えている方々もいます。しかし、一人ひとりが心の中にいます。特にボグンジャリコミュニティの家族と韓国都市研究所（都市貧民研究所）の仲間に感謝申し上げます。まだ返せていない恩がたくさんあります。

　最後に、五月の春出版社パク・ジェヨン代表に感謝申し上げます。五月の春出版社は、2011年の設立後、10年余りで韓国社会で最も意義ある出版社に発展しました。本出版社で4冊もの本を刊行することができて本当に嬉しいです。面倒なデザイン作業を担ってくださったチョ・ハヌルさんにも特別に感謝申し上げます。

訳注

★1　朴正熙政権下で行われた行政主導によるまちづくり。近代化という理念を掲げ啓蒙を兼ねて実施された。

★2　韓国の公営住宅。1989年の盧泰愚政府の住宅200万戸供給計画の中で位置づけられ供給が始まった、韓国最初の公共賃貸住宅である。当初20万戸供給計画だったが最終的には19万戸の供給に留まった。

★3　駅周辺など立地の便利な地域にあり簡易宿泊所のような機能を持つが、管理する法制度が存在しないため構造的脆弱性や生活環境上の問題が指摘されている。

★4　「考試院」、当初は司法試験や公務員採用試験準備のため利用する施設だったが、近年低所得層や移住労働者の宿所として利用されることが増え、社会的に注目を浴びるようになった。多重利用施設として分類される。

★5　補筆
★6　当時のスラム地域への支援活動のほとんどは独裁政権下という時代的状況が反映され、宗教社会団体による活動が重宝された。

目　　次

日本の読者のみなさんへ　3

はじめに　5

第1部　パンジャチョンを知っていますか？

第1章　家 ‥‥‥‥‥‥‥‥‥‥‥‥‥‥‥‥‥‥‥‥‥‥‥ 17

産業化、都市化、そして住宅問題　17

　人間にとって家は商品だ　17

　経済発展の条件：農村解体と都市化　18

　借家暮らし　21

他人の土地に家を建てる　23

　パンジャチョンに温かい社会　23

最も原始的な家：土幕　29

捨てられた材料で家を作る：合板、ブリキ、屋根材　31

　政府が分け与えたテントの家　32

パンジャチョンの典型がつくられる：赤色のセメント瓦、積み上げられた

　ブロック塀　37

　これ以上撤去しない：陽性化と現地改良　37

一寸も無駄にしない：パンジャチョンの空間活用　41

パンジャチョンの路地：記憶すべき「敷地の模様」　47

新しく並ぶ無許可住宅　51

　カンナム一帯に並ぶパンジャチョン　51

　組織的に作られたビニールハウス村　53

新しく発生した無許可住宅の運命：玉石を分け合う？　57

第2章　人 ‥‥‥‥‥‥‥‥‥‥‥‥‥‥‥‥‥‥‥‥‥‥‥ 61

パンジャチョンの人々　61

　貧しい人々が集まる場所　61

　抜け出せない貧しさ　62

誰もがどんな仕事でもする　65
　　パンジャチョンは全体が就労ネットワーク　67
　　パンジャチョンの子どもたち　69
　　制限的な生活保護、まん延する飲酒　70
　パンジャチョンの改革家たち　72
　　アリンスキー、ソウルに来る　72
　　貧しさと向き合う：パンジャチョン住民運動　75
　　撤去民闘争とパンジャチョンの指導者たち　78

第3章　　事件 ……………………………………………………… 87

　水、火事、土砂崩れ　87
　　年中行事だった水災　87
　　2回の土砂崩れで数十名が死亡したシフン2洞パンジャチョン　89
　　「0.17坪の生活」が燃えた　92
　ナムサン国民学校に作られた罹災者のテント村　93
　　現在も続くビニールハウス村の火災　93
　ワウマンションの崩壊　96
　　3年以内にソウルパンジャチョンをすべてなくす！　96
　　4月の明け方、ワウマンションが崩れ落ちた　99
　　その後も長い間残っていた市民マンション　103
　クァンジュ大団地事件　105
　　韓国最初の新都市、クァンジュ大団地　105
　　結局爆発する　110
　闘う撤去民　116
　　間違いを正してもだめなら堂々と闘う　116
　組織化された撤去民運動の始まり：1983年、モク洞公営開発　121
　撤去反対運動の拡散とソウル市撤去民協議会の結成　124
　　公共賃貸住宅を勝ち取る　128
　　撤去反対運動の分化　130

第2部　家、貧困、そして開発

第4章　家と貧しさ …………………………………………………… 137

貧しい家の歴史　137

安くて良い家の条件　137

貧しい人々が住む家の歴史　140

貧困の象徴、永久賃貸住宅　144

既成市街地の廉価な住まい：（半）地下住居、屋上部屋　147

単身生活者たちの生活の場、考試院　151

路上生活とチョッパンとのあいだ　156

第5章　パンジャチョンと合同再開発 ………………………………… 161

パンジャチョンを中産層用のマンション団地へ　161

合同再開発事業の誕生　161

合同再開発事業の構造　163

誰も損をしない？　166

パンジャチョンから去った人々　170

合同再開発事業が残した課題　173

第6章　ニュータウンと都市再生 ……………………………………… 177

パンジャチョン以後の再開発　177

ソウル、土地区画整理事業で作られた都市　177

パンジャチョン再開発モデルを一般住宅に：ニュータウン事業　180

住宅価格が上がり続ければ成功できる　182

誰のためのニュータウン事業なのか　183

ニュータウンから都市再生へ　187

避けられなかったニュータウン出口戦略　187

都市再生事業の導入と拡散　188

再び撤去再開発へ？　190

第3部　パンジャチョンの後のパンジャチョン

第7章　世界のパンジャチョン ……………………………… 195

どこにでも「パンジャチョン」はある　195
　世界の都市人口の４分の１にあたる人々が住むパンジャチョン　195
　発展途上国のパンジャチョン政策の変化　198
　東アジアの成功した国々の経験　205
　香港の新種のパンジャチョン　207
　先進国にもパンジャチョンがある　209

第8章　パンジャチョンが残した課題 …………………… 218

パンジャチョンに対する国際社会の呼びかけ　218
　居住に対する権利と住民参加の原則　218
　居住権概念の発展と課題　219
パンジャチョンの残した宿題　222
　変わらない要求：安くて良い家が必要だ　222
　人を中心とする都市整備　223
　社会が支える貧困克服　225
　共に生きる都市の夢　226

補論　パンジャチョンと不動産政策の経験 ……………… 229

　研究と実践の関心　229
　文在寅政府と不動産　230
　パンジャチョンの歴史と意味の整理　232

監訳者あとがき　234

　パンジャチョンの用語整理　25
　パンジャチョンの政策的流れ　26
　「常緑樹警察官」を知っていますか？　73
　パンジャチョンの貧民運動家たち　81
　韓国の最低居住水準　138
　適切な住居に対する権利（抜粋）　221

第1部

パンジャチョンを知っていますか?

第1章　家

産業化、都市化、そして住宅問題

人間にとって家は商品だ

　眠る家がない家族は想像するだけでも悲惨だ。雨や寒さをどのようにしのぎ、体を洗ったり服を洗ったりするのはどうしたらいいのだろう？　明日の仕事のために体を洗うことができず、子どもを育てることもできない。

　家は人間の生存と種族の保存において必須のものである。これゆえに原始時代から人間は、どのような形態であれ「家の役割」を果たす空間を整えてきた。狐に洞窟が、鳥に巣があるように、人間にも眠るところが必要だ。洞窟や木の上、藪の中のどこでも雨や寒さ、獰猛な動物を避けるという目的は同じだ。しかし、定着生活が可能になり、人間の家は次第に恰好を整え始めていった。最初は竪穴や天幕のような形態だったものに壁や屋根ができ、さらには窓がある家へと発展した。家を建てる材料や屋根の模様などは私たちが幼い時に学んだように、気候条件、地域で調達可能な材料などによって最も効率的な方法をとった。最初はどこも竪穴水準に過ぎなかったのに場所によっては多様な模様へと発展した。特に農業生産力が高まり、指導者が階級化されるにつれ、家は単純に生存や生活のための空間ではなく、権力や富を表す象徴へと変わっていった。世界のどこであろうとそこで具現化される限り最高の家が出てきたのだ。半面、民衆たちは昔も今も最小限の空間と施設に満足するしかない。

　洞窟や竪穴式住居から始まった人類の家の歴史ではあるが、少なくとも文明社会に入ってからは家が持つべき最小限の条件が存在する。壁と屋根は最も基本的な要素だ。光が入らなければならないという点も同じだ。食事を作ることができる台所や調理空間も必須である。雨風を受けて簡単に倒れるようではだめだ。当然、寒さを避けられるように暖房も必要だ。大部分の国はこのような

17

家の物理的条件が法で定められてもいる。韓国でも統計庁が調査する住宅の基準は「一つの世帯が暮らせるように建てられた家で、台所と一部屋以上の部屋と独立した出口を備えた常設の建物」（統計庁『人口・住宅総調査』基準）である。また、建築法、住宅法は家を構成する最小面積を含み、許可から建築過程まで詳細に決めている。住居基本法ではさらに踏み込み、韓国人ならば最低限これぐらいの住宅には住まなければならないという趣旨の「最低居住基準」を規定している。世帯員の数による最小面積・住宅の構造・設備・性能および周辺環境要素まで基準を定めており、その水準に達しない世帯数を減らすことを政策目標としてきた。

　現代の技術や生産力を見ると、家の物理的基準を備えることはそれほど難しくない。コンクリート、木材、窓やドア、ガラスなど、どの材料も既に珍しくないからだ。ただ問題は、家を建てる土地が十分でなく、家の値段がとても高くなったという点だ。すなわち、技術や材料の問題ではなく、購買力が問題となっているのだ。住宅は生存のための必需品であるが、同時に高価な商品でもある。さらに「動かすことのできない（不動）商品（産）」である。農村にある自分の家を大都市にそのまま移すこともできない。

　したがって、家の物理的な基準や水準より重要な問題は経済的なアクセスだ。どれだけ家が多くとも、自身の経済的な事情で買うことができないのならば、それは絵に描いた餅に過ぎない。もちろん家自体が絶対的に不足した状況ならばそれ以上述べる必要もないだろう。韓国だけではなく、すべての国が経済開発の初期に急激な産業化と都市化の過程で経験したことである。

経済発展の条件：農村解体と都市化

　人類の歴史を 5000 年程度とみるならば、その大部分は農耕時代だった。したがって国家運営の核心は、どのようにしたらすべての人々に農耕地を遊ばせることなく農業に勤しませることができるかだった。農地はもちろん、封建領主と農民との関係も基本的に土地に国民を結びつける効果的な方法を探した結果だった。我が国の「号牌制度」★¹ も、納税目的の他に、農民たちが土地から離れられないようにするという目的で施行されたものだった。農経社会で農民が土地を離れるということは、いわば労働者が工場を離れることと同じであ

18　　第 1 部　パンジャチョンを知っていますか？

る。干ばつや飢饉で流浪する農民が増えたら国が亡びることもあった。封建領主や地方の長の立場からみると農土を捨てた流民の増加は、すなわち自身の失政や暴政を表すものでもあった。5000年の歴史の中の4800年はそのような時代だった。大都市があったとはいえ、基本的には統治と宗教、商業の中心地だっただけで、それ自体が大きな富を生み出すような空間ではなかった。古代ローマや中世にも大都市が栄えたが、どこまでも農経社会を基盤に置いた大都市に過ぎなかったのである。

　しかし、産業革命と同時に工業生産が大きな富の源泉となると、今度は反対に農土に縛られていた農民を都市労働力に活用することが国家的な課題となった。農業生産性が高まり少数の農民だけでも食糧生産が可能になり、その上植民地など他の国の穀物を持ってくることで解決することができるようになったためである。また、農民が数百年間利用してきた村の共有地に垣根が設けられて農民たちが追い出されるなど、近代的な土地所有権を口実に農民たちをとりまく状況が急激に悪化した。小麦より紡績生産に必要な羊毛が重要視され、「羊が人を追い出す」ことが頻繁に起こるようになった。このように土地から押し出された農民たちは都市の低賃金労働者に転落した。さらに多くの労働者が都市に押し寄せると資本家たちの賃金負担は減り、経済力が上昇する構造だった。

　農村ではそれなりに自身の家を所有していた農民たちだったが、ひとたび都市に来た途端、素っ裸になってしまった。資本主義における初期都市労働者たちの脆弱な住居状況は、エンゲルスが書いた『イギリスにおける労働者階級の状態』に切々と描写されている。窓もないハチの巣のような空間で何人もが生活している絵は、今は先進国になった国の200年前の姿だ。1900年代に入ると状況はさらに悪くなり、イギリスの場合、持ち家率が10％程度に過ぎなかった。すべての農民が農村での家を捨て都市に出てきたためで、グラスゴーなどの工業都市では労働者が部屋代を払えないとストライキを起こし軍隊が出動する事態にまでなった。西欧の資本主義国家が労働者や貧しい人々の住宅問題の解決を国家的な課題としたのもこのためだった。この問題を放置したら労働者は賃金の大部分を家賃として支出しなくてはならず、雇用主は賃金をさらに上げなければならないため、経済力が落ちる一方だったのである。教育や医

第1章　家　　19

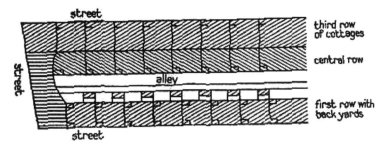

Engels, 1845, *Condition of the Working Class in England*.
フリードリヒ・エンゲルスの『イギリスにおける労働者階級の状態』には1840年代のイギリス大都市の労働者が暮らしていた家が描写されている。土地から追い出された農民は都市の低賃金労働者に転落した。

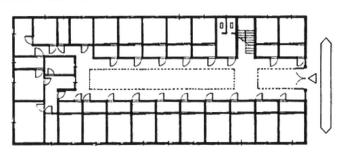

1980年代の九老公団のボルジップ。19世紀のイギリス労働者の住宅構造が20世紀の韓国で再現されたようにみえる。
資料：キム・ヨンギ（1983）；キム・ギョンミン（2014.1.30）から再引用。

図1-1　1840年代のロンドンの労働者が居住していた住居と1980年代のソウルの「ボルジップ」 ★2

療のように住宅問題にも国家が介入しなければならない理由は明らかで、これは公共賃貸住宅や社会住宅政策が発展する契機となった。また、政府が積極的に住宅の大量供給のための制度を整備し、株主の暴利を防ぐための規制措置が整えられたりもした。

　先発の資本主義国家はこのような過程を200年にわたって経験してきたが、韓国のような後発国家はわずか数十年でそれを圧縮的に経験した。もちろん植民地時代の海外移住、朝鮮戦争などを経験する中で、大都市は故郷を離れた農

民たちが住んできたところでもあった。しかし、本格的な離農向都は政府が経済開発を大々的に展開した1960年代から始まった。産業化、工業化をいち早く推進するためには、農地に縛られていた労働力が一時でも早く都市に流れるようにすることが重要だった。農民にとって規模と比べて人口が過剰だった農村を離れるのは有利でもあったが、一方では政府の意図的な農村解体政策が並行していた。いわゆる「低穀価政策」だ。戦争以降、アメリカの剰余農産物を食糧確保に活用することで、全般的に米や雑穀の価格を下げたのだ。このような農村解体は都市労働力拡充に寄与し、賃金上昇を抑える二重の役割を果たした。国家主導の低穀価、低賃金政策で我が国の輸出経済力を高めたのである。

　実際に1960年代に人口の大多数は農村で暮らしており、都市化率は40%程度に過ぎなかった。2020年の都市化率が90%水準であることに比べると、どのような状況だったか推測できるだろう。ソウルの人口も当時約244万人で全国人口の10%程度だった。半面、農村地域である全羅北道扶安郡は17万人、慶尚北道金川市は19万人に達していた。現在はどちらも5万2,000人余りに過ぎない。ソウル市は1,100万人（1990年）まで人口が増え続けたが、現在は1,000万人以下に減少している。それでも依然として全国の人口の20%近くがソウルに住んでいる（2020年18.8%）。

　これは農業比重変化からも確認できる。1960年に我が国の経済で農林漁業が占める割合は40%近くと、まさに農業国家だった。だが現在は2%にもならず、工業やサービス業がそれに代わっている。結局のところ、我々は農経社会から産業社会および都市型国家に変わるのにわずか30年から40年しかからなかった。西欧国家が200余年にわたって経験してきたことを短期間で経験したのだ。このような過程でソウルと大都市では人口爆発が起こり、寝るところすら見つけられない離農貧民たちが溢れるようになった。

　彼らはどのようにしてソウルで家を手に入れることができたのだろうか？

借家暮らし

　農村から追い出された農民たちは、ソウルでどのように寝る場所を確保したのだろうか？　まずは他人の家を借りる方法がある。産業化が本格化した1960年代から1970年代、ソウルでは家が絶対的に不足していた。1970年代に

は住宅不足率が 45％ に達するほどであった（表 1-1）。家より世帯数が多かったため、結局住宅をさらに細かく分けて住むしかなかった。また住宅当たりの人口数は、1958 年の 8.8 人から 1966 年には 10.5 人に増えた[1]。

　ところで、一つの家をどのようにいくつもの世帯が共に使うのだろうか？ マンション生活に慣れた現代人は理解しがたいだろう。特に現在は一軒家を借りるにしてもワンルーム式に独立した区画を持つ空間が大部分だ。それならばトイレは？　台所は？　私生活や独立した空間はおろかトイレを一緒に使うのは理解することができないだろう。しかしここでは我々特有の住宅形態と住居文化が根付いている。韓国の伝統家屋は門の近くに行廊（使用人などが使う門の左右に作られた部屋）があり、奥とは構造的に分離している。または男性が主に生活するサランチェ（客間兼主人の書斎）があった。行廊は元々下人たちや使用人が生活する空間だったが、近現代に入ると別途貸し部屋として使われるようになった。

　このように家を分けて使うのは直ちにソウルで家を手に入れなければならない間借り人たちにとっても、また家の主人にとっても助かるものとなった。家の主人としては、いうならば人の金（チョンセ[★3]金）を利子の負担なく借りて家を買うのに利用できた。間借り人は月極めの家賃を払わないでまとまった金を守り、もう少し貯めてそれを元手にチョンセで家を購入することができた。いまではあまり見られないが、当時は「ワンルームチョンセ」を手に入

表 1-1　ソウルの住宅不足率の推移

年度	人口数	世帯数（A）	住宅数（B）	住宅不足率（％）
1926	306,363	68,682	64,889	5.8
1931	365,432	77,701	69,453	10.6
1935	636,995	131,239	101,767	22.5
1939	930,547	154,223	n.a.	n.a.
1944	1,078,178	220,938	132,000	40.3
1950	1,693,224	318,673	n.a.	n.a.
1960	2,445,402	446,874	275,436	38.4
1970	5,433,198	1,096,871	600,367	45.3

資料：ソウル市政開発研究院（2001）562、564 頁から再構成。

れて新婚生活を始めることも庶民には一般的なことだった。そして町の外れに
広いチョンセの家、すなわち「一軒家賃貸」を手に入れ、その後様々な方法で
「チョンセつきの家」を購入することがいわば住宅すごろくだった。今ではこ
のような住居の上昇移動さえ容易ではなくなったが、それでも高度成長期には
この住宅すごろくが作動していた。

　しかし他人の家の一間すら借りることもできない人々は、どのように家の問
題を解決していたのだろうか？

他人の土地に家を建てる

パンジャチョンに温かい社会

　ソウルは朝鮮時代後期から、ひどい貧困と社会変化の中で農村を出た流民た
ちが集まるところだった。時には海外移住の経由地であり、時には帰還した同
胞たちが故国に入り、まず様子をうかがうためにとどまったところでもあっ
た。朝鮮戦争と分断によって故郷を後にせざるを得なかった人々もまた同様で
ある。このようにソウルの人口は急激に増加したが家は非常に不足していた。
家を借りることすらできないほど住宅が極度に不足していて一体どうしたらい
いのかわからないほどだった。まず寒さをしのぐために何かを編んで屋根を作
らざるを得なかっただろう。無許可でバラックを立てるのが大きな犯罪行為で
あるという考えもなかった。朝鮮時代後期から日本の植民地時代にかけて既に
都城周辺にかますを積み上げた土幕が登場した。強い行政力を有していた総督
府も土幕に対しては温情的に対処していた。有無を言わさず撤去させるという
よりはむしろ集団再定着を推進しており、居住者の健康状態に対する調査も実
施していた。植民地政府としても、土幕を不法な社会秩序侵害事犯とは規定し
なかった。

　1950 年代は戦争以降の絶対貧困状況で農村も疲弊していき、農村から都市
に多くの人々が押し寄せていった。このため以前からあった土幕村以外にさら
にびっしりと土幕村が立ち並んだ。戦争中、防火帯を作るためチョンゲチョン
の方に疎開した宗廟の前から南山まで（現在のセウン商店街のあたり）、そし
てさらに先の河川付近や丘などにもバラックが建てられた。

そして 1960 年代に産業化が本格的に進み、農民たちは農村から押し出される一方、チャンスを求めて都市にさらに多くの人々が押し寄せた。そうすると政府は既存のパンジャチョンの空間に溢れる人口を押し込めることができず、1960 年代後半からはむしろソウル市が積極的にパンジャチョンを集団で移住させた。そのためバラックが不法だという意識を持つのがさらに難しくなった。また個人では難しくとも、同郷の人々が同じ町に集まっていた。親戚たちが先に上京してバラックを建てるケースが多くみられた。いわば連鎖移住（chain migration）を通してソウルに定着していったのだった。

　バラックは取引も自由で、それなりに財産権も守られていた。問題が生じると賄賂を渡したり、デモや籠城で問題を解決することもあった。選挙の時には選挙目当ての陽性化が溢れたりもした。ただ 1970 年代に入り、航空写真を通じて新しいバラックの発生が取り締まられるようになってからは、新しく建てることはとても難しくなった。したがって政府が無許可バラックの占有権を認めていた最終的な時期は 1982 年以前までである。

　バラックに対する世論も友好的だった。過去の新聞をみてみると、バラックの火災、水害、強制撤去に対して政府を責める声が高かった。植民地時代やアジア太平洋戦争後、朝鮮戦争前後などの混乱期には誰もが様々な事情を抱えていたのだ。みなが貧しい時期だったため、生き抜こうという人に対して酷くあたることはできなかった。何より急激な産業化が進み、バラックの住民たちがまさに都市の健全な労働力であり経済発展の原動力であるという事実を社会はよく知っていた。バラックの住民たちの犯罪率はむしろ低く、早朝から深夜まで駆けずり回って働いていた。ソウルを含めた大都市は、彼ら賃金労働者たちに十分な家を準備することができる状況ではなかったため、不法という認識よりは「生き抜いてやる」という生活への意志と理解していたのである。

　それに加え、バラックに住むということが特別恥ずかしいことではなかった。それだけ多くの人が住んでいた。1966 年の調査によると、ソウル市人口の 38％がバラックに住んでいると推定されている。1970 年代にはおよそ 20％、1980 年初めに入ると 10％以上のソウル市民がいまだにバラックに居住していたほどであった。

パンジャチョンの用語整理

パンジャチプ：その名の通り板で建てた家。木材などで適当に建てられた家を意味する。1950 年代から、貧しい人々が住む適当に建てられた家を指す名称になった。

ハコバン（箱部屋）：日本語の「箱」と韓国語の部屋を表す「バン」が組み合わさった言い方。バラック小屋はその一種といえる。日本語では「バラック」または「板屋」という。

不良住宅：建物が老朽化していたり、構造上の危険があり人が住むには適していない住宅を意味し、主に行政用語で使われている。

無許可住宅：許可を受けていない不法に建てられた住宅を意味し、行政用語では不良住宅と合わせて無許可不良住宅という言葉でよく使われる。

パンジャチョン（板の村）：バラック小屋が集まった貧しい町。本書の基本表現である。

サンドンネ（山の町）：パンジャチョンが主に丘の上にあったため、尾根や斜面の貧しい人々が住む町を意味する。

タルドンネ（月の町）：サンドンネと同じ意味であるが、純化、または美化されている側面がある。過去「タルドンネ」という単語が含まれているドラマが制作され、そのような印象が残った。

無許可定着地：無許可で建てられた家が集まっているところであり、行政で、または学術用語としてよく使われる。

集団定着地：韓国のパンジャチョンが主に行政によって集団的に造成されたため使われる言葉である。

ビニールハウス村：1980 年代後半から農地などのビニールハウスを利用して作られた、新たな無許可定着地を指す言葉である。

第 1 章　家　　25

パンジャチョンの政策的流れ

①植民地時代：土幕村の制限的管理

　土幕村は韓国のパンジャチョンの原型といえる。朝鮮時代後期から西大門の外側の打ち捨てられた土地に建ち始めた土幕は、植民地時代に多く拡散した。植民地政府は土幕村を集団化して宗教法人とし、土幕民への教育や福祉を提供した。しかしアジア太平洋戦争が本格化すると土幕村に対する体系的な管理は中断され、周辺地域にさらに散っていった。

② 1965 年まで：黙認と放置

　解放（終戦）から 1960 年代までは既存の土幕村が拡張される一方で、河川側や南山周辺、都心周辺の空き地などにパンジャチョンが急増した。しかし全体的に経済力が低く、絶対貧困が蔓延している状態で政府はパンジャチョンを黙認または放置していた。一部地域では撤去に遭ったりもしたが、これは暴水害危険地や道路の開設、官公署の新築など、例外的な場合に限られていた。当時韓国政府はパンジャチョンを整備する意志も能力もなかったといえる。

③ 1966 年から 1971 年まで：パンジャチョンの撤去と再配置、そして拡大

　1960 年代中盤からソウルが本格的に経済成長の中心地になり、パンジャチョンに関する政策も以前とははっきりとした違いをみせ始めた。ソウルの都心部を現代的な用途で開発する必要が生じたばかりでなく、急増した都市人口を収容するためにパンジャチョンの拡大と再配置が必要になったのだ。したがって既存の都心周辺のパンジャチョンを郊外に移動させ規模を拡大した。またソウルのパンジャチョンの大部分を、当時クァンジュ郡チュンブ面（現在の城南市一帯）に作るニュータウン（クァンジュ大団地）に移動させる計画を推進したりもしていた。

④ 1972 年から 1982 年まで：パンジャチョンの安定化と包摂

　パンジャチョンの再配置に成功したソウル市は、1972 年から政策を全面的に変え、事実上占有権を認めて現地改良を許容し、さらには奨励までするようになった。既に空間の再配置が完了していたという理由もあるが、維新憲法の宣布と戒厳令の拡大措置等政治的に不安定な中、貧困層を包摂しなくてはならないという理由も作用した結果である。この期間には新しくパンジャチョンを作ることを厳しく統制していたので、新たに流入してきた貧困層は既存のパンジャチョンに押し込まれる形で生き延びた。そして現地改良と共に内部の高密度化が始まった。

⑤1983 年から：商業的再開発を通じた解体と公共賃貸住宅の供給

しかしこのような安定期は長く続かなかった。1980 年代初めからソウルの開発可能な宅地が不足するようになると、パンジャチョンが開発圧力を受けるようになった。この地域の周辺に地下鉄路線が新設されたため、開発可能性がさらに高くなった。そして新たな再開発事業方式が導入され、無許可住宅の家主たちに新しく建てたマンションへの入居資格を与え、必要な費用を建設業者が負担することとした。これは建設業者と組合員（土地および建物主）が協同で再開発事業を実施するという意味で「合同再開発事業」と呼ばれた。再開発を通して発生した開発利益の一部を無許可住宅の家主に分け与えて政治的な反発を減らし、効果的に商品市場に編入させる戦略を図ったのだ。それに加え、1988 年のソウルオリンピックの誘致に伴い、都市の美観改善が求められたことも再開発を急ぐ契機となった。

この過程で住居事情が悪化したパンジャチョンの間借り人は住居対策を要求する撤去反対運動を展開した。そして 1988 年のオリンピックの頃急騰したソウルのチョンセ額は、庶民の経済に深刻な影響を及ぼした。1990 年より再開発区域内の間借り人たちに公共賃貸住宅を供給するようになった。以前にパンジャチョンが行ってきた低廉住居の提供機能がもはや作動しなくなり、公共賃貸住宅の供給を通して補うほかなくなったのである。

だが、遅まきながら新たに建てられた公共賃貸住宅にもパンジャチョンの住民たちのほとんどが入居することができなかった。90％以上がパンジャチョンを出るしかなくなり、特に間借り人たちの住居事情が悪化した。このため 1980 年代後半からソウル・首都圏の開発制限区域や保留地などにビニールハウス村のような新種の無許可住宅が作られた。

時期別にソウルのパンジャチョンの分布を描くと大体次の通りである。

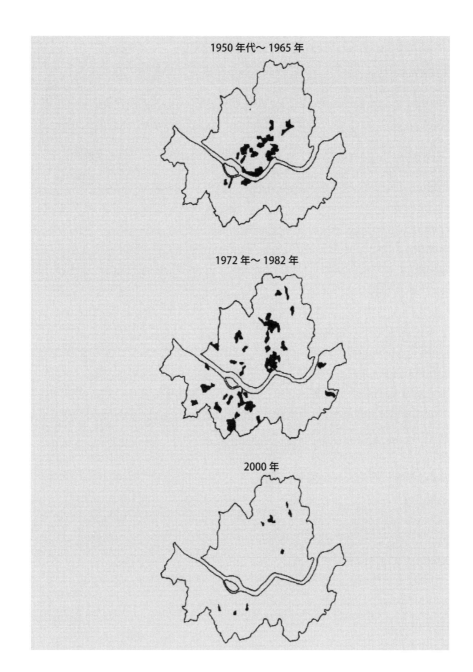

最も原始的な家：土幕

ソウルに無許可住宅が建てられた歴史は長い。既に朝鮮時代にも「臨時で建てる家」という意味の「仮家」が、市場はもちろん、管理がなされていない場所にこっそりと建てられていた。市場に建てられた仮家はいまでいう「店」の語源でもあったが、隅々までくまなく建てられた店はいうならば無許可店舗とそれに付属した部屋だといえる。

一方土幕は、朝鮮時代末期、極貧層が、主人がいなかったり打ち捨てられたところを掘り、かますをかけて寝床にするという形で登場した。いわば石器時代の「穴蔵」のように、自然そのままの土壁を作り屋根だけ覆う形態だった。その中に木で4つの柱を立てたようなものもあったが、基本的には家といえる水準ではなく、極貧の流民や都市貧民が寒さをなんとかしのげるかどうかという程度のものだった。名前も土の上にかますのような覆いをしたものという意味で土幕といわれ、土幕が集まっている所が土幕村と呼ばれた。

筆者が高校生の頃、近代リアリズム戯曲の先駆者と暗記した柳致眞が描いた「土幕」がまさにここでいう土幕のことである。農村の貧しい様子と流浪を描いたこの戯曲で、土幕は当時、貧困層の生を圧縮した単語だった。植民地時代の民衆の苦しい暮らしと農村の現実を土幕と比喩したのだった。

ソウルで土幕が本格的に増えたのは、1920年代からだ。近代的土地所有権を定めるという名目で進められた全国的な土地調査事業で、むしろ農地を失った農民たちが続出した。日本と地主による収奪によって没落した農民たちが極貧層に転落したのである。当時の表現で細窮民（今の言葉で零細民）は大都市に出て日雇いなどで生計を立てていた。さらに当時の京城は慢性的な住居不足に陥っており、1921年に京城府が行った家屋調査の結果、京城にある家屋は3万9,000戸で、一つの家屋に月極め、またはチョンセで居住する世帯はすべてを合わせて5万4,000戸だった。世帯数で考えると1万5,000程度の家が不足していたのだった。このような家の不足現象は結局家賃の暴騰に繋がった。当時京城の藁ぶきの家の一間の家賃が以前の1〜2ウォンからおよそ5ウォンに上がった[2]。このような事情が反映されソウルでは土幕民たちが引き続き増え、1939年末基準で京城府社会課が明らかにした土幕民の数は7,625戸で3万

6,420 人に上った[3]。当時ソウルの人口の 4％前後が土幕に住んでいたということができる。

　土幕の構造と土幕民の暮らしに対しては比較的詳細で正確な調査結果が伝えられている。当時、京城帝国大学医学部の学生たちが土幕村で医療ボランティアをしながら健康診断と住民実態調査を実施した結果が『土幕民の生活・衛生』（岩波書店、1942）という題名で発刊されているからである。この本は韓国でも 2010 年に同様の題名で翻訳され、刊行された。

　調査によると、土幕ができたのは主に山裾の傾斜地や城壁、河川の周りなど人が住むことができないところだった。行政区域上でいうと西大門のすぐ外に位置するシンダン洞、トナム洞、ホンジェ洞、アヒョン洞、ヨンドゥンポ、コンドク洞などに分布していた。ここに住む人々は周辺からたやすく手に入れることのできる様々な材料を活用して家を整えた。山の傾斜に穴を掘り、むしろやかますなどで覆う方法が最も多かった。一世帯あたり平均 4.8 人に上っていたが、みな一間に住んでいるケースが全体の 80％以上だった。非常に過密で 1 人あたりの居住空間は 0.45 坪にすぎなかった。持っている服もすべての季節を通して 1 人あたり 3.5 着に過ぎず、1 着で過ごす場合も過半数に上った。寝具は一つの家に掛け布団が 1.6 枚、敷布団は 1.4 枚だった。

　土幕民の仕事は日雇い、雑夫、大工、職工、行商など肉体労働が大部分だった。特別な技術もなく、物価は上昇していても一日の平均収入は男性が 1 ウォン 20 銭、女性が 56 銭に過ぎず、まともに生計を立てられる状況ではなかった。それに加え収入の 71.1％が食費に使われた。土幕民の 8 割以上は文字を読むことができなかった。

　この調査は、結論として土幕民の生活状態が衣食住その他すべての面で日本の領土（すなわち本国と植民地）の中で最も悲惨だと述べている。いくつかの類型による貧しい階層（細民）の中でも最下位を占めている。また、土幕民は年を経るにつれて急激に増加し、その 3 分の 2 が貧農出身という点を強調し、農村の貧困が結局のところ都市貧困に移転していることを説明している。

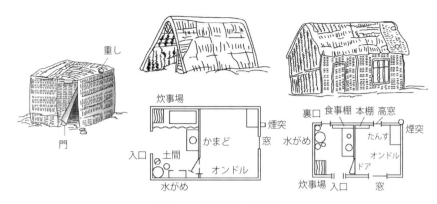

図 1-2　土幕の様子と構造

資料：京城帝国大学衛生調査部による『土幕民の生活・衛生』に出てくる土幕の絵を国史編纂委員会、「韓国文化史」(http://contents.history.go.kr/mobile/km/main.do) が描き直した。

捨てられた材料で家を作る：合板、ブリキ、屋根材

　解放と同時に海外から続々と同胞が帰還して混乱状態の中、誰も人々の生活を顧みることができない状況で、都市貧困層が急増し始めた。解放以降農地改革が相当な水準で実施されていたものの、農村の貧困を防ぐのは難しかった。それに加え、朝鮮戦争は韓国社会の身分、階層、地域に大激変をもたらした。「ヤンバン（両班）－サンノム」という封建的な身分秩序は植民地時代と朝鮮戦争を経る中で完全に崩れた。そして南は北から逃げてきた避難民で溢れかえり、前例のない人口移動が始まった。

　ソウルの人口は 1960 年に 244 万人で、1965 年には 347 万人、1970 年は 543 万人と 10 年間で 2 倍以上に増えている。この人口を受け入れられるそれなりの家があるはずもなかった。まず土幕村があったところに少しずつ布などを重ねたパンジャチョンが現れた。しかしその程度では増え続ける離農人口を吸収することはできなかった。新しい空間が必要になったのだ。イチョン洞、マッポなど漢江周辺、チョンゲチョン周辺、ジュンラン川周辺、宗廟一帯など、既存の都心から近いところにパンジャチョンが次々に建てられた。廃トタン材、合板、屋根材などが家を建てるのに使われた。今でも残っている写真を見る

と、この初期パンジャチョンは奇想天外な水準の材料で建てられている。

1968年からチョンゲチョン一帯の貧民夜学などを頻繁に訪問していた日本人牧師の野村基之は、何枚かの写真を残している。2016年にはソウルで写真展を開催し（「チェジョングのチョンゲチョン 1972-1976」）、写真集も刊行されている。また、ドキュメンタリー写真家の桑原史成も1960年から1970年代の韓国社会の多様な写真を残しており、2017年に展示会（「もう一度見るチョンゲチョン 1965-1968、チョンゲチョン博物館」）を開催した。現在インターネットで検索できる写真の大部分はこの2人の展示会や写真集に収録されているものだが、家を建てる材料や建てている様子は相当に涙ぐましいものがある。チョンゲチョンの堤防に沿ってタプシンリまで続くところには、以前の土幕水準の家や合板、ブリキ、屋根材をごちゃごちゃにつなげたパンジャチョンがぎっしりと並んだ。また、写真集には工事現場の下に穴を掘って暮らす女性と子どもまで紹介されている。

今の世代に当時のパンジャチョンの状況は衝撃的かもしれない。何より近年、生態河川として整備されたチョンゲチョンがかつてはバラックの密集地だったという事実に驚くだろう。昔を知る世代は、逆境に立ち向かいながら発展した韓国が誇りに思えるかもしれない。ソウル歴史博物館のチョンゲチョン分館（チョンゲチョン博物館）には当時のパンジャチョンの写真はもちろん、その模型も展示されている。川辺に再現されたパンジャチョンは当時とは明らかに違うが、それでも数多くの観光客が訪れる場所になっている。

当時パンジャチョンの写真にはチョンゲチョンの上側、イチョン洞や他の所の様子も写されている。ソウル市の写真アーカイブには、バラックやブリキをあちこちつないだ当時の家が見られる。

政府が分け与えたテントの家

1960年代初めに、パンジャチョンは雨後のたけのこのようにソウル全域に広がっていった。依然として農村から入ってくる人口を受け入れるには全く家が足りていなかった。産業化が要求する労働力を都市に確保することが必要で、また都市の建設に投入する人材も必要だった。青年層は製造業に、中年層は建設業に投入された。高齢者だけが農村に残り、少しでも若い者はソウルや

1967年の水害被害を受けたチョンゲチョンのパンジャチョンに子どもたちの姿が見える。1967年の清渓高速道路（3.1高架道路）建設のための構造物も目につく。この工事は1976年に終わった。
出所：ソウル歴史アーカイブ（https://museum.seoul.go.kr/archive/archiveView.do?type=A&type2=area&arcvGroupNo=2481&lowerArcvGroupNo=2997&arcvMetaSeq=21243&arcvNo=65301、https://museum.seoul.go.kr/archive/archiveNew/NR_archiveView.do）

1972年の清渓川パンジャチョンの風景。所々に住民の姿がみえる。

第1章　家　33

野村基之が撮影したチョンゲチョンのパンジャチョンの風景。野村は1968年初めに訪韓しチョンゲチョンのパンジャチョンの惨状に衝撃を受け、1980年代中頃から50回ほどソウルを訪れ貧しい人々に宣教した。

34　第1部　パンジャチョンを知っていますか？

大都市に行くのが奨励された。1年でソウルの人口が30万人近く増えた時期だった。イ・ホチョルの小説『ソウルは満員だ』が出版されたのが1966年で、当時でさえこれほどの人口増加には耐えきれないように思われた。もちろん、それから25年にわたりソウルの人口はさらに増加している。

　このように満員になったソウルで、より多くの離農人口を体系的に受容するための緊急的対応として考えられたのが、既に空間に詰め込まれたパンジャチョンをより拡大する方法だった。無秩序に並んだ既存のパンジャチョンは災害にも極めて弱かった。水害、火災などが頻発していたのだ。これに対してソウル市は1966年から本格的にパンジャチョンの問題に関与していった。同年4月に就任し「ブルドーザー市長」と呼ばれた当時の金玄玉ソウル市長は、パンジャチョンの問題に本格的に乗り出した。ソウル市は漢江の南側に位置するシフン2洞、クロ洞、サダン洞、シンリム洞、ボンチョン洞、オグム洞、チョノ洞、北側のミア洞、ソンブク洞、ミョンモク洞、スセク、南カジャ洞、ホンウン洞などに都心のパンジャチョンを移転させた。さらに当時クァンジュ郡チュンブ面（現在のソンナム市）にはソウル市のパンジャチョンから5万5,000棟を移す計画まで推進した。1966年から1971年までにおよそ15万棟のパンジャチョンが整理・再配置され、市民マンション449棟、約1万7,000戸が建てられた。

　1966年から1971年までの5年間、ソウル全域のパンジャチョンが建てられては引きはがされ、別のところに移され、まるで大戦争が起こっているようだった。そのころパンジャチョンの住民のほとんどは1回以上、意に沿わない移動を強いられていた。新しい場所では石灰で線がひかれ、ひと家族が入る空間が区切られていた。狭い路地以外、家がびっしりと詰まっていた。空間は8坪が一般的だったが4坪に区画されたところもあった。

　このように慣れない荒地に世帯道具を無理やり押し込んだ家でまず雨を防いだのが、政府の配布したテントだった。大型軍用テントだったのでひと家族が使うには大きかったものの、それをすべて使える余裕はなかった。テント一つに通常3、4家族が入るように配置され、水害や火災が起きたときはぎりぎり体だけが入るだけの広さしかなかった。ところがそのテントすらもらえない家族が続出した。撤去民といっても間借り人や「無許可」と書類に記載されていな

第1章　家　　35

1966年　ソウル市イチョン洞のパンジャチョンの様子

1965年　ソウル市ヤン洞のパンジャチョンが撤去されている様子

い場合はテントの配布から除外されたため、住民たちがデモをすることもあった。

　ところで、想定よりテント生活が長くなるにつれて住民が困難に直面することも多くなった。クァンジュ大団地の場合、ソウル市から住民たちがトラックに乗せられてくるとひとまずテントに収容し、数日してやっと区画した土地を「分譲」する方式で、待機期間が長くなったりもした。また、土地をもらっても家を建てる材料を準備することができずテント生活が長引く場合もあった。水害で避難したパンジャチョンの被災者たちも同じように空間だけをもらっても家を建てる余裕がなく、テント生活を送る中で水が原因の伝染病が広がったりもした。

　また、急に慣れない所でテント生活を送らなくてはならなくなり、不便なことが次々と出てきた。プライバシーのようなものは贅沢で、体を洗うこと、寒さ、仕事、子どもの学校、その上飲料水や食べるものにも事欠いていた。電気や水道が入るわけもなかった。救護食糧として小麦粉数袋が配布される以外、政府は「すぐに解決する」、「自分たちで何とかしてくれ」と言い、きちんと対応しなかった。いくつかの理由が重なったが、1971年のクァンジュ大団地事件も結局のところ、まるで荷物であるかのように扱われたテント村の住民たちの絶叫が溢れたものだったといえよう。

パンジャチョンの典型がつくられる： 赤色のセメント瓦、積み上げられたブロック塀

これ以上撤去しない：陽性化と現地改良

　ついにパンジャチョンの大移動の時代が終わった。

　1960年代後半から始まった全面的なパンジャチョンの再構造化過程は、様々な場所で破裂音を響かせた。代表的な事件が1970年代のワウマンション崩壊と1971年のクァンジュ大団地事件だ。二つの事件はすべて急いで大規模パンジャチョンを整備したり集団移住させる過程で発生した。

　政府は謝罪し、政策の転換を約束せざるを得なかった。市民マンション事業は中断され、クァンジュ大団地を含む大規模撤去事業も速度を調節しながら進

第1章　家　　37

政府提供のテントに囲まれたソウル市ボンチョン洞撤去民集団定着地の様子
出所：https://blog.daum.net/gwanakgu/16153918

1961年にパンジャチョンの撤去でソウル市スセク村に移った児童がテントで作った学校で体操をしている。その後方に住民たちが起居していたテントが見える。
出所：ソウル写真アーカイブ（http://photoarchives.seoul.go.kr/photo/view/109094?keyword=%ED%8C%90%EC%9E%A3%EC%A7%91&page=1#64324）

クァンジュ大団地の風景。最初はテント村だったが次第にパンジャチョンへと変わりゆく様子を見ることができる。最下段の写真は牛車のようなリヤカーでセメントのブロックを移している様子である。
出所：ソンナム時事

むしかなくなった。この間の主要な争点であったいわゆる転売住宅の入居者問題に対しても事実上すべての権利を認めた。これにより100万人が影響を受けたパンジャチョンの再構造化が終わった。

　そして十分な条件が認められる地域、すなわち高台にあったり水害など災害の危険があるところ、道路開設など都市計画が予定されている場所を除き、パンジャチョン政策は、基本的に良性化する方向に変えられることとなった。この頃まで存続していたパンジャチョンでは、事実上占有権を認め、自らの手で家らしく作り暮らすことが許容されたのだ。このため、パンジャチョンが立ち並ぶところでは、国防部、山林庁、鉄道庁などが所有している国有地を一括してソウル市に管轄権を渡す「住宅改良促進のための臨時措置法」が1973年に制定された。その代わり新しく建てられるバラックについては厳しく制限し、当時新技術ともいえる航空写真によって年に2回取り締まりを行った。

　このような政策の転換は、表面的には様々な大きな出来事に対する隠蔽策にも思われた。また、政治的に大都市零細民を引き続き不安定で、苦しい状態に陥らせるのが朴正熙政権にとって都合が悪かったためでもあった。いわゆる「与村野都★4」現象ではあったが与党の共和党が都市で困難に直面しており、その状況を収拾する必要があったのである。1971年の大統領選挙でかろうじて政権を維持したことも影響を及ぼした。しかし本質的にパンジャチョンの再構造化、すなわち範囲を外郭に広げ受容人口を拡大する政策が十分な成果を上げていた。特に1970年代初めからはソウルの人口を抑制する方向に政策を変え、1971年には電撃的に再開発区域を指定し、漢江以北の開発を抑制し、さらにはソウルに代わる行政首都まで構想していた。したがってパンジャチョンの拡張と再配置を通じて増えたソウルの人口を受容しようとする方向性もとん挫するしかなかった。

　この時期の課題はひどい状況のパンジャチョンをそれでも暮らせるように変えることだった。ブロックに区切って建てられたテント村から始まった住居には水道すら通っていなかった。

　上水道、下水道、消防道路のような都市基盤施設の整備の一方で、傾斜がある路地の整備もしなければならなかった。家ももっと頑丈になるよう手を入れることが必要だった。この時一つの追い風となったのが「都市セマウル運動」

だった。当時全国的にセマウル運動の熱風が吹き荒れており、これをパンジャチョンの改良と結びつけたのだ。政府がセメントやブロックを支援して住民たちが自ら路地を整備するようにし、水道の導入も住民たちが費用の一部を負担する形で迅速に進められた。いわば改良標準型のパンジャチョンが登場し始めたのだった。

　赤のペンキに塗られたセメントの瓦、ブロック塀と壁、そして内部は既存の木材を活用した。練炭ガスの事故が頻発していたオンドル暖房は 1970 年代後半から煙突にガスの排出口をつけて補完し、余裕のある家は簡易型の配管をつけた「セマウルボイラー」を代わりに使った。誰もが庭に水道の蛇口を作った。依然として共同トイレを使うところもあったが、大体の家には門の内側に伝統的なスタイルの個別トイレを作った。路地はセメントで舗装し、傾斜があるところには階段のようなものを作った。もちろん雪が降って地面が凍ったときはまさに氷の上を歩かなくてはならないという住みにくさもあった。1980 年代からは路地に黄色の防犯灯（ナトリウム灯）が設置されたため、遠くから見たら一帯が温かい光を放っているようだった。これが標準化された典型的なパンジャチョンの様子だった。1980 年代中ごろから合同再開発事業で本格的に撤去され、失われる前までは。

一寸も無駄にしない：パンジャチョンの空間活用

　パンジャチョンは、大体 8 坪の空間の中に平均 2 家族、約 5 〜 6 人が住んでいた。最近のマンションの広さに慣れている人々にはとても想像がつかないだろう。リビングルームと台所だけで 8 坪を超える家も多いのに、ここに 2 家族、6 人が生活するとは？　そもそも部屋はいくつあるのだろうか？　まさに隙間もなく空間を少しも無駄にしなかった。空間活用の例を挙げると、奇想天外としかいいようがない。家の隅々の空間が生活の必要性に応じて生命体のように変えられた。画一的に土地 8 坪が与えられたが、その上に建てる家は、材料、空間分割や配置、用途などがその家に住む人と一体化していた。まるでバラックが生きているかのように。

　当時バラックの構造と空間活用がどのようだったかに関する資料は多くな

い。しかしソウル大学環境大学院のヤン・ユンジェ教授の『低所得層の住居地形態研究：巨大都市ソウルのもう一つの暮らしの場』（1991年、ヨルファダン）は記念碑的な著作だ。ソウル市内のパンジャチョン10ヶ所について、実測調査を通してパンジャチョンの家と路地がどのように構成されているのかを初めて整理したのである。2010年に入ってベクサ村やチャンス村などに関する調査が進んでいるが、この本は1980年代のパンジャチョンの原型を最もよく表している。残念なことにこの書籍はしばらく前に絶版となり購入することができないが、その中で筆者にとっても馴染みのあるいくつかを紹介したいと思う。

　まずボンチョン5洞。ここはボンチョン9洞、サンド洞、ボン洞と稜線でつながっている大きなパンジャチョンである。1996年から再開発され、現在はマンションが立ち並んでいる。非常に大きなパンジャチョンであるため、いくつもの活動家やグループが入っており、聖公会の「ナヌムの家」が住民たちの自活事業モデルを初めて開発したところでもある。自活事業は以降、国民基礎生活保障制度の一部として制度化された。

　次にパンジャチョンの代名詞として知られているナンゴク（行政区域としてはシンリム7洞）である。ナンゴクはパンジャチョンの中でも交通の便が悪く、世帯当たりの面積も他のところより狭い4坪が多いため、特に劣悪だった。民間次元でも収益性が見込まれなかったため、再開発事業も遅れた。2001年に公共機関である大韓住宅公社が直接再開発事業に着手し、居住者のための公共賃貸住宅を近隣にあらかじめ確保し、「まず移住、後で撤去」方式で推進した。ナンゴクでは1970年代よりいくつかの住民グループが活動していたが、医療協同組合、信用協同組合、住民図書館などの活動が活発に行われた。

　家の中はどのように活用されていたのだろうか？　いくつかの図面がその状況を直感的に表している。まず部屋の活用だ。図1-3の6枚の図からも見られる通り、4〜8坪しかないが、大家が単独で住むことはほぼなかった。基本的に間借り人と一緒に暮らしており、台所を作って家で調理ができるようにした。

　これと共に家の内外の収納空間、花壇、そして各空間への出入りの方法などは、空間の有機的な進化過程を見せてくれる。屋根や垣根の上、壁と土手の

1980年代のボンチョン5、9洞の全景

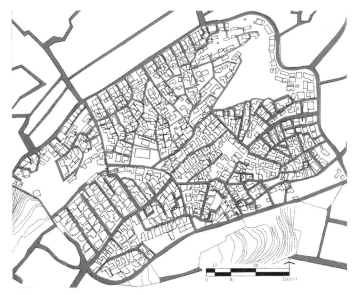

ボンチョン5洞の街路網図
資料:ヤン・ユンジェ、ヨルファダン(1991)54頁

1980年代のシンリム洞（ナンゴク）の全景。稜線の向こうに見えるマンションはシンリム10洞（バムコル）パンジャチョンが再開発されたもの。
出所：MLBPARK（http://mlbpark.donga.com/mlbpark/b.php?&b=bullpen&id=3708413&m=search&query=soeuni）

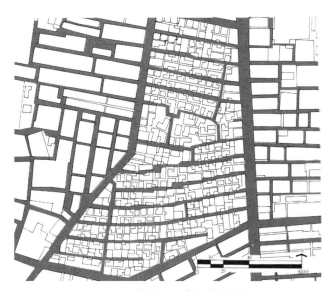

シンリム7洞（ナンゴク）街路網図
資料：ヤン・ユンジェ（1991）86頁

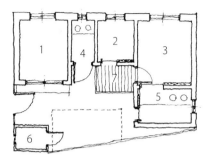
シンリム10洞（バムコル）、約8坪

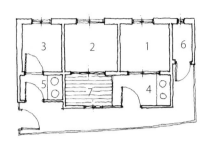
シンリム10洞（バムコル）、約8坪

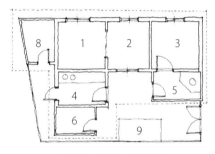
クムホ4街洞、約9坪

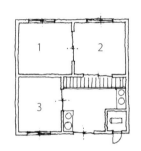
シンリム7洞（ナンゴク）、約8坪

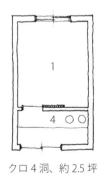
クロ4洞、約2.5坪　　クロ4洞、約5坪

番号の説明
1. リビング（賃貸人用）
2. 部屋（賃貸人用）
3. 部屋（賃貸人用）
4. 台所（賃貸人用）
5. 台所（賃借人用）
6. トイレ
7. 板の間
8. 倉庫
9. 甕を置く台

図1-3　バラックの部屋の使用例
資料：ヤン・ユンジェ（1991）40、50、51、75、92頁

第1章　家　　45

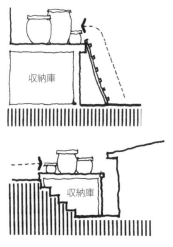

クムホ3街洞。はしごを利用したり家の外から出入りする甕置き台

シンリム7洞（ナンゴク）。路地の上に渡された板にのっている植木鉢

シンリム7街洞（ナンゴク）

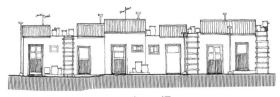

クロ4洞

図1-4　バラックの部屋の空間活用例
資料：ヤン・ユンジェ（1991）41、70、91、94頁

間、塀の横など、少しでも隙間があればどうにかして活用した。図1-4はその例である。現在もベクサ村やチャンス村などのようなパンジャチョンの昔の姿を大切に残しているところではよく見ることができるが、最近の新しい世代には奇妙に映るだろう。

パンジャチョンの路地：記憶すべき「敷地の模様」

　パンジャチョンは家と同時に路地も重要だ。パンジャチョンが初めて8坪に区画された当時、地形を見て大体を区切ったものの、実際には家が建てられて人が住むと、敷地の様子は互いに影響を与えながら変化していった。時には二つの家を一つに合わせたり、また一つの家を二つに分けたりしたが、地形に絶妙にあったものだった。パンジャチョンを結んだ路地はまさにこのような有機的な変化を盛る皿であり、その変化の結果でもあった。言い換えると、敷地を作り変化させてきた過程がまさにパンジャチョンの生命力だといえる。

　先の二つの町の街路網でも見ることができるが、パンジャチョンの筆地と路地の実測値を見ると、言葉通り不定形で複雑な構造になっている。所々で増築しながら家がくっついたりして、必要なところに空き地が作られたりもした。空き地には時間帯に応じ、様々な用途で人が集まった。集まって食べ物を分け合ったり副業をしたり、時には子どもたちが宿題を一緒にすることもあった。このように路地と空き地は多様な近隣のコミュニティ活動が生まれる場所でもあった。また、鉢植えの花やとうがらし、サンチュ、なすびを育てる菜園としても活用された。路地がセメントで舗装されているので、土を積んだ大きな鉢や植木鉢を持ってきて植える方式だった。そうすると路地は言葉通り多用途の生きたコミュニティ空間になった。2005年に亡くなった作家金基賛の連作写真集『路地の中の風景』は、このようなパンジャチョンの路地の風景を写した本だ。特に路地の人々を写した写真は今も心を高ぶらせる。2010年にソウル歴史博物館主催で「路地のなか、広い世界」という名前でチュンリム洞パンジャチョンの展示会が開かれた。遺族たちが写真をすべてソウル歴史博物館に寄贈したのだ。ホームページから多様な写真を見ることができるだろう。

　このような次元でパンジャチョンの路地と敷地の重要性に特に注目したの

ソウルに残っている最後のパンジャチョンの様子を大切にしているペクサ村の全景

建築家の承孝相と同僚が提案したペクサ村の入居者用賃貸住宅建築の設計案。
路地と地形、筆地の模様を保存している。
資料：ジョン・チョルクン（2016.2.6）

が、建築家の承孝相だ。彼と同僚たちはパンジャチョンの空間的重要性は家そのものというより家を取り巻く空間や路地にあるとするほどだった。彼らは「空間の模様」を活かすことが本当の意味でパンジャチョンを保存することと考えた。このような観点のもと、ノウォン区ペクサ村の再開発事業では、家は新しく建てるとしても、空間の模様、すなわち路地や地形、筆地の模様は保存する形で公共賃貸住宅の建設を提案した[4]。

このように、パンジャチョンは、家や敷地、そして村も貧しい人々の暮らしが変化するのに従って進化し、変わってきた。人間と空間は相互作用を繰り返しながら終わりなく変容していくのである。コンクリートや土に過ぎない空間が生きた有機体となる過程を最も確実に見ることができるのがまさにパンジャチョンだ。しかし、進化を続けてきたパンジャチョンも1980年代以降、一挙に撤去されてはげ山となり、そこにマンションが建てられてしまった。約20年間、生きた生命体のように進化を繰り返してきたパンジャチョンは、以後の

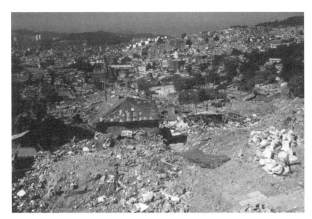

1996年
ボンチョン5洞の再開発事業。撤去が進められている様子。

撤去完了後の整地作業の様子。

左側の丘陵地が撤去された現場、真ん中がサンド洞の再開発マンション。

第1章　家　　49

2010年
再開発が終わったボンチョン5洞の様子。

サンド洞からボンチョン峠方面に見た全景。丘陵地の上にはマンションだけが見える。

左側の部分がボンチョン5洞の再開発マンション、右側の遠くに見えるのがサンド洞の再開発マンションである。

50　第1部　パンジャチョンを知っていますか？

20年ですべて解体され、失われてしまった。それも空間の進化の過程であり移り変わりであると理解しなければならないのであろうが、その暴力的な変化を促した動力は人というより資本の欲望であった。

　私たちがパンジャチョンを振り返るのは、過去の空間をただ懐かしむためではない。パンジャチョンの空間には、貧しい人々が都市に適応して暮らした過程がそのまま刻まれているのだ。一挙にマンションに変わったということは、パンジャチョンという空間が破壊されただけでなく、貧しい人々が暮らしていた拠り所が失われたことも意味する。そのような点で筆者はペクサ村の「敷地の模様」保存計画について、「パンジャチョンの人々」が生きている間は意味があるかもしれないが、ここに賃貸住宅を建てて働く若者、新婚夫婦達が入居した際には、ただ不便な路地にしかならないのではないかと憂慮したことがあった。すなわち、各空間はそこに相互作用を及ぼす人々の暮らしが共にある時にはじめて本当の意味の生きた空間になると考えるのだ。

新しく並ぶ無許可住宅

カンナム一帯に並ぶパンジャチョン

　1970年代に入り、政府はパンジャチョンを良性化し、現地改良に乗り出す一方で、新しくパンジャチョンを建てることを厳しく取り締まった。しかし、行政の隙間をぬって新しい形のパンジャチョンができていた。政府はこれを完全に防ぐことはできなかった。特に1980年代、それまでのパンジャチョンが大々的に再開発事業を通じて解体され始めると、新しい類型のパンジャチョンが登場し始めた。この時のパンジャチョンは丘陵地や川辺ではなく、土地の価格が最も高いカンナム圏にできた。カンナム一円に所々残っていた空いた土地や、交通の便のよい開発制限区域、または緑地が主な場所だった。ソウル市はこのように発生した不法住宅を、補償、または政策対象となっていた既存のパンジャチョンと区分するために「新発生無許可住宅」と呼んだ。「新発生」の基準は何回か変更がなされたが、基本的に1982年以降に作られたものが該当する。

第1章　家　51

ソウル特別市都市及び住居環境整備条例第2条第1項。「既存の無許可建築物」とは次の各目のどれか一つに該当する無許可建築物をいう。（改定 2008.09.30）

カ. 1981年12月31日現在、無許可建築物台帳に登載されている無許可建築物
ナ. 1981年、第2次に撮影された航空写真に出てくる無許可建築物
ダ. 財産税納付台帳など、公簿上1981年12月31日以前に建築されたという確証がある無許可建築物
ラ. 1982年4月8日以前に事実上建築された延面積85平方メートル以下の住居用建築物で、1982年第1次に撮影された航空写真に出てきたり、財産税納付台帳等、公簿上1982年4月8日以前に建築されたという確証がある無許可建築物

　新発生無許可住宅が初めて頻発したのは、地主がおらず（正確には地主が管理していなかったり、あまり関心を持って管理していなかったところ）放置されていた市街地の端の土地だった。それもカンナム区、ソンパ区、ソチョ区など、土地の価格が高いところにある「保留地」だった。保留地とは、土地区画整理事業を行う際、その費用に充てるためにソウル市や公共機関が残している土地を指す。1970年代に始まったカンナム開発は現在のような新都市方式ではなく、土地の所有者たちが組合を構成し、区画整理をする方式だった。いわば農地を耕地整理するようにカンナムの未開発の土地をきれいに宅地に作り直す過程だった。この区画整理事業に要した費用に充当させるために公的な所有として確保していた土地が保留地だ。代表的な保留地は現在は貿易センターが立地するところである。ところが、1970年から1980年代にかけて施行された土地区画整理事業の保留地が継続して残っていたが、これをソウル市がきちんと管理していなかった。たとえば現在高級マンション「タワーパレス」が建っている所もソウル市の保留地として警察機動隊がしばらく活用していたが、そのような場所に合板をつぎはぎして建てた家が並んでいたこともあった。

　このようにカンナム圏の要地の隅々に小規模のバラックが散在していた。大部分が1980年代の中盤以降、合同再開発事業として既存のパンジャチョンが

なくなった時に作られた。行くところのない貧しい人々が管理の行き届かない土地に隠れるように家を建てたのだ。国楽芸術高校付近、南部血液院横のジェゴン村、ヤンジェ2洞ジャンディ村、可楽市場向かいのトンイル村などがそのような地域である。今は大部分が不動産開発や火災でなくなってしまった。

組織的に作られたビニールハウス村

保留地に新しく作られたパンジャチョンが比較的小規模で一つひとつ作られていたのに比べ、ビニールハウス村は大きな規模で形成された。主にカンナム圏や首都圏で農地として利用されていた開発制限（グリーンベルト）地区、または自然緑地で集団的に作られたのだ。これも1980年代に、合同再開発事業でパンジャチョンが解体された頃だった。代表的なのがカンナム区テモ山の斜面の自然緑地に作られたクリュン村だ。セゴク洞のウンゴク村はファフェ団地、クァチョン市ビニールハウス村は開発制限区域、また今はなくなってしまったが、ソチョ洞の裁判所、検察庁の向かいの「花の町」はファフェ団地に作られた。

農民たちが個別にビニールハウス内に住むための設備を整えるのは今も多くの場所で見られている。農村地域はもちろん、首都圏の花農家もビニールハウスを住居兼農業用として使っている。これは政府が厳しく問題として扱うようなものでもない。摘発するのが難しい上に、農業を営む上で必要に応じてそのように使うのが便利でもあるからだ。また、既存の農家住宅の老朽化が激しく、臨時でビニールハウスに部屋をつくることもある。しかし首都圏のビニールハウス村はこのような方式ではなく、組織的、体系的に団地を造成した。説明するならば、施行社、施工社、分譲代行社までが存在する構造だ。

ビニールハウス村設置の最初の段階は、土地の確保で、交通や生活の便がよいことが重要だ。もちろん開発制限などで農業用以外に利用できない場所だ。首都圏の地下鉄4号線、競馬公園駅近くの開発制限区域農地に大きなビニールハウス村が並んだのを見ると理解できるだろう。ケポ洞クリュン村もまた道一つを隔てると大規模マンション団地が並んでいる。この土地の所有者がビニールハウスのことを知らないわけではない。賃貸料をいくらか払って土地を利用

第1章　家　　53

ケポ洞クリュン村の全景。遠くにタワーパレスが見える。

することの許可をとっているのだ。もちろんこのような住居用のビニールハウスが多く建てられるとは知らなかったこともあるだろう。しかし土地の所有者の立場からみたら、緑地の破壊は将来的に用途の変更や新しい活用の可能性に期待することができるかもしれなかった。たとえばクリュン村がそのケースだ。

　ひとまず土地を確保したら、工事に入る。だいたい1週間あれば工事が終わる。土地を整備してビニールハウスを建てると、その中に部屋を作る作業をする。一般的に8坪程度の大きさだ。初期には練炭を使うセマウルボイラーが主だったが、最近は石油を使うボイラーが多い。そして壁と天井を作る。外には農業用の保温カバーをつけてそれなりに断熱にも気を使った。台所の床はセメントを塗り、なんとかして下水溝までつくっていた。

　ただビニールハウス村は構造上火災に弱かった。家の機能を果たすすべての

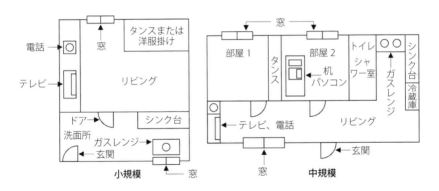

図1-5　ビニールハウスの内部
資料：ソウル市政開発研究院：韓国都市研究所（2002）42〜43頁

構造、すなわち壁、天井、屋根の材料がすべて可燃性だったためである。ここに家々で練炭、暖房、LPGガスでの調理をするため、よく火事になったが、一度火が出るとなすすべもなく広がった。火災については本書第3章、「火事」で詳しく扱う。

　さらに重要なのは、入居者の募集である。ビニールハウスでの居住は不法であるばかりでなく、火災の危険性、暑さ、寒さに弱い構造などを考えると望んで住みたがるようなところではない。ここにブローカーたちが介入した。パンジャチョンは再開発区域の間借り人や地下マンションに住む人々が対象だった。「バラックのチョンセ金だけ負担したら自分の家を持つことができる」というのはとても魅力的だった。家一つ当たり500万ウォン程度のみ負担したら無許可だとしても家主になることができ、のちに再開発することになれば十分な補償を受けたり、うまくいけば入居権を得て分譲マンションにも手が届くかもしれないという誘惑まで付加された。1989年ピョンチョン新都市予定地区にあったビニールハウス村の住民たちは、入居権を得た「成功事例」としてアピールされたりもした。どうせチョンセ金も高騰しているのだからダメもとという考えでビニールハウス村への入居を決心する人々が増えた。この人々は機をうかがって一気に荷物をまとめて移動し、わずか1、2週間の間に何百世帯もが入居したのだった。

　実際に1988年9月1日に政府がピョンチョン新都市開発計画を発表した時、

ピョンチョンにはわずか500世帯しか居住していなかった。建物も許可された ものが177棟、無許可のものは数十棟しかなかった。しかし計画が発表される と、投機をねらった人々が集まり「分譲マンションを手に入れる権利を特別に 手に入れることができる」と宣伝して無許可新築ビニールハウスや家畜小屋、 工場などを改造した仮建物などをひと世帯当たり300万から500万ウォンで 売ったため、世帯数が当初の7倍にも及ぶ3,735世帯に急増した。政府は開発 計画の発表時以前の居住者にのみマンションを特別分譲する予定だったが、投 機目的の人々から仮建物を買い入れた偽装居住者が頻発し、結局1989年3月 4日以前の転入者のみ特別分譲するよう譲歩するしかなかった[5]。

ソンパ区ケミ（蟻）村も1988年以前には花を栽培するビニールハウスだけ が広がる野原だった。しかし各地域で撤去が始まると、多くの撤去民がケミ村 に押し寄せた。それまで農業に従事する人々が一部住んでいたが、花の栽培用 のビニールハウスを転売し始めたのだ。当時ビニールハウス一棟が約200万 ウォンほどで取引されており、しばらく経ったらまた半分に区切って転売し、 それがまた半分に区切られて転売された。そのようにして一時は100あまりの 世帯が住む住居地になった[6]。

現在、最も大きいビニールハウス村として残っているクリュン村もよく似て いる。テモ山の麓にあるこのビニールハウスは、1980年代初めに牧場と農業 用ビニールハウス、畑などに使われ、その周辺も野原のまま放置されていた。 所々に農家が40世帯ほど居住する程度だったのだが、1986年から人々がク リュン村にひっそりと移住し始めた。そして1988年当時、クァンミョン市ハ アン洞が撤去にあうと、撤去民たちが集団でクリュン村に移住した。当時住ん でいた住民の話によると、一晩寝て目が覚めると何十もの家ができていて、新 しい人が何十世帯も入っていたという。このように家が急速に増えたのは、ブ ローカーたちが大量に家を建てたからだ。ブローカーたちは夜のうちに数十も の家を建てていたのだ[7]。

時を遅くして行政当局が無許可住宅が新たに建てられていることを知った時 にはもはや打つ手がなかった。既に数十、数百の世帯が移り住んだ状態で撤去 や取り締まりをするのも不可能だった。撤去や取り締まりをすると、すぐに 横断幕が掲げられ、居住権の侵害だと糾弾するデモや籠城が始まったりもし

た。だからといって入居者たちの不法行為を非難するわけにもいかない。結局再開発事業などで貧しい人たちの安価な住居が消えていく過程で起こった自主救済でもあったからだ。今でこそ公共賃貸住宅が多く建ち、チョンセ、ウォルセ★5保証金の支援や住居給付などが幅広く実施されているが、1980年代はそのような状況ではなかった。

　行政当局は当然散発的な無許可住宅に断固とした態度をとるしかなかった。1960〜1970年代と状況が異なると見ていた。しかしビニールハウス村の住民たちはそれなりの正当性を守るという趣旨で（すなわち投機目的ではなく仕方のない住居目的）自治会を作り、人が住んでいないビニールハウスはのちに対策対象から省くというような原則をたて、家ごとに番号をつけたりもしていた。その中で新しく入ってくるビニールハウスを自ら監視する所もあった。しかし人々が住むところとして偽装するために家財道具や生活用具を持ってくることも多く、（強制的に追い出されないよう）高齢の母や親戚が住むようにする場合もあった。緊迫した住居問題により始まったビニールハウス村ではあったが、あまりにも多くの不正や不法、便法がのさばるようになってしまった。それに加え何度も火事が発生し、まるで都市の中の掃きだめのように映ることもあった。

　しかしビニールハウス村にも確かに人が住んでおり、子どもを育て、また学校にも通わせなければならなかった。

新しく発生した無許可住宅の運命：玉石を分け合う？

　1960〜1970年代、ソウル全域に広がっていた多くのパンジャチョンは大体が無許可だった。それでも当時建てられたバラックの家は政府の各種対策に含まれ、1982年以降に建てられたものは原則的に排除された。同じ無許可なのに時によって対応が分かれるのはどのように正当化されるのだろうか。政府は「既存」の無許可住宅は、絶対貧困時代に急激な人口増加を吸収できない難しい状況で、政府が国有地を活用して事実上パンジャチョン形成を誘導したため、新たに発生したそれとは状況が異なるという見解だった。なにより形成時点の社会・経済的な状況と政府の認定ないし関与が「既存」か「新発生」かを

第1章　家　　57

分けるといってもいいだろう。

　それでも新発生無許可住宅に住む人々は社会・経済的な状況から正当性を探した。1980年代の合同再開発事業としてパンジャチョンが撤去されて貧しい間借り人たちの住居状況が悪化し、これへの対策がなかったのだ。間借り人用の公共賃貸住宅の建設が1990年代に入ってようやく本格化したため、それ以前の撤去民たちが自主救済としてビニールハウスなどを当たるしかなかったという主張である。それでもこのような状況論を政府は受け入れなかった。社会的雰囲気も同じだった。その理由は、住宅市場状況が1960～1970年代と異なっていたことと、何より新発生無許可住宅の形成過程でブローカーが介入し、一夜で数十棟が増えていたなど投機的な性格があると見られたためだった。それに加え、2000年代に入ると入居者たちの中には朝鮮族など外国人も含まれていた。したがって本当に住宅問題に瀕した人（玉）もいたが、投機や入居権を売却して入った人（石）もおり、これを正確に区分して対応しなければならないというのが政府の基本的な立場だった。このため新発生無許可住宅への対策は、貧しくて住宅がない人には公共賃貸住宅の入居を斡旋するが、現金や財産権として置換できる特典は与えないのが原則だった。ピョンチョン新都市で5年後に分譲購入権を得るマンションの入居権を与えたことが、何度もビニールハウス村投機心理の口実になったことはよく知られている。したがってクリュン村の場合にも住民たちが持続的にマンションの入居権を要求したが、カンナム区庁をはじめとして政府は公共賃貸住宅以外の対策は提供することができないという原則で対応してきた。もちろんそれでも一部保留地パンジャチョンでは相当の補償、なんと数千万ウォンの現金補償を受けて出ていく事例もあった。保留地を払下げられた業者が急いで開発するために現金を提供したためだ。このような事例が依然として新発生無許可住宅の住民に大きな期待を持たせたが、基本的に憶測を防ぐ対応の方向性が不可避だというのが政府の立場だ。

　ところで、ビニールハウス村で育つ子どもたちは、どのように学校に通ったのだろうか？　政府は基本的に不法住宅という理由で住民登録の移転を許可しなかった。不法であることを黙認し、認めてしまうことになりはしないかと考えたためである。このため子どもたちは引っ越し前に通っていた遠い学校に通

学することになるか、学校の近くの家に同居するということで住民登録を移して周辺の学校に通う方法をとるしかなかった。住民登録ができないため公的な福祉サービスから除外されていた。そのためビニールハウスではあるが安全に住むことができる権利、すなわち居住権を主張し住民登録を移せるようにする訴訟が起こった。2000年にソンパ区ファフェ村とケミ村の住民たちが住所移転要求訴訟を起こして勝訴して以降、現在は実際に居住する場合は事実上住民登録移転に制限がない。このようにして新発生無許可住宅に居住する人々も住民登録を移す一方で、子どもたちも合法的に近隣学校に通うことができるようになった。福祉サービスも当然受けることができるようになったのである。

　電気、水道、子どもたちの学校、福祉サービスなどにおいて、新発生無許可住宅もある程度は人が住む場所として認められた。しかし火災に弱く、各種の設備が到底家とは言えない所を続けて放置したり認めるわけにはいかなかった。結局玉石を区分し、本当に住居が必要な家族たちには、地域内かあるいは地域の外の廉価な公共賃貸住宅に誘導するのがせいぜいだった。もちろん新発生無許可住宅が並ぶようになった状況それ自体、すなわち低廉な住居がなくなり貧しい人々の住居問題が困難を極めたこと自体を解決しようとする努力は重要だ。その部分で政府と社会全体が最善の努力を傾けなければならない一方で、既に発生していた無許可住宅に対しては玉石の区分という原則の下、段階的に解消しなければならなかった。2000年代初頭には世帯数がソウル近郊約30の場所で4,000から5,000世帯に達したが、その後開発が行われたり撤去されたりしたところが多く、現在は最も大きいクリュン村で約1,300世帯等、10ヶ所余りに2,000世帯以下のみが残っていると推測される。ソチョ区ジャモン村、薬水場村、トゥレ村、ソンディ村、ジョプシ花村、クァチョン市みつば村などである。

注

1　ソウル市（1983）『ソウル6百年史』第5巻、525頁。

2　チェ・ビョンテク「日帝時代庶民を泣かせた住宅難と土幕」ウェブジン『ヨクサラン』（http://www.koreanhistory.org/4198）2020.1.17

3　京城帝国大学衛生調査部（2010）『土幕民の生活と衛生』パク・ヒョンスク訳、民俗院、162頁。

4 ソウル市（2014）『ペクサ村住居地保全区域デザインガイドライン樹立領域報告書』

5 「新都市は投機場：噂の立証」京郷新聞、1990年10月8日。

6 ソウル市政開発研究院・韓国都市研究所（2002）『ソウル市ビニールハウス村住民の暮らしと社会政策』ソウル市政開発研究院、24頁。

7 同書、25頁。

訳注

★1 朝鮮時代に16歳以上の男性が持っていたもので、今の身分証明書のような機能を持っていた。人口の管理や兵役などに動員する目的で運用されていたため、これを忌避する百姓が多く、何度も中断された。

★2 ハチの巣のような形が想像できるほどの、非常に狭く密集している居住空間を比喩的に表現した用語である。

★3 傳貰（チョンセ）：不動産賃貸の一形態として、不動産の持ち主が賃貸料として傳貰金をもらい一定期間中相手に不動産を使用・収益させた後、不動産を返還する際に、傳貰金を返す制度のことを言う。韓国の独特な賃貸借制度である。

★4 地方では与党が強く、都市部では野党が強いこと

★5 月貰（ウォルセ）：家賃の支払い方法で、日貰（イルセ）は日払い、月貰（ウォルセ）は月払いを言う。ただし、月貰の場合は、保証金を払う場合と払わない場合の2種類に分けられる。

第2章　人

パンジャチョンの人々

貧しい人々が集まる場所

　パンジャチョンの全盛期だった1960年代から1970年代は、国中が貧しかった。1965年の推定では全国民の40.9％が絶対貧困状態にあり、都市地域の貧困率はさらに高く、54.9％に上っていた。2世帯のうち1世帯以上が絶対貧困状態にあったのだ。1970年には5年前より大幅に改善されはしたが、全国で23.4％、都市部で16.2％と依然として高い状態にあり、1978年になってからは全国で12.3％、都市部で13.8％に減った[1]。

　このように皆が貧しかったが、特に農村を離れ都市に流れた人々の境遇はさらに厳しかった。ひとまず体を横たえる安い所を探すのが急務だった。そのような意味で、不法で不良な住宅が集まっていたパンジャチョンは大都市で最も廉価な場所だった。当時は孝試院[★1]や地下住居[★2]がなかったので、パンジャチョンは貧しい人々が安い住居費で住むことのできる唯一の場所だったのだ。そればかりでなく、パンジャチョンは、離農民たちが都市に適応し、暮らしていく上で適した条件が整っていた。仕事や副業を近所で探すことができ、親戚や同郷の人々も近くで暮らしていたからである。

　その上、政府が政策的にパンジャチョンを集団化させたため、パンジャチョンはすぐに貧しい人々が集まって住む所として公的に認められるようにもなった。実際に1980年代ごろ、法定零細民（現在の国民基礎生活保障受給者にあたる）の居住地を調査した資料によると、ソウル市の場合、5万8,512世帯、33万3,582人が主に40ヶ所の地域で集団居住しているとある。KDIの事例調査からも零細民の95％が無許可住宅に居住していたとある。またKDIは法定零細民を含む低所得零細民の大部分が無許可不良住宅、すなわちパンジャチョ

表 2-1　零細民世帯主の出身地、故郷（単位：％）

	出身地	20歳以前の主成長地
ソウル市	14.2	18.6
釜山市	0.9	1.1
京畿道	11.2	9.7
江原道	4.7	4.7
忠清北道	7.1	6.4
忠清南道	10.4	10.1
全羅北道	10.4	9.9
全羅南道	18.1	17.4
慶尚北道	7.7	7.1
慶尚南道	4.0	3.5
済州島	0.3	0.4
北朝鮮	10.7	10.5
海外	0.3	0.6
計	100.0	100.0

資料：ソウル市（1979）

ンに居住していたとみている[2]。それだけパンジャチョンの住民たちの全体的な所得は非常に低かった。調査によって差異はあるが、大体のところ、所得は都市勤労者平均所得の50〜60％程度に過ぎなかった。いわばパンジャチョンの住民全体が貧しく、同様に大都市の貧しい人々のおよそ全員がパンジャチョンに住んでいたということができる。

　パンジャチョンの住民の大多数は離農民やその子どもたちだ。相対的に産業化が遅れていた湖南地方（現在の全羅道）出身者がパンジャチョンの住民のおよそ3分の1を占めていたこともそのような状況を反映している（表2-1）。基本的に、貧農出身者たちが特別な技術や資産もなく都市に流れ適応するために集まったところがパンジャチョンだったのだ。

抜け出せない貧しさ

　パンジャチョンの住民たちの貧しさは、離農以降、都市政策過程で現れた一時的なものではなかった。貧農だったり、貧農の子どもから出発し、都市低賃

金労働力としてかろうじて生活し、結局子どもの子どもにまで貧困が伝承される一連の過程の中にあった。もちろんパンジャチョンが西欧のスラム街と違っていたのは明らかである。1960 ～ 1970 年代の西欧の貧民街では、麻薬、犯罪などが横行し「希望のないスラム」が蔓延していたが、少なくとも韓国のパンジャチョンでは、みなが仕事をし、子どもの教育に没頭するなど希望が息づいていた。だからといってこの希望が貧困脱出を約束するものではなかった。韓国経済が急速に成長したこともあり、餓えるほどの絶対的貧困からは早く抜け出せたが、パンジャチョンが貧しいという事実は変わらなかった。

　パンジャチョンの住民のうち、一定程度が親世代から貧しく、子どもの世代はその比率がどうなったのかを統計的な数値でみるには限界がある。信じるに値する資料も不足しており、数値で全体の様子をあぶり出すのにも限界がある。その点でパンジャチョンの住民たちに対する参与観察とフォローアップ調査を行ったチョ・ウン、チョ・オクラ教授の研究『都市貧民の暮らしと空間』（ソウル大学校出版文化院、1992）は意義深い。1980 年代中盤のサダン洞パンジャチョンにおける住民の暮らしを調査したこの研究は、パンジャチョンの人々の様子を理解するのに役立つだろう。

　この研究によると、パンジャチョンの人々は一度貧しさに陥ると、貧困の悪循環から抜け出すことが非常に難しい。貧困の持続性や世襲可能性は、ほとんどの（調査）事例からも見て取れるように普遍的である。しかし、その原因が本人たちの努力不足、怠惰、飲酒、賭博等、個人的なものに結び付けられて説明されるケースはほとんどなかった。疾病または世帯主の死亡など、非自発的だが個人的なケースがいくつかあるが、これらもまた貧困の原因というよりは（既に陥っていた）貧困が加重される原因だと見ることができる。貧困の根本的な原因は、一文無しから始まり彼ら／彼女らの社会・経済的背景と不安定な雇用、生活費に満たない低賃金にある。

　貧困世帯主やその配偶者の人生をみると、10 代はみな学校を中退し力仕事をしてきた。行くあてもなく食べるものもなく、裸一貫から始めて仕事を得て、それを維持するのに汲々としてきた。彼ら／彼女らの生活戦略といえばまず体一つでできるものから始まり、貧困からの脱出戦略もここから出発した。資本金がなくてもできる仕事、すなわち工場や店の臨時雇用、または日雇い建

第 2 章　人　　63

設労働などに従事し、これらを通して貧困の出口を探した。夢といえば小さな店を持って自営業となること、または仕事場で労働者を働かせることのできる程度の材料費を持ち、親方になったり家内工業の下請けをすること、そして部屋が二つある家を持ち、一部屋を貸すことができるようになるというものだった。

　貧しい人々が貧困の出口と考えるのはいつも「商売」である。日雇い労働や賃金職は「口が干上がることはなくても」「お金を貯めることはできない」と考えた。周りで苦しい中でも金を稼いでいるのはみな商売をしているケースだったためである。しかし、商売をするためにはまず頭金を少しでも手にしなければならないが、その頭金を作ることができない。（当時流行した中東での建設業のような）海外への出稼ぎは何も持たない人々が資金を作ることのできる唯一の方法だった。初期の海外への出稼ぎで金を稼ぎ、町内で安い家を買い、商売の元手を手に入れたり個人タクシーを購入したりした人が、人々に羨ましがられた。しかし彼ら／彼女らが貧困の出口だと考える海外への出稼ぎが（調査対象者の住民たちにとって）、現実的にはあまり役立たなかったことがわかった。

　彼ら／彼女らは言葉通り「裸一貫」で、健康に問題が生じると脱出がさらに困難となり、状況はさらに悪化した。健康問題は彼ら／彼女らにとって貧困の原因であり結果でもあった。日雇い建設労働者たちは、少しの工事でも請け負って親方になるのが夢だ。実際に周囲にそのような人がいなかったわけではない。しかしそのような人は「千人に一人出るか出ないか」だ。また親方になるとしても、後払いの工事を請け負って人を雇う金を融通できるぐらいは財力があるか、技術をもって親方代理をしなくてはならない。もし親方の仕事をしくじったら、むしろ借金の山に登るようなものだ。また、家内工業や個人事業、または雑貨店経営でさえ容易ではない。多少の商売、そして若干の金が生じて家内手工業を試みる事例があるが、すべて失敗してまたひたすら働くしかない境遇に陥っている。失敗の原因は資本金不足が最も多く、輸出景気の不況、過度な競争などである[3]。

　一方、調査対象者の世帯の大部分が似たような労働条件と住居条件で出発したが、ある世帯は月払いからチョンセに、そして持ち家に移っている一方で、

ある世帯はむしろ持ち家からチョンセに、またはチョンセから月払いに落ちている。これを分析するならば、いくつかの要因があるのだが、月払いやチョンセから持ち家になる世帯は、雇用が安定しており世帯員の疾病など大きなアクシデントがなく、事業が失敗していなくて月収の範囲から支出をまかない慢性の赤字が出ていないケースだ。半面、これと反対に雇用が不安定だったり疾病などのアクシデントが起こったり、事業に失敗したり慢性的な生活費の赤字が生じていると持ち家からチョンセに落ちる。この三つの要因のなかでどれかが一つ持続的に生じた場合は月払いから抜け出すことができなかった。女性世帯主の世帯が持ち家からチョンセ、チョンセから月払いに落ちるのは、夫の疾病および死亡、別居に由来している[4]。

　貧しい中でもセーフティネットとなっていたパンジャチョン自体の解体は、貧困をさらに悪化させる結果となる。パンジャチョンの解体は貧しい人々には二重の苦しみを招くことになった。一つ目の苦しみはパンジャチョンを離れて住居費の負担がさらに大きくなった点で、二つ目はパンジャチョンが提供していた社会的セーフティネットと就労ネットワークがなくなった点である。各々に対する詳細は後述するが、1980年代の合同再開発事業の強風がパンジャチョンを解体し始め、貧困層が集まる所とはいえ、安息の場であったこの場所が失われてしまった。

誰もがどんな仕事でもする

　パンジャチョンでは基本的に仕事ができる人は全員仕事をした。主に肉体労働ではあったが仕事の種類は色々だった。男性たちの場合、単一種目としては建設業の比重が最も高かった。調査によると、差異はあるものの、およそ15～33％を占めていた[5]。工場などの生産職は多い方だった。その反面、女性たちは内職が多かった。主に女性たちに親しみのある仕事を分担して行う方式だった。また、家の周辺にある小規模の家内工場、特に縫製業に従事する場合が多かった（この時縫製の仕事をしていた方の中には高齢になった今もソウルの所々で仕事をしている。依然としてソウルの主力製造業が縫製業なのはこのためである）。ひいては高齢女性までもが一時も手を休めることなくわずかな内職でもしていた。このようにパンジャチョンでは金を稼ぐことに積極的な人

が一般家庭よりずっと多かった。

　統計庁が実施する標準化された職業分類では、仕事の分布に実感がわかないかもしれないが、当時の事例調査の分類はそれより詳細である。いくつかの調査結果を見てみよう。1979 年に実施したソウル市低所得地域住民調査によると、世帯主の職業は、無職が 39.3％と最も多く、単純労働が 30.1％、建物管理・土木・鉄鋼・溶接が 8.2％、行商・露店が 8.0％、管理・販売・店員が 5.5％の順だった[6]。1980 年代のサダン洞における住民の仕事について研究したホ・ソクリョル教授が調査対象である世帯全体を分析したものによると[7]、世帯主は単純労働と行商・露店が最も多く、家族は工場職工が最も多かった（表 2-2）。

　チョ・ウン、チョ・オクラ教授の研究も参考にしてみよう。1980 年代当時、サダン洞の住民たちの職業は、男性世帯主の場合は日雇い建設労働が 40.0％と最も高く、次は零細自営業、販売職、無職、生産職、単純事務職の順で不安定な職業群が大多数を占めていた。女性の場合は 51.1％が無職で、派出婦

表 2-2　サダン洞の就労類型

	世帯主		世帯員		合計	
	人数	％	人数	％	人数	％
単純労働	177	34.0	36	3.7	213	22.8
技能労働	61	11.7	43	10.4	104	11.1
行商・露店	77	14.8	53	12.8	130	13.9
雑貨店	24	4.6	7	1.7	31	3.3
商店経営	28	5.4	7	1.7	35	3.8
工場職工	60	11.5	213	51.4	273	29.2
公務員・会社員	35	6.7	26	5.3	61	6.5
サービス業	22	4.2	12	2.9	34	3.7
その他	36	5.9	17	4.1	53	5.7
小計	520	100.0	414	100.0	755	100.0
無職	120		-		120	
不明	59		-		59	
計	699		414		934	

資料：ハ・ソクリョル（1998）98 頁

が7.0％、零細販売職が7.6％、内職が7.1％の順だった。無職が非常に多く思われるが、実際にはこの地域で仕事をしないで遊んでいる女性はほとんどいなかった。ただ雇用状態が不安定で無職率が高く出ただけである。すなわち、無職の51.1％は、この地域の女性の半分程度が仕事をしていない、というよりは、半分ずつ交代で失職状態にあるものと解釈するのが妥当だろう[8]。実際にこの地域の住民たちは、1年間ずっと同じ場所で同じ仕事につくことはあまりなかった。一生の間で数十回も仕事を移り、1年に何回も仕事を変えた。これは男性にも女性にもあまり差がなかった[9]。

　男性の世帯主が1人で家計を支えている割合は29.2％に過ぎず、共稼ぎが36.4％、子どもたちも稼ぐ場合が5.0％だった。女性世帯主が1人で稼ぐ場合は8.1％、子どもたちだけが稼ぐ場合が7.0％、他は金を稼ぐ人がいない場合である。しかしこのように経済活動をする世帯員は多くても、世帯当たりの月額平均所得は38万7,000ウォンと1988年当時全国勤労者の世帯月平均所得65万7,215ウォンに比べると著しく低かった。都市世帯の月額の最低生計費に満たない世帯も60％以上だった。女性世帯主は全体の17.0％と、当時の平均に比べて高い方だった[10]。

パンジャチョンは全体が就労ネットワーク

　パンジャチョンは、それ自体が巨大な就労ネットワークだった。先述のホ・ソクリョル教授の研究は、現在にも連なるパンジャチョンの住民の就労の様子を見せている。彼はパンジャチョンの住民たちが従事している建設業、靴下工場、衣類の家内請け負い、自営商人、各種商業、家事サービス業など、多様な業種に対して仕事の場での協同構造、斡旋体系、熟練訓練体系などを分析した。また、先に紹介したチョ・ウン、チョ・オクラ教授の研究もパンジャチョンの多様な社会関係網が日常の暮らしの支えになっている過程を分析している。

　男性たちが主に従事していた建設業は、いわば重層的下請け構造で構成されている。元請け、下請け、再下請け、再び専門分野別に再々下請けなどとつながっている。これは元請け業者が景気の低迷を回避するという次元もあるが、建設業の工程と分野が非常に細分化されているため、すべてを一つの業者が常

時雇用することができないという特性を反映するものでもある。大工、左官、組積、窓枠、塗装、電機などの分野も多様で、技能水準および責任範囲によって什長[★3]（「オヤジ」）、什長代理（「世話」）、技能工、雑夫（「手許」）など細分化されていた。したがって各分野の人材を動員し、仕事を割り当て、決められた工程に責任を持つのは什長を中心とする一連のしっかりとした雇用ネットワークが担当することとなっていた。この建設業の日雇い労働の就労ネットワークを見ると、同じ街、親戚や姻戚、友人などでぎっしりと埋められていた。たとえば、サダン2洞の1人のオヤジと働く人々36人のうち、22人がサダン2洞、サダン3洞に居住しており、他の所に住んでいても一時そこやその周辺に住んでいた場合が大部分だった。彼ら／彼女らは、同郷の親戚、きょうだい、親しい友人などで固まっていたのだ[11]。

　女性たちが主に従事していた内職も街を中心とするネットワークによるものだった。主に服やカバンを作る多くの製造工程の一部分を請け負い家で処理する方式である。内職は典型的に単価が安く時間ばかり消耗し、「人形の目付け」のように、してもしても終わりがなく疲れる仕事でもある。しかし家事をしながら若干の所得を上げることができるという点で、内職はパンジャチョンの女性たちが最もたやすく選択できる所得の機会だった。ところでこの内職も建設業の労働力動員構造と似たような、仕事を持ってきて配分するようなネットワークが作動した。また、内職ネットワークは町の様々な規模の「契」とも関係していた。近所の人的ネットワークが内職のネットワークとなる構造である。女性たちはそれぞれの家で仕事をするが、集まって仕事をしながら話をしたりご飯を一緒に食べたりもしていた。その他に露天商、派出婦などの仕事も近所を中心とした紹介、斡旋、役割分担をする場合が大部分だった。

　また、パンジャチョンは身近な共同体サポートネットワークでもあった。1990年代初め、パンジャチョンの住民に対する調査を見ると、「隣人に金を借りたことがある」が70.9％、「隣人と親睦を深める集まりをしている」が59.3％、「吉凶事の際、隣人間で互いに助け合っている」が78.8％だった[12]。チョ・ウン、チョ・オクラ教授の調査もこれと似たような結果が示されている。近年のマンション生活とクレジットカードでの貸し出しが日常化している社会では想像もできないような隣人関係である。このようにパンジャチョンは

農村を離れた貧しい人々が都市生活に適応し、また貧困の中でも耐え抜いていけるようにした社会・経済的共同体だった。結局パンジャチョンは貧しい家族に仕事を提供し、子どもを育てる再生産空間というだけでなく、巨大な生産ネットワーク組織だったといえる。

　しかし、パンジャチョンの人々の仕事ネットワークが結果的には重層的な請負構造の複雑な連鎖を通して都市経済の中心部と「分離された関係」に結びつけられた側面にも注目する必要がある。資本と労働の関係からは互恵的に見えはするが、このネットワークは基本的に貧困層の労働力を安く利用することができるよう動員する役割を果たしていた。どのような仕事でもしなくてはならない貧困層の劣悪な境遇を、重層的な動員体系を利用して安く買いたたくことができたのである。また、景気変動の影響を下請け最末端の労働力で調整することも可能だった[13]。結局皆が仕事をしても貧困状況から抜け出すことができない構造が、仕事ネットワークを通して固定化したということができるだろう。

パンジャチョンの子どもたち

　パンジャチョンの子どもたちは町が育てた。両親が仕事で忙しく子どもたちをまともに世話する人もいなかったのだ。路地裏が遊び場であり学習の場であった。近所のお兄さんやお姉さんが隣の弟や妹たちと遊んでやりながら面倒をみていた。路地裏のおばあさんたちは市場で売る葉物を整える合間に、また内職をしながら子どもたちをみた。路地裏はいつも子どもたちが騒ぐ声に満ちていた。

　はたから見ると子どもたちの姿は活気に満ちているが、実際にはここの子どもたちが貧しさから抜け出すのは容易ではなかった。パンジャチョンの両親は子どもたちをどうにかしてでも上級学校に送ろうとした。子どもたちの未来は自身とは違わなければならないという両親の気持ちがそのまま投影されたのだった。しかし現実は違った。勉強がよくできるようになるには物的な基盤がまったくついていかなかった。勉強部屋どころか机さえない場合が珍しくなかったのである。家庭教師を頼んだり塾に行ったりすることもできなかった。中産層の子どもたちのように両親が宿題や学業をみてやるというのも不可能

第2章　人　　69

だった。

　このような状況であったので子どもたちの学校の成績はほとんどがよくなく、小学校まではいい成績をとっていても中学校、高校と上がると成績が落ちていった。中学校の時に学校をやめて就職したり、家出することも多かった。そして自然と両親の世代の貧困を受け継ぐ軌道へと導かれていった。子どもたちの世代の職業を見ると、息子の場合は建設労働者、工場労働者、食堂のウエイターなどで、娘たちはカフェの従業員、店員、女工、出版社の事務員、派出婦、ルームサロンのホステスなどだった。彼女たちの配偶者や同居している男性もまた工場労働者、運転手、日雇い労働者などだった。

　したがって、貧困が世襲する可能性がとても高かった。子どもたちの学力は両親の世代よりとびぬけて高かったが、雇用にかんしてはほとんど同じだった。すなわち、雇用が不安定で収入が低い非公式部門労働に就いていたり、工業団地で労働の強度が高く処遇の悪い労働者として仕事をしているケースが大部分だった。息子だけではなく、娘たちもそのような現象が目立った。娘たちの場合、本人の職業だけでなく、配偶者の職業などで同じ現象が現れていた。また貧困世帯の場合、両親から早く分家して適齢期を迎えた子どもたちの中で、結婚式を挙げられないまま同居する場合が絶対的に多かった。子どもたちの中には外に出て金を稼ぎ始めると経済的に両親世帯と分離される現象もみられた。さらに、パートナーと同居をし始めると両親との経済的な連携が断絶される傾向を見せていた。子どもたちの世代の家族形成と出発は、親戚や隣人の紹介というよりは、友人など職場で会った場合が多く、若干の電化製品を持って出発することを除けば両親の世代と大きく異なることなく、月払いの一間で新生活を始めた[14]。

制限的な生活保護、まん延する飲酒

　パンジャチョンの人々は家計の足しにするため、誰でも仕事をしようとした。しかし疾患、障がいなどで仕事ができない人も多かった。実際に 1974 年の政府の特別雇用統計調査によると、都市貧困世帯主の中でいくつかの理由で就業自体が難しい就業不能が 21.6％あり、仕事はできるが失業中が 13.6％、週36 時間未満の就業が 17.9％と、フルタイムで仕事をする完全就業は 47.3％に

すぎなかった[15]。1980年の生活保護対象者健康状態調査によると、勤労能力が事実上ない「居宅保護者」の場合、障がいが29.9％、疾患14.6％に達し、勤労能力はあるが、自力で生計を営むことが難しい「零細民」の場合、障がいが7.6％で疾患が10.4％だった[16]。

IMF通貨危機以降、基礎生活保障制度が導入されるまで、韓国の貧困層の保護方式は、このように勤労能力がない「居宅保護者」と勤労能力がある「零細民（または自活保護者）」に分けられていた。生計費まで支援する居宅保護者は、全体の人口の1％にも満たず、教育費や医療費のみ支援する零細民は4～5％程度だった（表2-3）。現在は原則的に勤労能力の有無で対象者を分けたりはしないが、当時は少しでも仕事ができるのならば現金支援はしないのが不文律の時代だった。もちろん現在の基準でみると、勤労能力があるという零細民たちも、現実的には自ら生計を維持するのが不可能な水準だった。このため政府は、零細民たちの生計を支援する次元で、いわゆる「就労事業」を通じていくつかの仕事をするという条件で現金を支給した。したがって、当時、貧困層に対する支援政策の核心は、就労事業だといっても過言ではない。例えば、1975年に年間1,590万人が就労事業に参加し、1980年には834万人が参加した。もちろん世帯当たりの労働賃金平均は各々3万3,800ウォン、5万7,600ウォンと金額は低かったが、それでも政府がすることのできる最大限の支援だった[17]。つまり、パンジャチョンの人々は、内職であれ行商であれできる仕事をするなかで、機会があれば少額でも就労事業に参加して生活費の足しにし

表2-3　生活保護対象者の推移（単位：千名、％）

	生活保護対象者					生活保護対象者／総人口	生活無能力者／総人口	零細民／総人口
	生活無能力者			零細民	合計			
	居宅保護	施設保護	小計					
1965	288	72	360	3,563	3,922	13.9	1.3	12.6
1970	306	63	369	2,116	2,486	7.9	1.2	6.7
1975	375	52	427	904	1,331	3.8	1.2	2.6
1980	282	47	329	1,500	1,829	5.0	0.9	4.1

注：分類の表現は当時の資料に従った。
資料：KDI（1982）12頁を再構成

た。

　みなが仕事をして奔走する中で、具合が悪くなり遅れをとる人もいた。体を
壊すばかりでなく、心を病む人も多かった。特に酒におぼれる人は問題だっ
た。肉体労働の疲労を解消するために始めた飲酒は大部分が中毒に近い状態に
なり、酒による家庭内暴力や近所でのちょっとした喧嘩は日常茶飯事だった。
これを数値で表す資料は少ないが、芸術作品に表れているものもある。

　パンジャチョンに住んだことのある人なら、このようなことはすべて記憶に
生々しく残っているだろう。「深夜のチョンゲチョン、立ち並ぶバラックの前
を通るときには男性たちの喧嘩声、女性と男性が喧嘩する声、（しつけのため
に）木枝で叩かれ泣く子どもたちの泣き声、怒号、皿が割れる音が聞こえた。
笑い声より怒号や泣き声がより多く聞こえた」（イ・ギョンジャ『洗濯場』）。
「先生、隣のおじさんがまた喧嘩しました。／何日か静かにしていたのに、今
日は／部屋を壊すかと思うほど暴れました。／焼酎1本だけもう少し飲むと
いうおじさんと／お金も稼げないくせに何が酒だというおばさんが／路上に出
て向かい合い／薄暗くなるまで喧嘩をしていて／先生、結局は／お互いに抱
き合って泣く模様ですが／バラックの上に満月が出て……」（ユン・ジュンホ
「本洞日記3：ドヒョクが先生に送る手紙」の一部分）。

パンジャチョンの改革家たち

アリンスキー、ソウルに来る

　パンジャチョンは、形成過程である程度不法であることが不可避であった
が、政府とソウル市は集団定着地造成や良性化、現地改良などを通して、事
実上合法性を付与した。だからといってパンジャチョンが作られ、変わる過程
はただ平和的だったのではない。住民たちの要求や意向は無視され、時には強
制撤去が無慈悲にも進められたりもした。もちろん1960〜1970年代は軍事独
裁による強圧的な社会の雰囲気だったため、まともに抗議ができるような状況
ではなかった。クァンジュ大団地事件が1971年に起きたりはしたが、持続性
を帯びていたというよりは「一回だけ引き起こされた」水準だった。パンジャ
チョンには不法の張り紙がされており、そこで暮らすことができるようにして

72　　第1部　パンジャチョンを知っていますか？

「常緑樹警察官」を知っていますか？

　学校に通っているとき、シム・フンの小説『常緑樹』を習ったのではないだろうか。小説は劣悪な農村で未来に希望を持ち自活の夢を作っていく知識人の啓蒙的活動を描いている。したがって「常緑樹」という単語は、ただ木の一つの種類という意味ではなく、難しいなかでも希望を持つというイメージが込められている。その名前を使った「常緑樹警察官」がパンジャチョンに配置され住民たちと完全に生活を共にしたことを記憶している人はいるだろうか。実際に1981年に全国6都市の零細民集団居住地域、すなわちパンジャチョンに180人の警察官を配置した。彼らの役割は複合的だった。住民支援、苦情処理に加え、騒動を防ぐことも任されていた。

　当時の報道内容によると、「警察当局者はその業務が住民たちの集団苦情や不平、不満が、いつも満ちている俗称タルドンネに生活拠点を置き、地域に対する奉仕と住民との対話で住民の意識を順化させ、地域の安全を維持することを目的にしていると明らかにした。彼らの主業務は、該当地域の青少年の先導・敬老慰問、救急患者の救護など通常業務の他に、対政府苦情の聞き取り、民衆の順化、政府施策の広報、零細民のための適切な行政の施しの推進など、1人で総合行政窓口のような役割を果たしていた。特に、地域の特性上、脆弱点となっている不純分子の浸透防止、流言飛語の拡散防止など、社会安全の維持のためのレイダーの役割を果たす*こと」を堂々と明らかにしていた。

　しかし常緑樹警察官はソウルの合同再開発事業でパンジャチョンがなくなり、また金泳三政権が民主化を進展させたことで、1994年初めに廃止された。今や常緑樹警察官を記憶する人はいなくなってしまったが、1980年代、パンジャチョンを助けると共に監視し、治安の対象として見ていた政府の認識は記憶する必要があるだろう。

---
*「全国タルドンネに『上陸警察官』零細民集団居住地域に固定配置」《中央日報》1984.11.6.

やることだけでも国家の恩恵というような雰囲気だった。

　そのため居住権や生存権を主張するのは当初はタブー視されていたといえる。少なくとも1980年代に入って撤去民運動が民主化運動または民衆運動の一角を占めるまでは。

　ところで、1971年6月、クァンジュ大団地事件が引き起こされる2か月ぐらい前、東亜日報に聞き覚えのない名前の外国人のインタビュー記事が掲載さ

れた。アメリカのシカゴを中心に住民組織化の民権運動を先頭に立って行っていたソール・アリンスキー（Saul David Alinsky、1902 〜 1972）がソウルを訪問してパンジャチョンを回ったというのだ。最近は韓国でも彼がヒラリー・クリントンとオバマ大統領に強い影響力を与えた組織活動家として知られるようになっているが、当時はアメリカの「デモ屋」と刻印づけられた危険人物だった。彼は黒人や疎外された人々が自ら組織して自身を苦しめている問題を解決できるように促す実践的組織活動家だった。彼の組織論は非常に現実的で「小さな闘いから勝利し、少しずつ大きな闘いに広げていく方式」だった。自身の権利を申し立てるのはおろか、お恵みをありがたがるよう強要されていたパンジャチョンの人々にとって有効な組織方法論だったといえる。

アリンスキーは、現代の地域社会組織論の創始者で、アメリカのみならずアジアの民衆運動にも大きな影響を及ぼした。1980 年代に学生運動をする人々の間でよく文庫本で読まれたＦ・Ｅ・マグラヤの『民衆と組織』（カンミン社、1979）もアリンスキーの方法論をフィリピンに適応した経験を基に書かれた本だ。アリンスキーは『急進主義者のための規則（*Rules for Radicals*）』、『急進者のための起床ラッパ（*Reveille far Radicals*）★4』などの本を通じて、全世界の住民組織化運動に影響を与えた。

アリンスキーはアメリカで彼と縁があったオ・ジェシクなどの要請でソウルを訪問したのだが、その前に既にアリンスキーの下で訓練を受けていたハーバート・ホワイト（Herbert White）牧師夫婦がソウルに常住しながら住民組織の方法を訓練させていた。ホワイト牧師は 1968 年に作られた延世大学校都市問題研究所を中心として教育プログラムを運営していたが、ここで訓練を受けた人々が韓国の第一世代のパンジャチョン活動家であり貧民運動家ということができる。ジェ・ジョング、キム・ジンフン、キム・ヘギョン、クォン・ホギョン、ホ・ビョンソプ、イ・ヘハク、キム・ヨンジュンなど、15 人程度に上る。彼ら／彼女らはチョンゲチョン、ヤンピョン洞などでパンジャチョンの住民組織化を通して集団移住や共同体生活を導き、以降 1980 年代の撤去反対運動の基礎を作った。

74　第 1 部　パンジャチョンを知っていますか？

貧しさと向き合う：パンジャチョン住民運動

1960 年代から宗教界では貧しい人々と共に暮らし、共に問題を解決する活動が始まった。これに当たり、先述の 1960 年代末に実施された、延世大学校都市問題研究所の地域活動家養成プログラムが活性化の契機になった。彼／彼女らは特にアリンスキーの地域社会組織論を貧しい地域で実践しようとした。1971 年 9 月 1 日にはパク・ヒョンギュ牧師、クォン・ホギョン伝道師などプロテスタントの人々が中心となり、「地域社会の住民たちが自ら自分たちの問題を認識し、自ら力を合わせ、自身が暮らす地域社会の環境を改善すること」を目標に「首都圏都市宣教委員会」（1973 年から首都圏特殊地域宣教委員会に改称）を立ち上げた。その直前に起こったクァンジュ大団地事件がこの活動をさらに推し進めたといえるだろう。1971 年は韓国で住民運動が本格的に始まった年として記念されている。

1970 年代中盤にはパンジャチョン撤去に対応してジェ・ジョング等によるポグムジャリ、キム・ジンフンによるナミャン湾トゥレマウル等のような住居および経済共同体の建設が推進された。しかし、撤去が貧民たちの経験する問題のすべてではなかった。生計の問題があり、医療、育児など多様な福祉に関する問題もそのまま残っていた。撤去反対闘争以外にも地域共同体を形成し、住民たちの主体的な力を育てることも解決しなければならない課題だった。

これに従って、1970 年代後半からは町の中で勉強部屋★5 や託児所父母の会、住民学校、信用協同組合、頼母子講、共同作業場、共同創業などの試みがなされていった。ハウォルゴク洞のサンドォル母の会、ヘナム女性の会、太陽の光保育所母の会、シンリム 7 洞ナンゴク希望協同会、仁川マンソク洞汽車道横勉強部屋、始興氏のポグムジャリ信用協同組合、サンゲ洞母親学校、ソマン・チャムサク・ソナム勉強部屋、ボンチョン洞ナヌムの家などがこの時活発に活動していた。これらは関連する住民の集まりを通して組織化を推進する一方で、地域新聞の発行、端午祭り、のど自慢大会、市場の開設、地域内コミュニティバスの運行、またはコミュニティバスの割引要求、近隣の助け合いなどの活動を通して地域住民の中に入っていくために努力した。

これらの地域活動には宗教界が積極的にかかわっていた。1980 年代にはカトリックのブラザーやシスターたちが訓練プログラムを貧民地域で開き、天主

教都市貧民会や基督教都市貧民宣教協議会などが関連事業を連携して組織した。地域社会託児所連合、地域社会勉強部屋連合などが作られたのもこのころである。また、大学生たちは休みの期間に農村活動と同じような概念で貧民活動（すなわち「貧活」）を展開し、貧民問題に参加していった。そして1991年3月26日に実施された市町村議会選挙では、「都市貧民自治制共同対策委員会」を構成し、地域活動家たちが直接候補を立てた。候補が出馬した地域は、ナンゴク（キム・ヘギョン）、ソンナムウネン2洞（イ・サンラク）、仁川市プジョン洞（ホン・ミョン）など12地域に上った。

これ以降、貧民地域活動は経済的な自立をさらに強調する運動に発展した。聖公会を中心として自活共同体運動が活性化し、一部は非常に大きい規模に成長した。これらは以降、基礎生活保障制度の導入のような貧困層対策が樹立されるにあたって基礎となった。特に政府は1990年代中盤に自活共同体モデル事業を実施し、これは2000年代以降大々的に自活後見機関の設置につながるモデルになった。

これと共にパンジャチョンの人々の最も重要な生計手段であった建設業の労働自体を改革する運動も起こった。先述の通り、建設業は重層的な下請け構造で運営されていた。労働者の常時雇用は極端に少なく、大部分は臨時・日雇い労働者が親方と子分のような関係で結びつけられ労働に参与した。このような重層的な下請け体制は施主であるゼネコンが危機の際は下請け業者にそれが転嫁される構造で、建設日雇いもやはり典型的な不安定労働でしかなかった。実際にゼネコンが受注した額が100だとしたら施行を請け負う下請けは30～40程度で工事を進めなければならない。工事に参与する労働者が働ける期間は1年に200日前後だ。それに加え建設日雇い労働者たちは当時退職金がないだけでなく（現在は建設労働者共済会を通じて一部退職金が積み立てられている）、年金や健康保険の職場加入対象でもなかった。また、労働市場が非公式的な状態であるため、労働組合を作ったり団結権を行使することも事実上不可能だった。

貧民運動は、このように矛盾的な状況を変えるために行われた。1987年にサダン3洞のパンジャチョンが撤去された後、この地域で主導的に仕事をしていた人々が近隣のボンチョン洞に移住したのだが、彼／彼女らが中心になり日

雇い労働組合建設推進委員会が結成された。ヨンドゥンポ近隣の公団でもボイラー製作、配管、溶接の仕事をしている労働者100人余りがこの頃ソウル日雇い労働組合を結成した。そして慶尚北道のポハン地域では既に公団のプラント施工および修繕を担当する日雇い労働者たちの組織が結成されていた。1989年にはこれらを含めた「全国建設日雇い労働組合」が出帆している。これらは日雇い労働者手帳制度（仕事をした日にちごとに少しずつ手当を積み立てるもので、現在の退職金制度に発展した）、雇用保険の適用、重層的下請け構造の改善のような制度改善を目標に決め、労働災害補償、遅配賃金の確保などの組合員支援事業も並行して行った。

　しかし、工業団地や埠頭など大きな単位の現場があるところとは異なり、一般的な都市地域では運動を広げるのが簡単ではなかった。労使関係が明確でなかったためである。先述の通り、重層的な下請け構造や労働力の動員構造が親方や人材センターを中心になされた結果、闘争の対象を明確にするのが難しかった。組織化が容易でない条件だったため、組織を拡大するのも困難であった。

　このような労働運動方式の限界を克服するために労働者共同体運動が試みられた。建設業の重層的下請け構造は、建築主の立場からは金をすべて投入しても実際の工事費が中間でなくなってしまうという問題があり、労働者の立場からは、中間段階で斡旋費用などを中抜きされてしまうため労働に合った対価がもらえないという問題があった。これに建設労働者たちは自ら共同体企業を作って建築主と直に取引をする運動を始めた。ハウォルゴク洞で活動していたホ・ヒョンソプ牧師などは、初めは労働組合の結成を試みていたが、建築主と直接取引をする方式を採択し、労働者共同体「イルクン（労働者）・ドゥレ」を組織した。ドファ洞撤去民のチョン・ウルジンは、1990年にマポ人材センターを設置し、建設業共同体を作った。これ以外にもボンチョン洞のナソム建設のように共同体型の建設業業態も作った。しかしこれらの大部分が零細な規模であり、経験不足、低い技術力などで経営上の深刻な危機を経験し、何年もたたないうちに事業は中断されてしまった。

第2章　人　　77

撤去民闘争とパンジャチョンの指導者たち

　自分が住んでいる家が無断で撤去されてしまったらどう思うだろうか。ただ座って見ているだけの人はいないだろう。本書第3章ではその過程と事件を詳しく扱っている。ところで1970年代までは住民たちの怒りとやるせなさでそれなりの騒ぎを起こしたりしたものの、撤去の闘いはそれ以上にはならなかった。何ヶ所かでは大なり小なりいさかいや衝突はあり、負傷者や捕まる人が出たりもしたものの、長期間にわたって持続するような闘いではなかった。先述した首都圏特殊地域宣教委員会がソンジョン18洞（1973年1〜6月）、シンソル洞（1974年7月）、ミョンモク2洞（1975年4月）、タプシンリ3洞（1975年4〜6月）、ジュンファ洞（1975年7〜12月）、イムン1・3洞（1975年10〜12月）などの撤去の闘いに関与したが[18]、規模や持続性から見ると1980年代とは異なっていた。驚くほどの規模で闘いが始まったクァンジュ大団地事件も僅か数時間で収まり、その時先導していた人々が持続的な社会運動に携わったという話を聞いたことがなかった。

　しかし1980年代になると話が異なる。それまではパンジャチョンの撤去がそれでも集団移住や再定着が可能な条件でなされていたが、この頃からパンジャチョンの撤去は事実上パンジャチョンを完全に解体させるまで進められたためである。したがって最初は間借り人たちが「何か」対策を立ててくれと訴えるという次元で始まり、公共賃貸住宅供給、再開発工事期間中に住むことができる仮設団地の造成、非該当者問題[★6]の解決、ビニールハウス村など新発生無許可住宅に対する対策要求など、多様なイシューを中心に闘争がなされた。それに加え、パンジャチョンの人々が1980年代に入り「民衆」の一員として、生存権闘争を超えて民主化と社会変革の主体として認められ、本格的な組織化領域として登場した。以前から活動してきた住民運動活動家たちと1980年代学生運動出身者たちはパンジャチョン撤去を契機に貧民たちを組織し、社会改革のベースキャンプを作っていった。

　これに従い、1980年代から撤去民運動は組織的で持続的、同時にとてつもなく大きい物理的葛藤を伴う闘争に変わった。モク洞撤去反対闘争は、1980年代式の撤去民運動の始まりだった。モク洞では闘いが100回以上繰り返され、集会とデモをしながら約2年にわたって繰り広げられた。当時、全斗煥軍

78　第1部　パンジャチョンを知っていますか？

事独裁政権ではなかなか考えることもできなかった街頭占拠、籠城や区庁への進入、警察署前でのデモなどが何度も起こった。この運動にはカトリックの人々以外にソウル大学の学生運動家たちも集結した。この過程で住民の指導者20人余りが拘束されたりもした。この後撤去民闘争はソウル全域に拡散し、サダン洞、サンゲ洞、トナム洞、オグム洞、クロ洞など100ヶ所を超えるパンジャチョンで闘いが起こった。このようになった初期には学生運動家たちや宗教界などの助けもあり組織化と反対闘争をしていた住民たちが自ら連合組織を作り先導していった。1987年の「ソウル市撤去民協議会（ソ撤協）」をはじめとして、1990年には「住居権実現のための国民連合（住居連合）」などがこのような次元から結成された。両組織の特徴を区別して見るとソ撤協が学生運動グループ出身者と結びついた強硬路線で、住居連合は1970年代の住民運動家たちが参与し、宗教界が結びついた相対的に穏健な路線だった。このような性格の違いは1990年代を経てさらに広がり、ソ撤協を引き継いだ全国撤去民連合（全撤連）はこれ以降も再開発現場で強硬路線を維持した。もちろん各団体は内部で反目や分裂、分化を経てはいたが、基本的に1990年代中盤からは貧民たち自らが組織を作り、各種撤去現場で権利主張と闘争を引き継いだ。

　この過程で数多くの第一世代のパンジャチョン住民指導者が出現した。モク洞のクォン・ヨンハ、チェ・スンオク、サンゲ洞のキム・ジンフン、カラク洞のコ・グワンソク、トナム洞のイ・テギョ、ドファ洞のジョン・ウルジン、ヤンピョン洞のキム・ウルグなどは自分たちの地域の闘いだけでなく、他の地域を支援する指導者の役割をした。時には拘束もおそれず闘争の先頭に立った彼／彼女らと共に、撤去反対闘争には学生運動グループのみならず地域の若者も活動家として参加していたが、そのほとんどの人々が拘束された。その中の1人が延世大学校神学科を卒業し、ナンゴクのナクゴル教会で伝道師として活動していたキム・フンギョム（パンジャチョン活動中にキム・ヘチョルと呼ばれていた）だ。彼はソ撤協の専従スタッフだった1990年代初めに拘束されたが、その後胃がんが見つかり30代半ばという若さでこの世を去った。彼が作った歌〈民衆の父〉には伝道師、そしてパンジャチョンの活動家として活動していた彼の切実な思いが込められている。

第2章　人　79

ソ撤協の活動家として働いていた
キム・フンギョムが作った〈民衆の父〉の楽譜

パンジャチョンの貧民運動家たち

貧民の友、ジェ・ジョング

ジェ・ジョング（1944 ～ 1999）は職業も呼び方も色々だった。貧民運動家、組織家、政治家、先生、議員、各種代表などと呼ばれていた。「貧民の友」、「貧民運動のゴッドファーザー」と呼ばれたりもした。

大学入学後、1972 年にチョンゲチョンのパンジャチョンで夜学教師として働き、人生を都市貧民の生存権・人権擁護運動にささげた。チョンゲチョンのパンジャチョンが撤去されるとすぐ、1975 年にはヨンドゥンポ区ヤンピョン洞に移住し、この時一生の同志になったイエズス会チョン・イルウ神父と会った。1977 年 4 月、ヤンピョン洞パンジャチョンで集団移住を希望する 170 世帯と共にカトリックとドイツ海外支援団体の支援でシフン郡シンチョン里の果樹園と畑に「ポグムジャリ」を作り始めた。ここで彼は亡くなるまで生活した。

ポグムジャリ村の成功は、また違う集団移住のモデルになった。1979 年にはソウルのタンサン洞と新林洞、シフン洞、ボンチョン洞の撤去民 164 世帯がポグムジャリ共同体の近くに移住し「ハンドク村」を作った。以降、1985 年にモク洞パンジャチョンが再開発で撤去されると住民の中の 105 世帯が再び近くに移住し、「モクファマウル」を作った。

1985 年にはポグムジャリとハンドク村、モクファマウルを連結する「ジャグンジャリ」会館が開設された。そこを中心に信用協同組合、福祉共同体設立を推進した。今は一般企業に売却されたが、市中で販売されている「ボグンジャリ・ジャム」は住民の自活のために作った商品だった。こうした活動が認められ 1986 年にジェ・ジョングとチョン・イルウは、アジアのノーベル賞と称されるマグサイサイ賞を受賞した。

彼は 1980 年代パンジャチョン撤去が本格化すると、モク洞、サンゲ洞等、他の地域の闘いにも参加し支援した。この過程で 1985 年に天主教都市貧民会を創立し、同じ年に天主教貧民問題研究所（後に「都市貧民研究所」、現在の「韓国都市研究所」へと拡大）を設立した。しかし 1990 年代より本格的に政治にかかわり再選もされて議員を務めたが、性に合わない現実政治に耐え切れずがんで早くこの世を去ってしまった。

パンジャチョンのイエス、チョン・イルウ神父

本名をジョン・デイリー（John Vinsent Daly、ヨハン、1935 ～ 2014）というチョ

ン・イルウはアイルランド系アメリカ人として、40年近く韓国で活動したイエズス会の神父であり貧民運動家である。

　アメリカのイリノイ州出身の彼は、1953年8月8日にイエズス会に入会し、1960年9月にイエズス会の神学生として初めて訪韓し、1967年から西江大学校で教鞭をとった。西江大学校で神学を教え、イエズス会の修練長として働いた彼は、自身が「福音を口だけで唱えて暮らしている」と考えた。そして1973年にイエズス会の修練長を退き、チョンゲチョンのパンジャチョンで一生の同志として過ごしたジェ・ジョングと出会った。

　この後ジェ・ジョングとジョン・イルウ神父は撤去民集団移住村であるポグムジャリ、ハンドク村、モクファマウルを共に作った。1980年代にはモク洞、サンゲ洞などの強制撤去に立ち向かい都市貧民運動を活発に繰り広げた。1985年には天主教都市貧民会、1987年には天主教ソウル大教区貧民司牧委員会を教区長諮問機構として設立させるのに寄与し、1988年には居住の権利のためのアジア連合の設立にも奔走した。

　それ以降、1991年にはソウル市マポ区コンドク洞のパンジャチョンに「ハンモム共同体」を設立した。1997年に韓国に帰化したチョン・イルウ神父は農村に目を向け、農民たちのための信仰と生活共同体である「イエズス会麹共同体」を忠清北道クェサン郡サンソン里に作った。このような努力によって韓国のイエズス会社会使徒職は都市貧民、移住労働者、薬物中毒の青少年、子どものための勉強部屋、農村分野に拡散されていった。

　一生をかけて貧しさと無所有を実践したチョン・イルウ神父は、2004年から健康状態が悪化し療養していたが、2014年に天に召された。

1980年代初めにポグムジャリで共同体生活をしていたジェ・ジョング、チョン・イルウ（右側の2人）、左側の後ろはジェ・ジョングの婦人で、キム・ヨンジュン、パク・ジェチョンの家族の姿も見える。

「ドカタ」牧師、ホ・ビョンソプ

　ホ・ビョンソプ（1941 ～ 2012）は 1970 年代に貧民宣教を始め、ハウォルゴク洞にドンウォル教会を開設し、パンジャチョンの人々と一生を共にした。1989年代からは牧師職をなげうち、建設労働者となり、新しい自活モデルを模索した。彼は 1974 年に「首都圏特殊地域宣教委員会」活動に参加し、住民運動を始め、パク・ヒョンギュ、クォン・ホギョン、キム・ドンワン、イ・ヘハク、ジョ・スンヒョク、モ・ガプギョン牧師などと共に活動した。1976 年にソウルのハウォルゴク洞のタルドンネに入り、民衆教会であるドンウォル教会を開設して司牧し、1980 年代初めには教会に国内で初めての託児所と言える「トルベの家」を作った。トルベの家は託児所の立法化の契機となった。1989 年には牧師職をなげうち、都市貧民労働者と労働現場に出て左官の仕事に就き、労働者と共に労働共同体である「ハウォルゴク洞働く人の会」を作って後輩の牧会者たちと労働者協同組合運動を展開した。

　1970 年初め、京畿道ヤンジュ市で師匠であるムン・ドンファン牧師を中心に初めての生活共同体である「暁の家」を運営した彼は、再び生態主義に関心を向けた。1996 年には全羅北道ムジュに生態教育を実践するオルタナティブ学校「青い夢高等学校」を設立し、初めてのオルタナティブ大学である緑色大学設立準備委員長を任された。2003 年に開校して以来、「すべての人の学び舎（緑色大学）」の共同代表と青い夢高等学校の運営委員長を歴任した。晩年には原因不明の昏睡状態に陥り、3 年以上闘病生活を送っていたが亡くなった。「ドカタ牧師」などと呼ばれたホ・ビョンソプ牧師は、イ・チョルヨン前国会議員の小説『暗闇のこどもたち』『コバンまちの人々』に貧民運動家として登場するコン・ビョンドゥ牧師の実在モデルでもある。

第一世代の撤去民指導者、コ・グァンソク

　コ・グァンソク（1946 ～ 2019）はカラク洞平和村撤去民当事者として、1988年にソウル市撤去民協議会会長、1989 年に全国貧民連合議長、1991 年に民主主義民族統一全国連合（全国連合）共同議長を歴任した。

　彼はカラク市場の前にある平和村に建てた自分の家が撤去されて以降、撤去反対闘争が起こる場所に駆け寄り組織化を支援した。サンゲ洞、モク洞、ヤンピョン洞、ドファ洞、ホンウン洞、シンジョン洞、ジョンノン洞、ソチョ洞コッマウルなどで強制撤去に立ち向かい、1987 年のソウル撤去民協議会の結成を主導した。

　以後、露天商、建設労働者などと連帯し、全国貧民連合を作り、貧しい人々の住居、職業、教育問題を根源的に解決するために献身した。そして、1991 年に民主化運

第 2 章　人　　83

動連帯団体である全国連合の共同議長となり、民主化と民族統一運動に身を投じた。

　自身が撤去民であり永久賃貸住宅で生活する零細民だったが、貧しさの構造を改革するための仕事に一生をささげた。学生運動出身の活動家たちを通して世の中に対して目を開かれたが、むしろ彼らを指導し、教えた。その中でキム・フンギョムは彼が最も大切にした人だった。コ・グァンソクは若い時にがんにかかり長い間闘病をしていたが73歳でこの世を去った。2019年5月2日に行われた告別式には、全国撤去民連合、民主露店商全国連合、全国露店商総連合、天主教都市貧民会など53の団体が参加し、都市貧民葬が執り行われた。

ドファ洞再開発区域で住民たちに演説するコ・グァンソク会長の後ろ姿。

注

1　KDI（1981）『貧困の様態と零細民対策』28頁。
2　KDI（1981）18頁。
3　チョ・ウン、チョ・オクラ（1992）『都市貧民の暮らしと空間』ソウル大学校出版文化院、66〜69頁。
4　チョ・ウン、チョ・オクラ（1992）106頁。
5　ソウル大学校環境大学院付設環境計画研究所（1993）『不良住宅再開発事業の問題点と改善方案に関する研究』大韓住宅公社、356頁。

6 KDI（1981）12 頁。

7 ホ・ソクリョル（1998）「都市無許可政策の雇用構造」キム・ヒョングク、ハ・ソンギュ編『不良住宅再開発論』ナヌム出版。

8 チョ・ウン（2012）『サダン洞をもっと知る25』トハナエムンファ、57 頁。

9 チョ・ウン、チョ・オクラ（1992）40 頁。

10 チョ・ウン（2012）57 頁。

11 チョ・ウン、チョ・オクラ（1992）43 頁。

12 ソウル大学校環境大学院付設環境計画研究所（1993）388 頁。

13 ホ・ソクリョル（1998）「都市無許可政策の雇用構造」135 頁。

14 チョ・ウン、チョ・オクラ（1992）68 ～ 69 頁。

15 KDI（1981）8 頁。

16 KDI（1981）14 頁。

17 KDI（1981）23 頁。

18 民主化運動記念事業会編（2009）『韓国民主化運動史 2：維新体制期』トルベゲ、674 頁。

訳注

★1 韓国の独特な廉価宿所の一つ。公務員や司法試験の受験生が集まる地域を中心に立地し始めたのが、1990 年代に入ると大学の近所や主要駅舎の近くへと広がった。最初は受験生向けのレンタル学習室として運営されていたが、90 年代後半の経済危機を契機に居住空間として転用されるようになった施設である。当時、廉価の住む場を求める人々の需要とマッチングし、次第に地下鉄の周辺や住宅街にまで広がっていった。旅館などの宿泊業に分類される施設は商業地域でしか立地できないが、考試院の場合、第 2 種近隣生活施設となっており許容範囲が広い。頻繁に発生する火災事件などが社会問題化されるまでは特別な許可無しに届け出だけで簡単に営業ができる自由業種であった。そのため、非常口や安全設備を備えていない場合も多かった。

★2 映画「パラサイト：半地下の家族」の舞台となった住居がこの地下住居と言われる宿所である。1960 年代に北朝鮮の脅威から防空用として設けることになったものだが、居住難によって廉価の宿所を求める人々の住処として次第に広がるようになった。

★3 シッチャン、人足の頭を指す。建設現場では「オヤジ」とも呼ぶ。

★4 邦訳名『市民運動の組織論』（1972）長沼秀世訳、未來社

★5 貧困地域に居住する子どもたちのための生活相談や学習支援を行っていたボランティア団体。

★6 再開発事業地区指定日の後に住所設定したり、住所設定と実居住とのずれが生じたことなどの理由によって入居権を有しなくなった人々のこと。

第**3**章　事件

水、火事、土砂崩れ

年中行事だった水災

　ソウルは高い山、大きい川に象徴される都市である。ソウルの土城があった
都心には4つの低い山（内四山：北岳山、南山、落山、仁王山）があり、市の
境界はさらに4つの高い山（外四山：北漢山、冠岳山、龍馬山、徳陽山）に囲
まれている。したがってソウル市内の中浪川、炭川、洪済川、安養川、そして
その周辺の小さな河川は大小の漏斗のようになって山から下りてくる水を漢江
に注ぎ、西海に送り出す。それに加え、遠く江原道、忠清道を源泉とする川も
山並みをくねくねと回りながら一つの所に集まり、ソウルを貫通（漢江）する
ようになっている。だが殊に洪水期と渇水期の水位差が大きい韓国は何度も洪
水の被害を受けるほかなかった。1980年代初めに漢江の両岸に高い堤防を作
り、しっかりとした排水ポンプを設置するまで、漢江と周辺の小さい河川の洪
水は年中行事のように続いた。

　このように洪水が出るようなところで通常人は暮らさないが、差し迫った事
情がある人々が運を天に任せこの場所に家を作ったりもした。まだ漢江の分流
さえ治水作業がされていなかった1950～1960年代に漢江の近くのソビンゴ
洞、イチョン洞、ヤンピョン洞、マポ一体にパンジャチョンができた。都心の
下水溝の役目をしていた（そのような意味でチョンゲチョンは小川だった）と
いっても大雨が降ったら大きな流れに変わるチョンゲチョン周辺に危なっかし
く建てられた柱の上にパンジャチョンが立ち並んだ。東南アジアのパンジャ
チョンのように水の上に家が並んだものだった。

　その中で、イチョン洞一帯の水災は、植民地時代にも有名だった。当時、
ヨンサン一帯にも相当の人口が居住していた。1924年に東亜日報が連載した

87

「京城百勝」では「名物名物といってもイチョン洞の水害ほど有名でうんざりする名物がどこにあるでしょうか。イチョン洞！といえば世の中の人は既に梅雨時に水害が出るところと連想します。これ以上説明も必要ないでしょう。毎年水害が出るのですからもううんざり……。朝鮮の人が4,000人も暮らすイチョン洞でこのように毎年水害が出て人や動物たちにも被害が出ているのに、今でもまともな石垣一つないのです」と言われるほどだった。ソウルの名物100種類の中で61番目にイチョン洞の水害が挙げられたりもした。

　そして本格的な水の被害を受けたパンジャチョンの様子が新聞に登場したのは1960年代からだった。それだけ川の下流に住む人が増えたのだ。それまでも頻繁に被害にあっていたイチョン洞に続き、ジュンラン川、ホンルン川、チョンゲチョン周辺が代表的な被害地域だった。1963年には「チョンゲチョンの水が下流にあるパンジャチョンに氾濫し始め、東大門からスンイン洞に続くチョンゲチョン近くのパンジャチョンの数千世帯が水につかる寸前だった。警察はマスコミの車を動員して住民たちが逃げるのを促す」だけだった[1]。そして1965年にもイチョン洞で大きな洪水が起きた。

　1966年の調査によると、下流地に並んだ無許可のバラックは8,109棟に上り、漢江分流の周辺で3,048棟、チョンゲチョン2,033棟、ジョンルン川874棟、チュンラン川783棟、アナム川278棟、ホンルン川286棟があった。この中で危険地域に分類されたところは25ヶ所で3,240棟に2万2,276人が生活しており、漢江インド橋の警戒水位（8.5 m）に到達する前に1万人を超す罹災者が出ることが予想された[2]。ソウル市の水防対策本部は、ナンジド、ジャムシル、ソビンゴ、ヨイド、スセクなど15ヶ所の孤立地域、クムホ、ハンナム、マンウォン、サンスなど17ヶ所の低地帯を水害予想地域とした[3]。

　毎年水害が繰り返し起こり罹災者を収容した小学校の土地では腸チフスなどの伝染病まで流行した。これにソウル市は1960年代後半から洪水危険低地帯のパンジャチョンを撤去する一方で、他の場所に集団移住させる計画を立てた。毎年水害が出るいくつかの場所を撤去し移転させるという計画を発表したものの、現実的ではなかった。1965年には「昨夏漢江の氾濫で生じた罹災者3,942世帯1万9,272人をヨンドゥンポ区サダン洞とボンチョン洞など郊外に定着させる計画を推進したが、冬の雪を前にしていまだ土地を準備できず撤去

民と罹災者は途方に暮れ」ていた[4]。

　そして本格的に下流地域のパンジャチョンを撤去し始めたのは、漢江周辺に堤防を作りマンション用の宅地を造成し始めた 1967 年からだった。このころ、ソウルの集団定着地とクァンジュ大団地造成を通して下流地域のパンジャチョンをほかの土地に移し始めた時でもあった。低地帯の住民たちをサンゲ洞、シフン、サダン洞、シンウォル洞、シンジョン洞などに移住させ、東部イチョン洞には堤防の上の土地に公務員マンションを建てた。1969 年には河川地域の無許可バラック 1 万 1,657 棟のうち 1 万棟余りを撤去して、クァンジュ大団地に移住させる計画を立てた[5]。

　このように、一方で漢江の堤防を作り、もう一方では下流地域のパンジャチョンを集団で移住させることで、パンジャチョンの水害ニュースは急激に減っていった。もちろん 1984 年のマンウォン洞の水害、1990 年のソンネ洞の水害を経験してようやくソウルの水害はほとんどなくなったが、いずれにしても集団移住事業が下流部のパンジャチョンの水害を減らすのに大きく寄与した。しかし、このように戦争中に難民たちを疎開させるような形で移住したところも決して安全で安心なところではなかった。シンジョン洞、シンウォル洞の撤去民移住団地は 2 万人以上の住民がいたが、交通手段が 110 番のバス路線一つだけだったため、ラッシュアワー時には交通[6]地獄に陥り、バスを待つ列が 50 メートル以上にわたった。また電話をするのにも 2 キロメートル先のファゴク洞まで出なければならないほどだった。それよりさらに問題なのは、水害を避けて山の方に移ったが、大雨で土砂崩れが起きてさらに多くの人的被害が出ることもあったことだ。

2 回の土砂崩れで数十名が死亡したシフン 2 洞パンジャチョン

　当初、無許可のバラックは所有者がいない土地や危険なところに建てるしかなかった。チャンシン洞の廃採石場もその一つである。今はチャンシン・スイン都市再生事業の一つとして観光地になっているが、それまでは採石場の下や左側にバラックがひしめいていた。1969 年初めにはパンジャチョンに上から岩が落ちてきて寝ていたきょうだいが亡くなったりけがを負ったりした。それにもかかわらず、区役所は崖の下の建物 100 棟あまりを 3 月末までに撤去する

第 3 章　事件　89

というだけだった[7]。

　ところで、本当に残念なことは、水災で集団移住した住民たちが2回も土砂崩れに巻き込まれたことだ。1977年の夏にはソウル、首都圏で大雨が降った。7月8日から2日間にわたり降った雨は149人もの死者を出し、83人が行方不明となる程だった。その中で最も雨が降ったのが京畿道のアニャンで、一日で459mmに達する57年ぶりの集中豪雨だった。この時アニャンのすぐ近くのクロ区シフン2洞（現在のクムチョン市に属する）が土砂災害の直撃を受けた。シフン2洞89・90・91番地一帯の45棟が流され25人が亡くなり、22人が行方不明に、50人ほどが重軽傷を負った[8]。

　ここの住民は、ソンドン区、ソンブク区、チョンノ区など低地帯から住宅浸水の被害を受け移住して来た人々だった。1960年代末から1970年代初めまでソウル低地帯浸水地域の住民たちに冠岳山周辺の土地8坪を分譲した。そしてナンゴクを含むシンリム洞一帯とシフン2洞に集団定着地が造成されたのだ。ところで、シフン2洞には土砂崩れが起こる3か月前の4月、砂防工事を行い、高台の家を撤去して、そこに工事道具を積んでいた。大雨が降るや否や、レンガやブロックなどが一気に落ちてきて渓谷周辺の家を直撃した。これに連鎖して土砂崩れが起こった。いうまでもなく人災だった[9]。この時、朴正煕大統領（当時）の娘だった「パク・グネさんは土砂崩れの罹災者が収容されているヘミョン保育園を訪問し、住民たちを慰労して特に子どもたちの面倒をみることを約束」したりもした[10]。

　さらにあきれるのは、その10年後、同じ場所で同じ事故が再び起きたことだ。1987年7月27日、シフン2洞山91番地一帯では山の斜面の上の方から石と土砂が落ちてきてバラック70棟あまりが壊され、20名ほどが命を落とす事故が発生した。当時メディアでは「今日の明け方、ソウル市クロ区シフン2洞226番地一帯でまた土砂崩れが発生し、住民20名あまりが死亡しました。……大部分の家屋が5坪から10坪のブロックでできた家で傾斜が厳しい山の斜面に集まっており、人命の被害が大きく出ました。……この事故が起きた場所は77年にも土砂崩れが起き多くの人命が奪われたところでした」と報道した。

　事故が起きるや否やキム・スファン枢機卿は黙想会を中断し、すぐに次の日

1987年シフン2洞で土砂崩れが起き、バラック70棟あまりが潰れた。この事故で20人が命を失った。

現場を訪問して住民たちを慰め、当時野党の指導者だった金大中元大統領も現場を訪れた。しかし当時の民主化運動の熱気に埋もれ、この恐ろしい事故はすぐに忘れられてしまった。この2回目の事故があった2か月あと、ソウル市は冠岳山をぐるりと囲む、シンリン洞と連結する3キロメートルの山道を開設し、不良住宅6,480棟が密接している新しい道路周辺のシンリン1・2洞、シフン1・2洞などの再開発事業を推進することを発表した。7万人を超える住民が住んでいるにもかかわらず、「車の通行路がなくバスなど大衆交通はもちろん、清掃、バキュームカーすら入ることのできない所が多く、下水道施設も整備されておらず、土砂崩れ・石垣の崩壊などの危険が高い地域[11]」を根本的に変えていくというのだった。

その後、この街は当時の合同再開発事業の波の影響を受け、マンション群に変わった。山道も開設された。しかし2011年にまた土砂崩れが起きた。住宅街には被害がなく、山道のトンネル入り口が土砂に埋もれてしまった。それと同時に、再開発で建てられたアパート群を横切って急速に流れた雨水が、町の入り口付近で下水道を逆流させ、浸水の被害をもたらした[12]。1960年代に冠岳山の麓に急速に作られた定着地は、40年が過ぎても危険にさらされていた

のだった。

「0.17 坪の生活」が燃えた

　1980 年代に大学に通っていた人々ならば、読んでいただろうコラムがある。故リ・ヨンヒが書いた「0.17 坪の生活」である。1970 年にリ・ヨンヒがパンジャチョン火災の新聞記事を何気なく読んでいたところ、「129 棟の家が灰燼に帰したその総面積がわずか 240 坪」に過ぎず、「その土地の上に 1,381 人が住んでいたというから、1 人当たり平均 0.17 坪だけが許容されていただけ」という溜息がでるような内容だった[13]。

　パンジャチョンの火災はこのような感じだった。鈴なりにくっついた家々、燃えやすい材料、暖房と炊事を兼ねた石油ストーブ、消防道路どころか人々がすれ違うのもやっとな路地、飲み水すらままならず、火を消す水などなかった。ひとたび火が出るとだれかがけがさえしなければいい方で、家財道具に関しては最初から考えてもいなかった。実際に当時のメディアの火災報道を見ると実感が湧くだろう。「ぴったりとくっつくように立っているバラックの壁はベニヤでできていて屋根は油紙でおおわれており、火が出ると数時間で広がりすべてが焼けてしまうことが多かった。……この度のチョンゲチョンのパンジャチョンの火事でもソウル市内の消防車がほとんどすべて出動したが、門前で火を見ているしかないような状況だった。消防道路もないパンジャチョンの火災は消防車でもどうしようもなく、10 月 17 日にスンイン洞 203 地帯のパンジャチョンで 100 棟あまりを燃やし、その後チャンシン洞のパンジャチョンなどで火災が次々に起こったのだが、消防道路がなく、火がついたバラックが完全に崩れ落ちたら消防車が道を切り開きながら進む消防方法を使った。また、近いところに消防栓すらなく、火の手を防ぐ術がないのもいつものことだった」[14]。1969 年 10 月のソンドン区インチャン洞で火災、バラック 50 棟ほどが全焼、罹災者 80 世帯 400 名あまりが出た時も、消防道路がなかったために近くのバラックを撤去して、ようやく消防車が入ることができた[15]。

　火は主に冬に場所を選ばずに起きた。チャンシン洞、ヤン洞、ド洞、ソブイチョン洞、フアム洞、チョンゲチョン、ヤンピョン洞などパンジャチョンがあるソウル全域にわたり火災が起きた。死亡事故も頻発した。主な被害者は独

92　　第 1 部　パンジャチョンを知っていますか？

居老人、児童、乳幼児だった。その中で1966年のナムサン洞の火災は特に被害が大きかった。1月18日の夜10時、ナムサン洞パンジャチョンで起きた火事で456世帯が焼け出され、21人もの人が亡くなり、11人が重軽傷、2,244人の罹災者が発生した[16]。死亡者の人数だけ見ると歴代のソウルで発生した火災の中で5本の指に入るほど大きな火災だった。パンジャチョンでの火災とはいえ、なぜこれだけの人が亡くなるのか? ナムサン洞パンジャチョンは建設工事が中断された俗称UNホテルの中と周辺に、板とテントで作られた家が並んでいたところだった。建物の中にバラックが並んでおり、構造が複雑だったので被害が大きかった。このとき罹災者たちは近隣のナムサン小学校に移って生活をしていたが、当時軍用トラックを動員して住民を移動させた写真が残っている。

この後、ここに住んでいた住民はミア洞に集団移住していった。俗称「サミャン洞タルドンネ」で知られているミア1・2・6・7洞は1959年から1963年の間にソウル都心の水災罹災者、撤去民4,000世帯あまりを国公有地にテントを作って移住させたところだ。ここにナムサン洞の罹災者も移された。このとき移住した家族の中には韓国でよく知られている人々もいる。ジョン・テイル烈士[★1]の家族だ。火災当時ジョン・テイルは18歳、母のイ・ソソン女史は37歳だった。当時ショックを受けイ・ソソン女史は視力を失うほど健康を害していた。罹災者たちと共にミアリに行ったジョン・テイルの家族は再びドボン山共同墓地近くのジョン・テイルが直接板で作った家に引っ越した。罹災者が一家族、二家族と集まれば自然と村を形成するようになるが、それがまさにソウル特別市ドボン区サンムン洞208番地である。この家に住んでいた時、青年ジョン・テイルはチョンゲチョンで焼身自殺を図った[17]。

ナムサン国民学校に作られた罹災者のテント村

現在も続くビニールハウス村の火災

1970年代中盤に入ると、パンジャチョンの火災は急激に減った。以前板などで作った家が現地改良と都市セマウル運動を経験してセメントの瓦とブロック塀に変わり、水道や消防道路までもが所々に作られたため、以前より火災事

軍用トラックに乗ってミア洞に集団移住しているナムサン洞の住民たち。この時ジョン・テイルの家族もミア洞に移住した。

ナムサン国民学校に作られた罹災者のテント村

故の頻度と規模が確実に減ったのだ。その代わり、1980年代後半からは新しいタイプのパンジャチョンといえるビニールハウス村で火災が頻発し、人命被害が出ていた。山の方に立っていた伝統的なタイプのパンジャチョンは再開発事業で消えたが、追い出された撤去民がソウルの所々の空き地、特に花の栽培のためのビニールハウスを不法に改造して住居用に使用し始めたのである。現在、最高裁判所と検察庁の前側、最高級マンションが立ち並ぶところは、このような花の栽培用のビニールハウスが連なっていたところだった。花の市場があったため、コットンネ、コンマウル（花の町）と呼ばれていた。

　1992年3月9日明け方3時頃、ソウル市ソチョ区ソチョ洞1707の12一帯の、検察庁舎前のビニールハウス村で火が出て大人2人と子ども2人の4人が命を落とし、約600世帯が住んでいたビニールハウス50棟などが全焼した。この日に罹災者2,000人が発生し、ソチョ3洞のチュンシン教会などに緊急避難した。当時消防の力では最大規模ともいえる62台の消防車と208人の消防隊員が緊急動員されて消火に当たり、火災が発生してから55分しかたっていない午前4時15分に火が消えた。それでもこのような大きな人命被害が出てしまったのだ。同じ場所で5月にまた火が出て60世帯が住んでいたビニールハウス6棟が燃えた。その年だけで5回目の火事だった。警察は火災の原因をたこ足配線のせいと推定したが、住民たちの主張は違った。最近何年かの間に10回あまりも明け方に火が出ていて、これは花の町を撤去するための放火ではないのかと考えたのだ[18]。ソチョ洞花の町の火災は1988年から新聞記事に登場し始め、1998年ごろ花の町の全体が移住し撤去されるまで何度も報道された。1998年4月4日にビニールハウス7棟分、530坪が焼け、138人の罹災者が発生したのが最後の報道だった[19]。

　このようなことはソチョ洞花の町だけに起こっていたのではない。現在、ソウルからクァチョンに行く際に通るナムテリョン地下鉄駅の近くにも1990年頃、40棟、140世帯余り、400人ほどがビニールハウスを建てて暮らしていた。1990年初めにここで何回か火が出て罹災者が多く出て、1993年6月にはとうとう10代の姉妹など3人が火災で死亡する事故が起きた。この地域は2001年にも180世帯、443人が居住しており、火災が起きたため、相当数が移住したが[20]、いまでも一部の世帯が居住している。

第3章　事件　　95

ソウル市ソチョ区花の町ビニールハウス村で大きな火の手が上がったというニュースを伝える 1992 年 3 月 10 日のハンギョレ新聞。

　このように多くのビニールハウス村を苦しめた火災と撤去は少なくなったが、ビニールハウス村はまだ 10 ヶ所以上残っている。代表的なところが、現在公共開発が予定されているクリョン村だ。クリョン村も形成過程の時期や理由は他のビニールハウス村と似ている。ただ特に規模が大きく開発自体が難しい自然緑地であるため、今でも残っている。現在は SH 公社が公共開発を進めており、ビニールハウス村の住民たちは現地に建てられる公共賃貸住宅に入居する予定である。クリョン村ではこの間、数十回も大小の火事が起き、2014 年、2018 年には各々 1 人ずつ死亡者が出ている。

ワウマンションの崩壊

3 年以内にソウルパンジャチョンをすべてなくす！
　政府が建てたマンションへの入居が始まり、何か月かしか経たないのにマンションが崩れ落ちたとしたら？　それも深く眠りについている早朝に崩れて 34 人もの人が命を失ったとしたら？

このような想像もつかないようなことが 1970 年 4 月 8 日、ソウル市シンチョン付近で実際に起こった。1960 年代後半、急増するパンジャチョン問題を解決するために一方ではソウルの郊外に集団移住を、もう一方ではその場所に低廉な市民マンションを作って入居させる計画が「戦闘的」に推進されていた時だった。1968 年末、当時ソウル市長だったキム・ヒョンオクは「ソウル市内のパンジャチョン 14 万棟を 3 年以内にすべてなくすために、パンジャチョン地区 40 ヶ所 78 万坪にマンション 2,000 棟を建てる」ことを目標にすると明らかにした。それから何か月も経たない 1969 年 4 月、市長は「1971 年末までに完成予定の市民マンション 2,000 棟を最大限前倒し、1971 年 3 月末までに作ることとし、パンジャチョンの住民の中で 10 万棟はマンションに入居させ、あとの 4 万棟の住民は、現在の家を改良したりソウル市郊外に整備される住宅大団地に移住させる」と意欲を見せた。1968 年 1 月 1 日現在、権利を有することが確認され、マンションに入居することになった住民には青いカード、現地改良および大団地へ入居予定の住民には赤いカードが配られた[21]。「市民のためのマンション 2,000 棟は私達 450 万人の勇気だ、勲章だ」というスローガンが市庁の所々に掲示されたりもした。

1967 年のパイロット事業で 240 世帯が住むことのできるマンション 5 棟を建てたあと、1968 年には 22 棟 835 世帯に増やし、1969 年からは本格的に大量に建設し、406 棟 1 万 5,852 世帯が暮らす建物を建てることを目標とした。1967 年に始まり、3 年で 433 棟 1 万 6,937 世帯の市民マンションを建てたのだ。そして 1970 年には 600 棟、1971 年には約 1,000 棟に増やす計画だった。このようにマンション建設を早める一方で、早く市民に成果を見せたかったソウル市は、マンションが完成する前に入居予定者が暮らしているパンジャチョンを撤去したりもした。市長の思惑より工程が遅れて焦ったソウル市は、クムファ市民マンションに入居する予定だったパンジャチョン 900 世帯分を撤去し、反発をうけたのだった[22]。

それに加え、ソウル市は建物を建てる速度と入居を急がせるばかりでなく、「安く、早く」建てる典型的な官給工事を推し進めた。大規模の物量だからという理由で施工を任された建築業者に単価を大幅に引き下げさせたばかりでなく、後に明らかになったが、賄賂や接待がはびこっていた。当時、あるメディ

クムファ市民マンションの後ろ側にパンジャチョンが並んでいるのが見える。

市民マンションの工事現場で幹部たちから報告を受けるキム・ヒョンオク市長（左側）

アによると「一棟当たり1,200万ウォンの工事費をかけて建てた市民マンションが竣工わずか何か月かで壁が崩れ、屋根から雨漏りがするかと思えば、換気設備の不備で練炭ガス中毒事故が所々で生じるなど、ずさんな工事に対する入居者たちの非難の声が日に日に大きくなっていった。ところで工事を請け負った32の建設業者の大部分が、一棟（50世帯）あたり1,200万ウォンは市中単価に比べ20%低いから、単価を引き上げ、地形などの条件にあった予算に反映するよう要求した。また、まだコンクリートも乾かないうちに撤去民の入居を推し進めたことが要因で、壁や天井などが崩れ何度も補修工事をすることになり、大きな損失が発生した。そして遊び場、上下水道施設、進入路のアスファルト舗装などの約束が守られず、入居者たちの不満が大きかった。11坪の狭いマンション（廊下とトイレを除くと8坪）で、廊下式の場合、家の中にトイレがなく、各階の真ん中に一つある程度」だった[23]。

　このような事情だったため、入居者も市民マンションに入居しなかったり、入居しても売って引っ越すことが一度や二度ではなく起こった。例えば、クムファ地区のマンションは、1968年10月から住民854世帯が入居したが、1年後に調査したところ、154世帯が既に入居権を譲渡した状態だった。何より住居費の負担が大きかったためである。住民の60%が月収入1万ウォン以下の状況で、入居時に共同負担金5万ウォンを一括で納付しなければならず、13〜15万ウォンほどをかけて内部の施設工事をしなければならなかった。住民の負担を減らすという理由で骨組みの工事のみ市が行い、内部の設備は住民たちが自ら行うことになっていた。この後15年間で月額2,300ウォンずつ返していく融資金と管理費4,000ウォンも負担せざるを得なかった。このため大体10〜15万ウォンで入居権を譲渡して新たな家に行ったり、他の場所にパンジャチョンを買って出ていくケースが頻発した[24]。

4月の明け方、ワウマンションが崩れ落ちた

　先述の通り、1969年から既に市民マンションの問題点が指摘されていた。山の斜面に基礎工事もまともに行われないまま、わずか6か月で5階建てのマンションが瞬く間に作られていくことを不安に思っていた時、とうとう事故が起きてしまった。1970年4月8日の朝6時40分、ワウマンションの一つの棟

（15棟）が、入居が始まって4か月しか経っていないのに崩れ落ちた。33人が死亡し、38人がけがを負った。また、崩れ落ちたマンションの残骸がマンションの下にあったパンジャチョンを襲い、寝ていた1人が死亡し、2人が負傷した（総死亡者34人、負傷者40人）。

　事故の原因は簡単だった。呆れるほど短い工事期間に加え、資材の中抜きなど手抜き工事が原因だった。このマンション団地は1969年6月26日に着工し、6か月後の12月26日に竣工している。ところが予算が非常に少なかった。施工会社であるデリョン建設が請け負った13・14・15・16棟マンションに投入された予算は2,638万ウォンで、宅地助成費・土台費などを除くと建築費が一坪当たり1万ウォンにもならなかった。

　また、建設工事を請け負うために賄賂を使い、工事資材を節約しなければならなかったため、鉄筋70個を使わなければならないところにたった5個しか使われないほどずさんだった。崩れ落ちた15棟は、設計上、建物の荷重が1㎡あたり280キログラムだったが、実際の荷重は900キログラムと600キログラム以上超過していた。設計上、荷重が280キログラムと低く決められていたのは、当時パンジャチョンの住民たちは家財道具をほとんど持たないものと想定されていたためだった。ワウマンションが位置するのはワウ山の斜面の中腹で渓谷を挟んでいた。しかし工事をするときはこの点を無視し、マンションの後ろ側のみを岩盤に載せただけでマンションの重さの4分の3を占める前側は柱7つだけを埋めて基礎としていた。それに加え、柱の一つに19ミリメートルの鉄筋70個を使わなければならないのに、5個ほどしか使っていなかった。コンクリートの配合比率も滅茶苦茶だった。セメントを敷く真似だけしてコンクリートというより砂と砂利を練ったものに近く、練る時も不純物の多い下水道の水を使っていた。また、柱の高さは2メートルしかなく、砂の上に家を建てたようなものだった。結局冬に完工したマンションが春に近い4月に地滑りをするように崩れ落ちたのだ。

　崩れ落ちた次の日の報道を見よう。〈ワウマンションの崩壊、70人あまりが生き埋めになり27人が死亡、3〜4人が生死不明〉という1面の見出しの下に「現場に緊急救助対策本部を設置したソウル市は、軍警などの人員、装備支援を受けて救助作業に当たったが、建物が約60度傾斜したワウ山の中腹に建

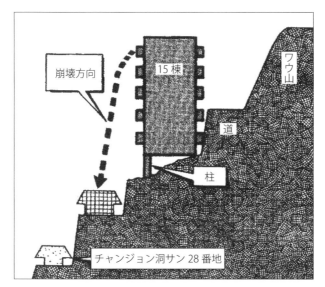

図 3-1　ワウマンションの崩壊状況
資料：安全保健公団ブログ

てられており、鉄筋とセメントなどが混ざって崩れ落ちているため埋められた人の生死を確認することができない。15棟は3月15日から入居が始まっており、入居5日後の3月20日から隣の14棟と共に1階を支えている柱付近にひびが入り始め、住民たちがマポ区庁と警察に申告したが、当局は3日、14棟の住民だけ退避させ、15棟は補修だけで「大丈夫」と言いそのままにしていたが崩れ落ちた[25]」と報道した。

　市民マンションの建設を先頭に立って推進してきたキム・ヒョンオク市長はすぐに辞表を提出し、朴正熙大統領はまず「危険なものはすべて壊せ」と緊急に指示した。検察はすぐにソウルのすべてのマンションの安全度と不正工事に対して全面的に捜査に着手、事故の次の日マポ区庁長、市民マンション建設事業所の工事課長など4人を拘束し、3名を指名手配した。即断即決だった。国会は常任委員会を開催し根本的な対策を促した。

　そして同じデリョン建設が建てた建物の中で崩れ落ちていない13・14・16棟もすぐに撤去し、住民たちは近隣のホンイク専門学校の空き教室16室に分

ワウマンション鳥瞰図（上）と崩壊の様子（下）

ワウマンションの崩壊事故を報道した 1970 年 4 月 8 日付の中央日報

散収容された。92 世帯 575 人だった。家族が犠牲になった住民はのちにタンサン洞市民マンションに再び入居することになったが、今回は一戸あたり 150 万から 160 万ウォンずつ投入した 15 坪のマンションだった。この後、ワウマンションは 1976 年、1984 年、1988 年、1989 年の 4 回にわたって追加で 11 棟が撤去され、1991 年に残りの棟も撤去されて公園になった。現在のワウ公園である。

ところで、建物が完全に撤去された時まで大小の事故が続き、崩壊事故が発生して 3 か月もたたないうちに団地内の 3 m にもなる土台がまた崩れる事故が起き、1984 年には 2 棟の後ろ側のワウ山の一部が暴雨で崩れ、2 人が死亡し、3 人が重軽傷を負った。

その後も長い間残っていた市民マンション

ソウル市はワウマンション崩壊の後、それ以上の市民マンションの建設を中断する一方で、既存の市民マンションも大々的に安全点検を実施した。点検の結果、総 437 棟のうち 363 棟が全面補強、50 棟が部分補強、4 棟は撤去された。これにより 9 億 9,947 万ウォンの予算が追加され、建築費は当初の坪当たり 1 万 8,500 ウォンから 2 万 2,000 ウォンに増え、補強工事によってふたたび 3 万 5,000 ウォンに増えた。結局計画より約 2 倍の予算がかかったことになる。

また、元々2,000棟ほどを建てる計画は中断され、崩壊当時入居者が選定されていた西部イチョン洞など12棟だけが建てられて計画は終了した[26]。
　これと共に既存の市民マンションも次々に撤去された。1971年から1977年までに建てられた建物の4分の1に近い101棟が撤去され、資金を惜しんだ結果、10年ももたず費用もすべて無駄になってしまった。この撤去費用に447棟の建設費用とほとんど同じ50億700万ウォンがかかった。
　マンションの住民たちも当初の目標とは異なり、パンジャチョンの人々ではなかった。延世大学校都市問題研究所のクムファマンションに対する調査によると、住民の半分程度だけがパンジャチョンの出身だった。職業も商業が15％、会社員が13％と一般的なパンジャチョンの住民たちに比べてずっと安定的で収入もまた2倍であった。もともとの入居者だったパンジャチョンの人々が転売して出たためだった。特にマンション団地の中で交通の便がいい入り口側は70％を転売者が占めているほどだった。チョンゲチョンに建てられたサミル地区は価格も中産層マンションにひけをとらなかった[27]。
　時間を経てソウルの住居水準は高くなり、マンションが所々に建てられると市民マンションはもはや貧しい階層の忘れられた居住地に変わっていった。

市民マンションを建てている工事現場。その下側にパンジャチョンが見える。市民マンションに入居権を買って入る人々はパンジャチョンの住民より収入が2倍にもなる人々だった。

1996 年の記事によると、当時までで 21 の地区で 153 棟が残っている。その中の 101 棟が安全診断 D 等級判定を受け、8 棟は短期間のうちに崩壊が憂慮される E 等級だった。ナクサン市民マンション（1）、ウォルゴク市民マンション（4）、ヨンヒ B 地区市民マンション（3）、クムファ市民マンション（3）など 11 棟がすぐに崩壊の危険のある状況だった。住民たちの移住を促進するため代替マンションの専用面積を 18 坪から 25.7 坪に拡大したが、追加の負担金などにより、予定の移住期間が来ても移住率は 24％に過ぎなかった[28]。

その中で最も高級といわれたチョンゲチョンのサミル市民マンションも 1999 年に撤去され、ほとんどの市民マンションが 2000 年代初めに歴史の幕を下ろした。主に高台に建てられた市民マンション地域は、現在は大部分が公園に変わっている。今も簡単にその痕跡を見ることができるのが仁王山の裾、尹東柱記念館の上側のチョンウン公園、また大学路があるヘファ洞ナク山の頂上にあるナク山公園などだ。2022 年現在、フェヒョン市民マンションがまだ撤去されていないで残っており、しばしば映画の撮影地として使われるだけである。

クァンジュ大団地事件

韓国最初の新都市、クァンジュ大団地

私たちはよく 1990 年代初めに作られたブンダン、イルサン、チュンドン、ビョンチョン、サンボンを最初の首都圏新都市だと考えている。少し専門知識を持つ人は 1970 〜 1980 年代に造成されたクァチョン、バンウォル（現在の安山）などを挙げるだろう。だがそれよりずっと早い 1968 年に始まった新都市がある。当時大田や大邱規模の超大都市として構想された都市だ。最初の衛星都市という言葉でも表現された。ただ驚くべきことは、その大都市のすべてがソウルから撤去されたパンジャチョンの住民たちでのみ構成されていたという点だ。

クァンジュ大団地が初めてメディアに登場したのは 1968 年 6 月 11 日である。その日、京郷新聞の最終面に「京畿道クァンジュ郡チュンブ面に『撤去民収容団地』」という題目の記事が登場した。ソウル市がチュンブ面スジン里とチャンゴク里、タン里、タンデ里、サンデウォン里などに 205 万坪を 6 億ウォ

第 3 章　事件　　105

ンで買い取り、ソウルの撤去民たちを移住させようとする内容だった。ソウル市は、この団地にこの先撤去するバラック5万5,650棟のうち4万8,000世帯を移住させ、合わせて30万人を収容する方針だった。そしてチュンブ面一帯の林野を坪当たり150～180ウォン、田畑を300～400ウォンで買い入れ、宅地を造成した後、1世帯当たり30坪ずつ分譲して長期償還できるようにし、1万ウォンずつ建築補助費を支給する計画だと発表した。このためソウル市は7月から15～30メートルの幹線道路を作り始め、1969年までに完成させる計画で、ソウルとの交通の便をよくするため、チョノ洞幹線道路を拡張することを明らかにした。

　次の日（1968年6月12日）、朝鮮日報にはさらに野心に満ちた数値が登場し、「市当局はこのような大団地の造成計画が来る1970年度まで3年にわたって実現したら、現在の大邱人口にひけをとらない70～80万の人口を収容する都市になるとにらんでいる」とあるのだ。これと共に11月にはクァンジュ大団地に電車を建設する計画も発表された。「ソウル市は、日本と借款導入協議が終われば、最優先でクァンジュ郡チュンブ面スジン里からオグム洞、チョノ洞を通りワンシン里に続く21.3キロメートルの電車を1969年初めに一次として着工する」[29]というものだった。現在私たちが知っている最初の電車である1号線よりクァンジュ大団地線が先に作られるところだった。しかしこの地域に初めて電車が通ったのは当初の構想より20年以上遅れた1996年だった。現在の8号線である。

　しかしソウル市の意欲的な計画に比べ、最初の年に土地を買い入れた実績はかんばしくなかった。はじめは1968年に350万坪の土地を買い入れようとしたが、実際には50万坪も購入できず、さらに宅地は一坪も作ることができないことが明らかになった[30]。次の年も状況は同じだった。1969年末までに2年間の目標の3分の1にもならない100万坪程度を買い入れ、予算も当初の予定のわずか10％しか確保できなかった[31]。そのためソウル市の内部でも成功は難しいだろうという話が始まっていた。「ソウル市のクァンジュ大団地集団移住計画は、道路の計画が全く立てられておらず、その実現性が非常に稀薄化している」と実務者たちは吐露している。このような事実は、①大団地の入り口となるクァンジュ郡チュンブ面スジン里とチョノ洞間の道路の幅が6～8

106　　第1部　パンジャチョンを知っていますか？

1968年6月撤去を控えたソデムン区チョニョン洞の全景。1968年ソウル市はソウルの撤去民をクァンジュ大団地に移住させる方針を明らかにした。

mしかなかったのに加え、地盤が弱く雨季にはぬかるみとなり車の通行が不可能だった、②交通量の激化を緩和するためのカンジン橋の新設工事が次の年に先延ばしされたため、ここがソウル市の衛星都市として発展する可能性が希薄で、③ソウル市が撤去民たちの生業のためにここに工場と産業施設などを誘致して撤去民たちを就業させる計画を立てていたが、現在の条件では実現が難しいというものだった[32]。1969年にソウル市の主管で移住した1,800世帯のうち800世帯は次の年の1月の寒い時期にも依然としてテント暮らしだった。そして現地のバスは市営3台、民営1台の4台しか運行していなかった[33]。

それでもキム・ヒョンオク市長は1970年初めに無許可の建物13万6,650棟中、2万棟を撤去してクァンジュ大団地に集団移住させるという計画を再び強調した[34]。しかしキム・ヒョンオク市長はワウマンションの崩壊事故で4月16日に辞職し、代わりにヤン・テクシク市長が就任した。ヤン市長はクァン

第3章 事件 107

ジュ大団地が既に多くの物議をかもしていることを知っており、これを朴正熙
大統領にも報告した（5月12日）。朴大統領は大団地に移住した撤去民の多く
の人がソウル都心との交通の便が悪く、公共施設が全く整っていないなど、生
活環境の不備のため再び市内に戻っているというヤン市長の報告を聞き、補完
対策を指示した[35]。

　ヤン・テクシク市長は数日後、クァンジュ大団地に手を入れるとはいえ、基
本的には変わらないことを明らかにした。記者懇談会で「300万坪の計画は全
く変更させることはなく、衛星都市建設のモデルケースとして集中的に行政力
と投資を執行していく」と述べた。住民自活対策も強化させ、職業案内所を設
置して1,000坪ずつ三つの場所に総3,000坪の市場を建設し、軽工業団地を造
成して縫製加工業・電子・かつら・つけまつげ工場の誘致を推進すると明らか
にした。また、住民のため市営バスと民営バスをそれぞれ2台ずつさらに配置
し、全部で9台に増やすと発表した[36]。引き続き350万坪のうち5万坪は緑地
にするなど計画的な都市を作り、ジャムシルとクァンジュ大団地間の12.4km
の道路の幅を35mに広げ、20分以内でソウルに来ることができるようにする
などの楽観論を述べた[37]。

　しかしクァンジュ大団地をめぐる状況は改善されなかった。1時間に1台し
か来ない市営バスはチョノ洞まで1時間30分、ソウル駅まで約2時間30分も
かかった。それに加え、飲み水がなく川の近くの水たまりの水をすくって飲ん
でいたところ集団伝染病にかかったりもした[38]。ソウル市の調査からも6月現
在、4,326の移住世帯のうち、1,700余りの世帯が依然としてテントで暮らして
いることが明らかになっている。月収入5,000ウォン以下の零細民が半分を超
え、無職が33%に上った[39]。秋に入っても問題は改善されることなく、テン
トで冬を越すことはできないので対策を立ててほしいという人々が市庁に押し
寄せ抗議したこともあった[40]。

　このような状況で相当数の入居者が土地分譲権を売ってソウルに戻ったり、
近くに再びバラックを建てたりすることが少なくなかった。30～40%が転売
するとソウル市は防止対策を次々に発表した。パンジャチョン撤去後、入居権
を受けたら10日以内に移住するようにし、6か月は転売できないよう市の条
例を制定した[41]。11月には移住後、1か月以内に移住していない460世帯の分

108　　第1部　パンジャチョンを知っていますか？

譲権を取り消しにする一方で、前の月までに転売入居者として明らかになった2,648 世帯 5 万 2,960 坪に対しては時価に応じて一括払いにするとした。また、今後は一切転売を認めないという方針も明らかにした[42]。それにもかかわらず翌年には分譲証書が一枚当たり 10 〜 60 万ウォンで公然と取引されていた。1971 年 7 月 15 日に分譲した 900 世帯の中で 306 世帯が売却されたことが明らかになるほどだった[43]。

このような中、詐欺や賄賂が横行した。ソウル市の職員たちが入居証 54 枚を盗んでブローカーに流したり[44]、分譲権を手に入れてやると 144 人から金を受け取る事件が起きたりした[45]。区役所の職員が偽物の入居証 180 枚を作りブローカーを通して売ったり、パンジャチョンを撤去したように報告して撤去せず、そのまま黙認しているようなこともあった[46]。これに加え、偽造した入居証を作り一枚あたり 1 万 5,000 ウォンで売った人が捕まったりもした[47]。さらにあきれるのは、ある個人がクァンジュ大団地の横（テワン面ドゥンジョン里）に 3,500 万坪の都市を作ると言い、入居権を売るケースまで出てきた。過去に少しだけクァンジュ郡首を務めた人が、「モラン開拓団」という団体を作り詐欺を行ったのだ[48]。また、撤去民が区長の名前で作られた証明（分譲証書）を受けクァンジュ大団地に移住すると、事業所ではある程度の人数が集まるまでテントで仮収容し、公開くじ引きで宅地を分譲するようになっていたが、角地など位置が良く土地の価格が高いところは残しておいて後から裏で取引をするような不正も度々起こった[49]。

1971 年 4 月 27 日、有名な朴正煕対金大中の第 7 代大統領選挙が行われた。当時朴正煕候補が 90 万票と勝利をおさめたが、不正選挙でなかったならば結果が違っていただろうという話が出るほど接戦だった。このためクァンジュ大団地の管理はさらにひどくなった。撤去されたバラックの主人にだけ入居権が出るようになっていたが、撤去地域の間借り人も選挙を前にした混乱期にクァンジュ大団地に集まってきて分譲の資格をくれと主張したり、近隣に無断でバラックを建てたりした。1971 年 5 月の調査によるとその年だけでもクァンジュ大団地にバラック 2,491 棟、無許可の不動産仲介業が 455 棟など合わせて3,000 棟が並んだ[50]。8 月の他の報道によると住民 2 万 2,000 世帯の中でほとんど半分が無断転入者という話まで出る始末だった[51]。

第 3 章　事件　　109

ソウル市はこれらを管理するために機動撤去チームを常駐させた[52]。傷痍軍人会自活会員の 30 人あまりがトラックに乗ってクァンジュ大団地の事業所に押し寄せ、物を壊したりするような抗議が続いた[53]。これにソウル市はクァンジュ大団地にいるバラックの撤去民たちを団地付近の国公有地に集団収容できるよう上部に建議したりした。3,500 あまりあったバラックを撤去しても場所を変えてまた建てるので事業の推進が困難という理由だった[54]。結局間借り人など新規の無許可住宅にも 5 ～ 10 坪ずつ土地を分譲したりもした[55]。

真夏にクァンジュ大団地の一角にはソウルから撤去民が家財道具を載せたトラックで押し寄せ、また別の一角には分譲権で一儲けしようという欲望がうごめいていた。餓える人まで続出するなかで、町は騒然とし人々は爆発する寸前まで追い込まれていた。

結局爆発する

クァンジュ大団地を巡る無法と不満は臨界点を超えてしまった。大統領選挙を前にして不法と偏法を事実上放置し、税金や分譲代金を減らしてやるという約束も乱発したためである。しかし選挙が終わり、ソウル市はこの混乱を迅速に収拾しようとした。1971 年 8 月 2 日の報道によると、クァンジュ大団地全体の入居者の 20％に上る 4,150 世帯が転売入居者だった。正当な分譲者は、実費投資額に基づいて 20 坪の土地代金を 2 年間の据え置き後、3 年以内に均等に償還することになっていたが、転売入居者に対しては銀行の鑑定時期を基準に年内に一括で返還するようになっていた。転売入居者たちの中では土地代も高く、一括払いはひどいのではないかという声が高かった。いくら落ちぶれたといっても誰が好きでこんな荒れ野に来たがるのかと不満をもらした。「転売入居者たちが素直に応じなければ彼らとの間に激しい軋轢が生まれそうだ」という憂慮が出た時だった[56]。

8 月 10 日、ついに事件が起きた。

「不当な土地価格の引き下げを要求、クァンジュ団地で大規模な騒動。ソウル市の違約に憤慨し、放火」
「雨の中無法の 6 時間、土地代を大幅に下げ地方税も軽減」

「クァンジュ団地の住民が騒動、市の事業所などを放火。不当な宅地料金一括払いに抗議」
当時報道された新聞の見出しだ。ある報道をそのまま掲載する。

「10日午前10時ごろ、クァンジュ大団地住民5万人余りはソンナム出張所裏側に集まり、それぞれ税金免除や失業者の救済、土地払下げ価格の引き下げ等、三つの条件を掲げソウル市長との面会を主張したが、約束時間の11時が過ぎてもヤン市長が現れないことがわかると激憤、午前11時45分、この中の三十数人がソンナム出張所に放火、本館建物を全焼させ、車に火をつけたり、通り過ぎる車両を乗っ取り街を乗りまわす騒動が起きた。
　この日に集まった住民たちの大部分はソウル市内から転売入居した人々で、前の月の14日クァンジュ大団地事業所長名義で分譲地20坪を坪当たり8千ウォン〜1万6千ウォンで払下げるという告示書が発布されると、その間何度も払下げ価格を引き下げろとソウル市当局に建議したが、その都度黙殺され、9日午後、市当局からソウル市長が10日午前11時までにクァンジュ大団地に出てきて対策を話すという約束を受け、この日の午前ソンナム出張所に集まったのだった。
　住民たちは雨にもかかわらず市長を待っていたが、約束時間が過ぎてもヤン市長が現れず、さらに45分待っているうちに一部の住民たちが騒動を起こした。『百ウォンで買った土地を万ウォンで売るな』というプラカードを車に貼り、大声をあげながら町を走り回るなど、午後4時頃まで騒動は続いた。警察ははじめ70人余りが出動したが、なすすべもなく暴動を傍観しているしかなかった。午後2時半から出動した千人余りのソウル機動警察が到着し騒動を収めた。騒動を起こした住民たちの放火でソンナム出張所管内の税金関係の書類と土地関係の書類が燃えたが、戸籍および住民登録関係の書類は燃えなかった。この日の騒動で人命の被害はなく、騒動が起きると住民たちは家へと急いだ[57]」

事態の深刻さを把握したソウル市と政府は、すぐに住民たちの要求をすべて聞き入れると述べた。ヤン・テクシクソウル市長は、騒動が起きた当日の午

後、住民たちの要求を聞き入れるよう京畿道当局と合意したと発表した。転売入居者も撤去移住民と同じように扱い、土地の価格を坪当たり2,000ウォンに引き下げ、5年払いで償還するようにし、建物取得税は免税とした。また、撤去民や転売者を含む住民全体の福祉のために、まもなく救護物資を配給し、労賃を払う工事を実施することも京畿道当局と合意したと明らかにした。これと共に、ヤン市長は市民マンションの転売入居者たちにも元々の入居者と同じ融資金を年払いで償還するようにすると述べた[58]。

　ただ、治安当局はそのまま目をつぶることはできなかった。当時大統領選挙でなんとか勝利を収めた朴正煕政権は、1年後「10月維新」を宣布する程権力維持に敏感になっていた時だ。次の日の8月11日にすぐ15人を検挙し、放火および公務執行妨害、暴力行為など処罰に関する法律違反の容疑等で拘束令状を申請した。12日、拘束令状は12人に発布された。そのうちの8人は未成年者だった。また、13日に8人を追加で拘束し、合わせて20人が拘束され、その他の20人が指名手配された。これとともにソウル市は、市長の名前で数万枚のビラを印刷し、11日の午前、あらゆるところに配布する一方で、市長の方針を拡散するために団地内の住民たちに知らせる街頭放送も行った[59]。

　クァンジュ大団地事件を本格的に扱ったユン・フンギルの小説『9足の靴で残った男』には、転売入居者である主人公が事件に困惑する過程がよく描写されている。

　このようにわずか一日でクァンジュ大団地は再び平穏を取り戻した。これはクァンジュ大団地事件が組織されたデモや騒動ではなく、拘束者の多くが未成年者だったことからもわかる通り、文字通り不満が爆発した一時的な事件だったためである。政府も素早く謝罪し収拾を図る様子が見え、メディアの論調も「そういうこともあるだろう」というように住民たちに同情的だった。メディアは、今回の騒動の原因を「過剰な熱意、行政の貧困、生活条件の無視[60]」による不満によるものとしクァンジュ大団地事業計画自体が有する根本的な矛盾と計画進行過程におけるいくつかの要因が連鎖的に作用したために現場が非常に荒れた不祥事であると分析した[61]。

　これに対し政府は事実上、クァンジュ大団地事業を中断する立場を表明した。そしてすぐに1971年末までにクァンジュ大団地に移転する予定だった市

クァンジュ大団地事件

第3章 事件 113

出所:すべて「ソンナム時事」

114　第1部　パンジャチョンを知っていますか?

内のバラック2万棟はすべての計画を中止し、1972年からは生活条件に合った撤去計画を再調整、無理な撤去はしない方針だと述べた[62]。また、10月にはソウル市が関連事業から手を引き、京畿道にすべての事業と行政を移管することを決定した。1973年7月、クァンジュ大団地の出張所はソンナム市に正式に昇格した。

この後、どのような形であれクァンジュ大団地は都市の性格を帯びるようになった。1971年には約14万人だった人口は2年後に16万5,000人に増え、1・2公団も整備されていった。一日の交通人口も4万8,000人から11万8,000人と2倍以上増えた。一時、テントやバラックでいっぱいだったが、テントは完全に消え、残りのバラック868棟も1973年末までになくす予定だった。上水道を利用する人も82%に増えた[63]。しかしソウルから来た人々の半分以上は再びソウルに戻るなどして出ていった。1974年初めの調査でその時までに移住していた撤去民12万4,200人の中で8万8,800人が出て行っていた。このため1970年末のソンナムの人口の中で撤去民の比重が81.3%だったのに比べ、1974年4月には全体の人口の18.6%に減った[64]。結局、ソウルの貧しい人々が自発的に入居権を買って入ってきたり、地方から出てきた人々がソンナムに定着したのだということができる。

一方で、拘束された21人は、1972年初め、1審判決で2人のみ実刑（各々懲役2年、懲役短期1年6か月から長期2年）を受け、みな釈放された。18人は執行猶予が付き、1人は無罪判決を受けた[65]。

そして1989年ソンナム市にはもう一つの新都市が形成された。ブンダンである。クァンジュ大団地の南側に当時中産層以上の人々が羨望する住居地が新しく作られたのだ。人口約40万人の新都市だった。上側には最も貧しい人々が集まった新都市が、下側には最も富んだ人々が住む新都市が20年の時を経て建設された。現在のソンナム市庁は、その境界に新しく作られた。人口97万人の「二つの都市の話」が作られたのだった。

第3章　事件　　115

闘う撤去民

間違いを正してもだめなら堂々と闘う

　自分が住んでいる家が壊されたという人が現れたらどうするだろうか？　本人は権利を主張するのが難しくても、間違いを訴えたり、または堂々と闘うことになるだろう。自身だけならまだしも家族が住む家が危険にさらされたら当然の反応である。実際にパンジャチョンの歴史は撤去の歴史に他ならないが、それに抵抗して闘った歴史でもあった。朝鮮時代の不法仮建物（仮屋）から植民地時代の土幕、解放以降のパンジャチョンまで、所有者がいなかったり捨てられた土地に貧しい人々が無断で家を建て、これを所有者や公権力が出張って壊す過程が無数に繰り返された。

　しかし1960年代からは急激な産業化と共に都市人口が急増したため、無許可のパンジャチョンは不可避だった。政府の立場からも無条件に撤去して追い出すだけが能でないことをよくわかっていた。危険なところや今すぐ必要なところは撤去したとしても、基本的に住む家を提供するという原則があった。郊外に集団定着地を作ったが、クァンジュ大団地はその中でも新都市級の大規模な定着地だった。市民マンションもパンジャチョンを撤去して住民たちを入居させる方式だった。しかし政府の対策が住民たちの立場からは受け入れがたいことが多かった。暮らし向きに比べ入居に必要な金額や土地分譲の代金が非常に高かったり、間借り人や後の転入者たちはまだ政策対象ではなかったりした。対策があるといっても争いが起こらざるを得なかった。

　1960年代初めにメディアに登場した撤去民たちの様子を紹介する。

　　冬の雨が降る1962年11月27日、ソウル市内のホンウン洞、ボムン洞、そして東部イチョン洞の3ヶ所の約300世帯のバラックが強制撤去された。ホンウン洞のバラックの住民300人余りは、叫びながら家を壊す市役所の職員や警察官に襲いかかり、騒動を起こしてけがを負ったり、混乱した状態になったが、家を壊された住民たちは大部分が行く当てがないと泣き顔だった。彼らは砕けた板を集めて、隣人と敷き、その上にテントなどを被せて夜露をしのいでいたり、壊れた板を集めて焚き火をして寒さをし

のいでいた。警察はキム・ユンジョン氏など10人を公務執行妨害の容疑で連行した[66]。

　1964年9月28日、ソウルスンイン洞203番地一帯のバラックを撤去しようとした警察官約300人および市庁の職員約50人と約400人の住民との間で衝突が起き、負傷者がでて、ある住民は眼球が落ちる負傷を負った。住民たちはパンジャチョンの入り口ごとに鉄条網とバリケードを作り、若い青年たちが棍棒を持って出入りする人々を1人ひとり検問した。この日、パンジャチョンでは所々に石を積み上げ、約3メートルの間隔で穴を掘り汚物を流すなど、罠を作った。警察との衝突で眼球が落ち治療中のジョン・ギュル（19）くんは、『現在私たちが住んでいるこの場所は私たちの命です。決死の覚悟で抵抗します』と話したという。この騒動で住民10人余りと警官15人、合わせて25人が重軽傷を負い、この日出動した警察官は撤去に抵抗する住民たちに催涙弾3発を発射するほどだった[67]。

1960〜1970年代、このような衝突がソウルの所々で起きた。ハウォルゴク洞では住民たちが、撤去しに来た警察官と区庁から派遣された人60人余りに石を投げ暴行するなど抵抗したとして、7人が特殊公務執行妨害などの容疑で拘束された。また高麗大学校の近くの中央産業が所有する5万1,000坪の山の斜面にあったテントとバラック1,000棟余りの撤去作業で作業員150人、ソンブク区庁の取り締まり班30人余りが出動すると、住民2,000人余りが投石して抵抗し、3時間後にようやく火をつけ壊して撤去した（1969年7月）。ウンボン洞のバラック500棟余り、2,000世帯が住むところを撤去しようとしたところ住民たちと投石戦となり、住民、撤去グループ、警察官等18人が重症、80人余りが軽傷を負った。これに対しウンボン洞トルサン撤去民対策委員会の総務イ・ジェチュン（34歳）、副会長ジョン・クムリョン（45歳、女）など3人に拘束令状が請求された（1968年9月）。カンジン橋、チョンホ洞撤去民500人余りが区庁に押し寄せ、路上で1時間の座り込みデモを行った（1969年4月）。
　撤去後、クァンジュ大団地に移住した家庭でも同じような騒動が起こった。1970年4月、ヨンドゥ洞255、チョンゲチョン周辺の辺火災罹災者パンジャチョ

撤去されているソウル市ハンナム洞（1962年、上）とヤン洞（1965年）のバラック

ンを強制撤去しようとしたところ、住民たちはバリケードを築き、大きな釘を打ち込んだ棍棒や鉄の棒を振り回し、石、割れた瓶、糞尿などを投げながら撤去させないように抵抗した。住民 2,000 人が投石戦を起こし、住民、警官 30 人、区庁の作業員 10 人が負傷した。結局 903 世帯 4,767 人の内 720 世帯 3,760 人がクァンジュ郡チュンブ面に強制移住され、撤去民たちにはテントが支給された[68]。

　または、クァンジュ大団地入居を要求してバラックを建てて耐え忍ぶケースもあった。1970 年 11 月、サダン洞のパンジャチョン 500 棟の撤去に警察機動隊 100 人が動員されたが、国立墓地後方の山で 1,000 人余りの住民たちが投石戦を行った。警察は催涙弾 20 発まで使いながら家を壊した[69]。しかしそうして 500 棟を壊したにもかかわらず、一晩でまた 200 棟が建てられた。区庁側はこの住民たちの大部分が知恵を働かせてクァンジュ大団地などの土地の分譲権を得るなどの恩恵を受けるために、この場所から出ずにいると主張した[70]。しかし、このように建てられた 200 棟もすぐに壊された[71]。

　登校拒否闘争を起こしたところもあった。ジョン洞 15 − 1 前ロシア領事館の敷地に住んでいたパンジャチョンの子ども 1,100 人が 1969 年、両親たちによる撤去反対の決議に同調し、登校を拒否した。ここは子ども大公園とプールを作るために撤去した後、住民たちは 10 月に建設される市民マンションに入居するまでノクボン洞の臨時収容テント村に居住する予定だった。しかしパンジャチョンの子どもたちは 6 月 8 日、夜 9 時 30 分に村に集まり「対策なき撤去問題が解決するまで学校には行かない」と決議した。次の日、両親に囲まれて頭に撤去反対という鉢巻を締め、歌を歌うなどデモを行った[72]。そして 6 月 29 日には投石戦を行い、警察・住民など 60 人余りが重軽傷を負い、住民 50 人余りが連行された。住民たちの中で自発的な撤去に反対した人々はパンジャチョンの入り口の路地にリアカーと板でバリケードを築き、1 時間 30 分にわたって投石を行い、警察もこれに対抗して催涙弾 1 発を撃った[73]。

　石を投げて争ったが、悲観または憤怒のあまり命を投げ出す人々もいた。1967 年にはパク・ヒジュン（69 歳）が、金を出して住んでいる家が無許可だという理由で壊されることになり、チョンセのお金 3 万ウォンが戻ってこないことを悲観し、服毒自殺をした。ジョンアム洞サン 2 に住むソン・サムシル（66 歳）もまた、無許可の建物が壊されることを非難し、投身自殺をした。退

1969年6月27日、ソウル市ソデムン区ジョン洞に位置する前ロシア領事館でパンジャチョンの住民400人余りがソウル市庁後方の広場で「対策なき撤去に反対する」とデモを行った。

役軍人のキム・スンブは、無許可建物の撤去に抗議し、市長室で割腹自殺をしようとした[74]。

当時のチョンゲチョンのパンジャチョンを背景にした小説『こびとが打ち上げた小さなボール』(チョ・セヒ著)の連作の中で一番目の「メビウスの帯」では、この状況が文学的に表現されている。「せむしの家は取り壊された。ハンマーを持った男たちが片側の壁をぶち割って後ろへ下がると、北側の屋根が嘘のように崩れ落ちてきた。男たちはそれ以上家に手を触れず、ポプラの木のそばの草の上にしゃがんでいたせむしは、立ち上がるときに空を見上げただけだった。せむしの妻は庭先で四人の子どもと一緒に、種まき用に残しておいたとうもろこしをむいていた。ハンマーを持った男たちは、次の家へ行く前にせむしの家を見やった。誰もくってかからず、誰も泣かなかった。そのことが男

たちを怯えさせた★2」。

　しかし、クァンジュ大団地も中断され、集団定着地事業も完了し、パンジャチョン政策が基本的に良性化と現地改良を過ぎると、1970年代中頃からパンジャチョン撤去問題は世間の関心から遠のいていった。良性化の対象にならなかったパンジャチョンや新しく作られた無許可住宅の撤去過程で衝突が生じる程度であった。1975年にはシンソル洞一帯のパンジャチョンの住民30人程が「お腹が空いて生きていけない」などの内容を紙に書いたスローガンを20個掲げてシンムン路の歩道橋の上でデモをした。1972年の維新憲法国民投票の際、パンジャチョンの良性化および現地改良を約束しながら撤去したという理由だった[75]。もちろん宗教界などでは住民組織化活動の次元で10余りの撤去反対運動を支援し、世論造成のために努力した。

　しかし、このような休戦状態も長くは続かなかった。10年余り後にソウル市がパンジャチョンを開発しマンションに変えようとする時、闘いが再び始まった。以前よりずっと広範囲で過激なものとなった。

組織化された撤去民運動の始まり：1983年、モク洞公営開発[76]

　1980年初め、ソウル市はこれ以上大規模マンションの宅地を確保することができなくなりそうになると、未開発地を探し始めた。その中で最も規模が大きい地域が安養川のあたりのモク洞、シンジョン洞一帯だった。この地域は夏になると安養川が氾濫する浸水地域であるだけでなく、無許可工場などが乱立しており、当時としては打ち捨てられたようなところだったため、貧困層が無許可でパンジャチョンを建てて暮らしていた。

　ソウル市は1983年4月12日、この地域140万坪に新市街地を造成すると発表し、開発利益を公的に回収し、住宅のない庶民のために使うと述べた。すなわち公営開発方式を採択したのだった。土地と建物をすべてソウル市が収容した後、マンションを建てる方式である。しかしこの地域に住んでいた5,200世帯3万2,000人余りの住民の中で約半分である家主は、無許可パンジャチョンを安く買いたたかれたら分譲権をくれるといっても入居することができなかった。坪当たり7〜14万ウォンで買いたたかれ、坪当たり105〜134万ウォン

第3章　事件　　121

で入居できるという状況だった。また当時は3か月分の生活費と引っ越し費用を除くと、間借り人のための別途の補償対策もなかった。

　これにまず無許可住宅の家主らが立ち上がった。補償を現実化し、地域でまた暮らせるように賃貸住宅も建て、入居権を補償するようにという要求だった。間借り人たちも、このように安く暮らせる町はないといい、賃貸住宅の建設を要求した。ところで、モク洞の住民たちの対応は1970年代の撤去闘争とは次元が違った。何よりも組織化されて体系的で、長期間にわたって続いた。以前までの、それこそ「一回だけ立ち上がる」水準の撤去反対とは次元が違ったのだ。実際にモク洞新市街地公営開発計画を発表して1か月しか経っていない5月、モク洞カトリック教会の信者たちが中心となり、キム・スファン枢機卿に嘆願書を提出して始まったモク洞撤去反対運動は、100回以上にわたる集会、デモを経て約2年間継続した。特に、当時全斗煥軍事独裁政権の時には想像すらできなかった街頭占拠籠城や、区庁進入、警察署前でのデモなどが何度も起こった。例えば1984年8月26日には住民の代表たちが区長と面談して警察に連行されると、住民300人余りが深夜2時まで警察署の前で籠城し、27日には住民1,000人余りがヤンファ大橋を占拠し、合わせて500人が連行されたりもした。同じ年の12月18日にもキョンイン高速道路を遮断し、その翌年の1985年1月には300人ほどの住民が市庁前の広場で籠城し、187人が連行された。このような過程で2月25日、間借り人の代表イ・ジョンフン、ユ・ヨンウが拘束され、3月17日、副区長を地域に「監禁」したという理由で7人が拘束され、3月25日には警官数百人が地域に常駐する中、家主代表のクォン・ヨンハなど8人が拘束された。

　このように、予期していなかった強力な抵抗に政府も驚いた。大学生たちでさえ数百人も集まりにくいのに、住民たちが1,000人余りも集まって道路を占拠するまでになったため、報道規制をするにまで至った。ソウル市も最初は従前の対策に固執していたが結局、無許可住宅所有者に対する補償水準を高め、間借り人にも「一部屋入居権」を支給した[77]。

　このようにモク洞撤去反対運動が体系化、組織化、ひいては持続性を帯びることができたのには、1970年代の貧民運動家たちの支援が大きい役割を果たした。1970年代のチョンゲチョンのパンジャチョンで活動していたジェ・

モク洞の住民たちは約2年間、撤去反対の激しいデモを行ってきた。このデモは1970年代の撤去闘争とは次元が異なり、当時想像もできないような街頭占拠籠城や区庁進入、警察署前でのデモなどが何度も起こった。

1985年、モク洞パンジャチョンが撤去されている様子。撤去反対デモをしていた住民たちは多くが拘束され、住民たちは散り散りになってしまった。

第3章　事件

ジョング、キム・ヨンジュン、パク・ジェチョンなどが、モク洞問題が発生するとすぐ積極的に合流した。彼らの他にもプロテスタントのホ・ビョンソプ、オ・ヨンシク牧師なども役割を分けて関与した。ところでモク洞ではまさに開発地域に含まれたモク洞カトリック教会が住民組織化の一時的な根拠となっていたため、彼／彼女らに接触することが容易だった。したがって信徒たちを通してカトリック、プロテスタントの運動グループが地域住民を外側から支援し、同時に地域内部からも住民たちを組織し、結びつける仕事を任された。また1970年代とは異なり、学生運動グループも地域住民たちと結びついた。これにしたがい、1985年3月20日、住民代表らがソウル大学校で開かれた臨時学生総会に参席したこともあり、同じ日に地域周辺のオモク橋で学生たちがデモを行ったりした。撤去民運動が民主化運動と結合したのである。このような「モク洞型撤去反対運動」は以降、再開発反対闘争の基本モデルとなった。しかしモク洞地域は1985年3月末、大々的な拘束と共に本格的に撤去が始まり、結局住民たちはすべて散り散りになってしまった。その中の一部が、ジェ・ジョングが過去に集団移住したシフン市のポグムジャリ近辺にモッカマウルを作って移住した。

撤去反対運動の拡散とソウル市撤去民協議会の結成

モク洞の次の本格的な撤去反対運動は、サンゲ5洞173番地でなされた。ここはモク洞とは違って合同再開発事業でパンジャチョンの撤去が始まった。合同再開発事業は、家主たちが組合を作り建設業者と共にパンジャチョンを壊してマンションを建てる事業である。そのためモク洞公営開発とは異なり、家主たちは相当な程度の経済的な補償を受けることができたため、撤去反対運動に出る理由がなかった。半面、バラックに間借りをしていた人々は事情が違った。財産権の主張はできなかったが、再開発でパンジャチョンがすべてなくなる場合、安く家を買うこともちろんできない。このため家主たちは地域を離れたが、間借り人たちは移住を拒否して対策を要求した。

サンゲ5洞は1985年頃、再開発事業が推進され同年3月21日に撤去警告状が発布された。5月13日からこの地域で撤去が始まるや否や、住民たちは生

存権の保護と撤去の中断を要求し、気勢を上げて抵抗した。ここにカトリック団体が積極的に加わり、地域で一緒に籠城した。モク洞の闘争に加わったジョン・イルウ、ジェ・ジョングなどはほぼ常住しながら住民たちを支援し、組織化を助けた。それに加え、撤去していた壁が崩れ落ちたため、路地で遊んでいた子どもが亡くなり、6月26日の撤去過程でまた人が亡くなる事件が起こった。この後何回かにわたって撤去を取り巻く攻防戦が繰り広げられ、撤去チームたちの威嚇と暴力は日常化したのも同然だった。7月には支援闘争に加わった外国語大学生1人が拘束され、9月にはファン・キルグなど住民代表の6人が拘束された。しかし、結局1987年4月14日、地域に残っていた家屋が強制的に撤去され、住民たちは明洞聖堂にテントを張って生活するようになった。この後撤去民たちは6月の民主化闘争を明洞聖堂で過ごし、その後住民たちはポチョンの家畜小屋を改造した住宅、ブチョン市コガン洞の臨時建物などに散り散りになった。

　再開発はソウル全域で進行した。サダン3洞、オグム洞、シンダン洞、サダン2洞、トナム洞、チャンシン3洞などで似たような類型の争いが続いた。ソウル市や政府はオリンピックを前に焦っていた。1987年の場合、ソウル市内のみで20ヶ所あまりで撤去反対運動が進められた。今や各地域は互いの経験を共有するだけではなく、近隣地域の撤去チームが押し寄せて「支援闘争」を起こすまでになった。このような連帯活動の経験は各地域の対策委員会間の連合組織構想として発展した。特に1987年6月、民主化闘争を経て撤去民たちは7月17日「ソウル市撤去民協議会」を結成し、学生運動出身者たちが常に参加する中でさらに体系的な運動に発展した。ソ撤協の出帆は、撤去反対運動が宗教界や1970年代の住民運動の組織家たちに強く依拠していたことから脱し、住民自らが組織化および闘争の指導の責任を引き受けることを意味した。特に初期の執行部であるコ・グァンソク（カラク洞平和村）、イ・テギョ（トナム洞）、ジョン・ウルジン（ドファ洞）、キム・ウルギュ（ヤンピョン洞）などはすべて地域の撤去反対運動を導いた住民指導者である。

　また、この時期の撤去反対運動には、1980年代の民衆運動の志向性を帯びた若い活動家と1970年代の住民組織化事業の流れが結合し、民主化と平等の実現だけでなく住民共同体という理念も付与された。その結果、大部分の再開

第3章　事件　　125

サンゲ洞の家が撤去される様子。後ろ側に4号線サンゲ駅が見える。サンゲ洞住民たちは生存権の保護と強制撤去中断を求めて声を上げ抵抗した。

6月抗争期間、明洞聖堂でサンゲ洞の撤去民たちが追慕祭を開催し、デモをしている様子。

発撤去地域で宗教系、学生運動圏、民主化団体が協同で支援に出向くようになった。また、この頃結成された「天主教都市貧民会」や「基督教都市貧民協議会」などは撤去民運動を支援する組織として、まだ撤去民たちの力だけでは組織を運営していくのが難しい状態から宗教界および知識人の支援を住民たちに連結させる媒介的役割を果たした。

また、もう一つ特記すべきことは、韓国の強制撤去に対して海外のNGOが抗議書簡を政府に発送したり調査団(居住の権利のためのアジア連合 Asian Coalition for Housing Rights)を派遣するなど、関心を傾けた点である(1986年)。当時国内ではほとんど知られていなかったが、ベルリンで開かれた国際住居連合(Habitat International Coalition)会議(1987年)において、韓国は南アフリカ共和国と共に「最も非人間的な撤去を遂行する国」と指摘される恥辱を経験した。この頃、UN人権委員会会議でも韓国の撤去問題が議論されていた。ソウルオリンピック期間中には貧民生存権をないがしろにしながら成し遂げられた国際行事に抗議し、ソ撤協を中心に各地域の住民たちが参加して「都市貧民ハンガウィ(旧盆)オリンピック」を開催したりもした。

1989年サダン2洞パンジャチョンに居住していたイ・ヘヨンちゃん(4才)が撤去の残骸に押しつぶされて死亡した。写真はイ・ヘヨンちゃんの葬式の様子。

第3章 事件　127

公共賃貸住宅を勝ち取る

ソ撤協結成以降、強制撤去反対の闘いはさらに多くの地域に拡大した。1988年にはサダン2洞、トナム洞、チャンシン洞、ドファ洞、ホンウン洞、シンジョン洞、ジョンノン洞など再開発区域と、ソチョ洞花の町・裁判所団地、タルドンネなどビニールハウス村、ソクチョン洞、シンガ村、ナムヒョン洞（軍部隊前）などの無許可住宅の撤去まで、闘いは数十ヶ所に増えた。1988年になると撤去反対の争いは撤去しようとする側とそれに対抗する側どちらもが命をかけたものとなった。地域では暴力が慢性化し人命が失われることもあった。ドファ洞では間借り人対策委員長でソ撤協の会長を任されていたウ・ジョンボムが明け方の帰宅途中に襲撃に遭って全治5週間の負傷を負った。これを糾弾する集会では129人が連行された（1988年3月15日）。また、サダン2洞では子どもが2人も撤去の際に押しつぶされて亡くなり、住民支援闘争に参加した大学生（中央大、スンシル大）たちも多く負傷した。まさに棍棒と刃物が登場する程暴力が常態化したのだった。特に住民たちの間の分裂を誘導するために御用間借り人対策委員が、賃貸住宅を要求する住民に対し暴行する事件も起きた（1989年4月18日）。

このような状況はトナム・ドンソムン洞再開発区域でさらにひどいものとなった。この地域は1988年5月に間借り人対策委員会を構成し、ソ撤協と共に撤去反対運動を行ってきたが、1989年2月22日には対策委員会副委員長だったジョン・サンリュルが家主と言い争いの末、刃物で刺され死亡する事件まで起こった。やくざ者たちの暴力は度を超えており、住民たちの命が脅かされるほどになった。この後にもこの地域では暴力、負傷、拘束が続いた。1989年10月9日には、やくざ者たちが5人の住民を凶器で傷つける事件が起こり、11月14日の撤去過程でも十数人がけがをした。これはトナム洞やドナム洞だけでなかった。1988〜1989年にはソウルの全域で数十人の住民が拘束され、数百人がけがをした。

それでも住民たちの素朴な要求、すなわち「間借り人たちにも賃貸住宅の提供を」というのは守られなかった。ソウル市は1987年10月、移住費の他に一部屋分の入居権を支給することで譲歩したが、これはソウル全域のパンジャチョンがなくなる状況下で実効性のある対策にならなかった。間借り人たちは

128　第1部　パンジャチョンを知っていますか？

継続して（長期低利）賃貸住宅を要求し、1988年後半からは公共（永久）賃貸住宅に対する要求に結実した。

　ところで当時、住居問題は撤去民たちのみが苦痛を受けていたのではなかった。この頃住宅の価格自体が急騰し始めたのだ。これにしたがい庶民たちの住居難は深刻な状況に置かれ、とうとう1988年末から上がる一方のチョンセ・ウォルセ保証金を準備できず、貧困層たちの中には自殺者が出る事態にまで陥った。2か月余りで17人も自殺する事件が起きたのだ。このように貧困層の住居難が困難さを増したのには、所々で起きていたパンジャチョンの再開発事業に伴い低廉な住宅が減り続けていたところに大きな原因があったことは言うまでもない。

　このような状況になると、盧泰愚政府は住宅問題の解決を最優先課題に置いた。1989年2月に発表した200万戸住宅供給計画がそれである。首都圏にブンダン、ピョンチョンなど5大新都市を作り住宅供給を増やす一方で、土地公概念を導入し、不動産登記を厳重にするという政策を発表した。ここには低所得層（零細民）のための25万戸の永久賃貸住宅の供給計画も含まれていた。1980年代後半から急激に悪化した庶民の住宅難をこれ以上放置できなくなった政府が、初めて先進国型の福祉政策の一つである公共賃貸住宅を導入したのだった。これは貧困層の低廉住居地の役割をしてきたパンジャチョンが解体されたことに伴う問題点を政府が認めたという意味でもあった。

　このような変化を反映してソウル市は1989年3月、同じ年の5月から事業施行認可を受けた地域の場合、間借り人のための公共賃貸住宅を事業地域内に整備するよう方針を変えた。

　合同再開発事業が本格化して6年目にしてようやく激しい対立と莫大な費用の末、対策が準備されたことになる。しかし実際にはこのような対策を導いてきた地域は既に事業施行認可を受けている場合が大部分だったため、対策の恩恵を受けられないという問題があった。特にトナム・ドンソムン洞は争いが最も激烈な地域だったが、恩恵を受けることができなかった。これによって、この地域の残留撤去民はその後にもさらに1年にわたり闘いを続けた。そして、1990年になってようやく公共賃貸住宅の入居を実現し、仮住まい施設まで建設されることとなった。

第3章　事件　　129

撤去反対運動の分化

　間借り人たちにも公共賃貸住宅の供給という大枠の対策が樹立されはしたが、その実現のために解決しなければならない課題が多かった。まず再開発組合側が間借り人たちを追い出す手段として不動産訴訟を起こす場合に対処することが必要で、何より「未該当者」の問題が争点として浮上した。以前間借り人対策が特になかった場合、適法な間借り人に該当するかそうでないかというのは大きな問題ではなかったが、賃貸住宅が供給されてからは事業計画決定の告示日現在で3か月以上居住しているという要件に該当しない間借り人世帯の反発が深刻となった。再開発区域の間借り人の5%程度に該当する人々が以前より強硬策を講ずるようになり、撤去民運動は少数ではあるがより激しい様相を示すようになった。

　また、もう一つ重要な要求事項は、撤去以降から公共賃貸住宅の整備が完了するまで過ごすための臨時居住対策だった。すべての間借り人がこれを要求したわけではなかったが、零細な間借り人であるほど工事期間中に住む場所を準備するのが難しかったので、これに対する要求が本格的に現れ始めたのだった。このような背景から、1990年からは以前に比べて少ない間借り人たちが闘いに参加したが、支援対象としないという問題や臨時居住対策を要求する闘争の強度は以前とは比べものにならないほど高まった。したがって相対的に少数による激しい撤去反対運動はその逆作用として深刻な暴力事態を招いたりもした。特にトナム・トンソムン洞の撤去過程から典型的な専門撤去業者たちが常時暴力で住民たちを不安に陥れ、この過程で頻繁に摩擦が生じることとなった。このため暴力問題に対する謝罪と差別、補償要求がまた異なる争点になったりもした。

　1990年代初め頃、上記のような問題を経験した地域には、ノリャンジン本洞、クロ6洞、サンゲ洞1113番地、シンジョン2洞などがある。この中でノリャンジン再開発事業では、間借り人の家族が状況を悲観して自殺したり、住民代表4人が一挙に拘束されたりする事件も起こった。1990年12月31日に強制撤去が施行されるや否や、住民たちが漢江大橋を占拠し籠城して抵抗したが、ついに間借り人たちが要求する臨時居住団地（工事期間中の居住対策）を確保することはできなかった。クロ6洞は未該当の問題が主な争点で、シン

130　　第1部　パンジャチョンを知っていますか？

ジョン2洞では間借り人用の賃貸住宅を確実に保証する問題と未該当者、臨時住居団地の問題などが争点だった。特にシンジョン6洞は、1992年初めから激しい争いが起き、警察のほう助または庇護の下、撤去作業員たちの暴力が深刻さを増していた。4月3日には警察機動隊7個中隊、撤去作業員400人余りが動員され、空き家の撤去が実施されたのだが、この過程で支援闘争に参加した大学生と住民が負傷した。この後6月9日には代表的な撤去業者として悪名高い「ジョクジュン」が撤去作業員数百人を動員して大々的に撤去に当たり、ソ撤協は大学生と会員の地域住民を動員して支援闘争に当たった。

ところでこの頃、新しい運動の方向性が模索されていた。1990年6月「住居権実現のための国民連合」が結成されたのだ。この団体は、撤去が起きた地域中心の活動からより長期的な居住権運動に広げていくという目標を立てていた。これは1989年に間借り人たちのための公共賃貸住宅が導入されることで核心の懸案が解決されたのに加え、当時暴騰していた不動産価格のために住宅問題に対する全国民的な関心が高まっていたため、撤去民運動の範囲を国民居住権運動に拡大する試みだった。しかし1990年代初めまでは住居連合も組織動力を主に再開発撤去地域に置いていたこともあり、住宅問題を国民的な問題として深くさせ拡大するには至らない状態だった。傾向的に見るとソ撤協が学生運動出身と結合する強硬路線だったとするならば、住居連合は1970年代の住民運動家たちと宗教界が結合した穏健路線だった。このような傾向の違いは1990年代を経てさらに広がり、ソ撤協の後進団体である全国撤去民連合は以後も撤去現場で概ね強硬路線を維持した。また、ソ撤協は露店商団体などと連帯し、全国貧民連合を結成（1989年11月11日）し、さらに広範囲な民衆生存権の獲得を目標に掲げながら労働者、農民団体とも協力するに至った。

本書執筆中の2022年にも撤去反対闘争は継続されている。パンジャチョンは既に再開発事業でほとんどなくなってしまったが、自身の意思に反して追い出されたり家が撤去される事件が続いているためだ。2009年には都心地再開発事業の一つとして推進されているヨンサン再開発の過程で、低所得者5人と警察官1人が死亡する惨事も起きた。新都市や宅地地区には必ず対策のない撤去に反対するすさまじい内容の垂れ幕が掲げられている。戸建て住宅の建て替え作業やニュータウン事業でも強制撤去問題は今も現在進行形である。本書は

第3章　事件　131

パンジャチョンの登場と消滅過程での撤去反対闘争のみを扱ってはいるが、私たちの社会の所々でこの問題が解決されないまま残っていることがみてとれる。これを残念に思いながらこの章を閉じよう。

注

1 「清渓川の風」『京郷新聞』1963.6.22
2 「ソウルの消防、その抜け穴を穿つ」『東亜日報』1966.7.19
3 「水魔の季節、水に追われる丘」『東亜日報』1967.7.22
4 「水災民：バラック撤去民定着計画の正しい道」『中央日報』1965.10.26
5 「全水防要因非常勤務令」『東亜日報』1969.7.16
6 「ここに行政を―ヨンドゥンポ区シンジョン・シンウォル撤去民定着団地」『京郷新聞』1974.9.18
7 「パンジャチョンに岩が落ちる」『東亜日報』1969.1.20
8 「瞬時に多くの人命を飲み込んだ恐怖の火の雷」『京郷新聞』1977.7.9
9 「シフン事態、死亡全部で38人」『東亜日報』1977.7.11
10 大韓ニュース第1143号、1977.7.19
11 「シフン事態地区道路新設」『中央日報』1987.9.14
12 「クムチョン村新聞」2011.7.27
13 該当記事は『雨傘と理性：リ・ヨンヒ自作集2』ハンギル社、2006に収録されている。
14 「消防路もなく出動消防車、火を見るだけ―パンジャチョン火災問題点」『中央日報』1969.12.17
15 「清渓川パンジャチョンの火」『朝鮮日報』1969.10.21
16 「灰燼に帰したその日暮らしの暮らし、ナムサン洞火災の詳細」『朝鮮日報』1966.1.20
17 「ミン・ジョンドク、〈イ・ソソン編集―母の道20〉火災で見えなくなった目、キリスト教とサンムン洞に会う」『毎日労働ニュース』2014.10.8
18 「ソチョ花の町の火、4人死亡」『朝鮮日報』1992.3.9；「実火か放火か」『京郷新聞』1992.3.9
19 「花の町の火災で138人が家を失う」『朝鮮日報』1998.4.4
20 「パンベ洞にビニールハウス村の火」『聯合ニュース』2001.7.18
21 「マンション前倒しで完成 68年以降パンジャチョン5月から撤去、キム市長確約」『東亜日報』1969.4.22
22 「寒さの中パンジャチョンを強制撤去」『東亜日報』1969.12.3
23 「悶着の種……市民マンション」『毎日経済新聞』1970.2.12
24 「無視された零細民マンション、入居権安値で売買」『毎日経済新聞』1969.11.8
25 「ワウマンション崩壊」『朝鮮日報』1970.4.9
26 「ソウル新風俗図（128）市民マンション」『京郷新聞』1971.4.6

27 「ソウル新風俗図（128）市民マンション」『京郷新聞』1971.4.10

28 「市民マンションは危険だ。70年前後乱立工事……67棟が特別管理」『東亜日報』1996.12.16

29 「電車来年初めに着工」『朝鮮日報』1968.11.24

30 「住宅団地造成不振」『東亜日報』1969.1.13

31 「暗澹たるクァンジュ大団地造成、予算確保わずか10％」『毎日経済新聞』1969.12.29

32 「ひどい団地移住」『毎日経済新聞』1969.8.7

33 「震えながら暮らす800世帯」『東亜日報』1970.1.10

34 「バラック2万棟を撤去」『毎日経済新聞』1970.1.13

35 「クァンジュ郡大団地開発ヤン市長」『東亜日報』1970.5.19

36 「クァンジュを衛星都市に」『朝鮮日報』1970.5.20

37 「ヤンソウル市長クァンジュ大団地350万坪、大田市規模に開発」『毎日経済新聞』1970.7.21

38 「クァンジュの川辺で嘆き悲しむ撤去民村」『京郷新聞』1970.6.3

39 「クァンジュ撤去民厳しい生活難」『東亜日報』1970.6.24

40 「『テントで冬を越せない』」『朝鮮日報』1970.9.29

41 「マンション、クァンジュ大団地入居者6か月内は転売できないよう市条例規定整備」『毎日経済新聞』1970.7.9

42 「クァンジュ大団地460世帯分譲権取り消し」『朝鮮日報』1970.11.3

43 「今年7万5千人入居」『京郷新聞』1971.7.21

44 「クァンジュ団地入居に不正、市職員2人拘束」『毎日経済新聞』1970.8.4

45 「撤去民が泣いた入居権」『朝鮮日報』1970.11.4

46 「偽造入居証、印鑑は本物」『東亜日報』1971.7.22

47 「クァンジュ団地入居証偽造」『朝鮮日報』1970.10.4

48 「無許可宅地開発、クァンジュ団地の向かい側に大規模で」『毎日経済新聞』1971.3.17

49 「不動産仲介で裏取引、入居証一枚で10-60万ウォン」『京郷新聞』1971.7.21

50 「クァンジュ団地無許可建物20までに撤去」『京郷新聞』1971.5.18

51 「クァンジュ団地整理大きな挫折、無許可入居者ほぼ半分」『京郷新聞』1971.8.6

52 「無許可建物撤去グループクァンジュ団地に常駐」『朝鮮日報』1970.12.20

53 「クァンジュ団地事業所等壊れる」『朝鮮日報』1971.5.21

54 「団地付近に受け入れるよう」『朝鮮日報』1971.6.8

55 「クァンジュ団地整理大きな挫折、無許可入居者ほぼ半分」『京郷新聞』1971.8.6

56 「無許可バラック整理失敗」『東亜日報』1971.8.2

57 「払下げ土地価格引き下げ要求　クァンジュ大団地大規模騒動」『東亜日報』1971.8.10

58 「要求条件全て受諾」『毎日経済新聞』1971.8.11

59 「首謀11人に令状申請」『京郷新聞』1971.8.11；「痛みを経験する衛星都市、クァンジュ

大団地の住民騒動の底辺」『毎日経済新聞』1971.8.12

60 「痛みを経験する衛星都市、クァンジュ大団地の住民騒動の底辺」『毎日経済新聞』1971.8.12

61 「クァンジュ団地—急速な市政に苦情暴発。強制移住、都市化計画の虚」『東亜日報』1971.8.11

62 「クァンジュ団地　移住計画によるバラック撤去中止」『毎日経済新聞』1971.8.17

63 「荒地の傷跡を洗い流し……」『朝鮮日報』1974.2.10

64 「ソンナム移住ソウル撤去民たち。大部分が定着に失敗」『朝鮮日報』1974.4.14

65 「2人に実刑申告。クァンジュ団地騒動事件、18人には執行猶予」『京郷新聞』1972.1.29

66 「路頭に追い出された冬の夜」『朝鮮日報』1962.11.28

67 「道路に鉄条門を張り」『京郷新聞』1964.9.29

68 「強制撤去いざこざの末に」『京郷新聞』1970.4.29

69 「パンジャチョン撤去に催涙弾。サダン洞投石で住民と二日目対峙」『京郷新聞』1970.11.7

70 「来年3月まで分譲：クァンジュ団地の入居権転売阻止」『京郷新聞』1970.11.11

71 「サダン洞かくれんぼう—バラック撤去」『京郷新聞』1970.11.12

72 「無許可パンジャチョン撤去に反対・子どもたち千余名登校拒否」『東亜日報』1969.6.9

73 「パンジャチョン民—撤去チーム投石戦。合計60人が重軽傷」『東亜日報』1969.6.30

74 「パンジャチョンに雨が」『東亜日報』1967.8.27

75 「お腹が空いて死にそうだ」『東亜日報』1975.2.7

76 この節は筆者が書いた文章(民主化運動記念事業会、『韓国民主化運動史3』2010の8章「都市貧民運動」)を基にしている。

77 これは一種の一部分譲権（切符）で3枚集めると住宅一棟の優先分譲権を手に入れることができる。マンションの分譲を手に入れたい外部の人が切符を買うことで間借り人に間接的な補償をしたことになる。

訳注

★1　韓国の労働運動家。劣悪な労働環境の改善に向けて闘ったが一向に改善されず、最後の手段として労働者の人権や労働条件の改善を求めて1970年11月に焼身自殺した。22歳の若さだった。

★2　チョ・セヒ（斎藤真理子訳）（2016）『こびとが打ち上げた小さなボール』河出書房新社より引用。

第2部

家、貧困、そして開発

第4章 家と貧しさ

貧しい家の歴史

安くて良い家の条件

「安くて良い家」を増やすことは、すべての国の課題である。このために多くの国が長期間にわたり家の問題に関する「少なくともこれは解決しよう」という課題目録を持っている。もちろん、実際に立てた目標はそれよりもはるかに大きなスケールのものであるが、共通点としては、①最低の住居水準を保障し、②住居費が過負担となっている世帯を減らし、③住居の安全性を高めなければならない、という三つを出発点としていることである。

そうであるならば、どの程度になれば人が住めるような住宅といえるのだろうか。資本主義の初期、劣悪な住宅問題で苦しんだ先進国では100余年前に既に「この程度になれば、人が住む家とみなすことができる」という基準を決めていた。それはすなわち、最低居住水準である。世帯員数に合わせた最低面積、採光・換気・安全性などの基準を満たしていれば、人が住める家とみなすことにしたのである。

これは、建築法による基準とは少し異なる。建築法に合わせて建てたとしても一部屋に大勢の人で住むのであれば、最低居住水準を満たさない場合がある。韓国は2003年より法制化し、定期的に基準未満の世帯数を発表している。2020年調査の結果、全世帯のうち4.6％の世帯が、最低居住水準に満たない家で生活していることが明らかになり、初めて5％未満に下がった。2010年までは、その比率が10％を超えていたことを考えると、大幅に改善されたといえる。

しかし、最低居住水準制度を100年以上運営してきた先進国たちも基準以下の世帯を完全になくすことには失敗した。ほとんどの国では、基準以下の世

韓国の最低居住水準

　最低居住水準は各家庭が住む住宅の面積、設備、構造などで最小限備えなければならない条件を定めたものであり、このうちどれか一つでも基準を下回れば未満世帯に分類される。以前は5年ごとに施行される人口住宅総調査により推定していたが、最近はほぼ毎年実施される住居実態調査を通じて把握している。

1. 面積基準

世帯員数（人） （カッコ内は家族構成例）	室（部屋）構成 *	総住居面積（㎡）
1	1K	14（4.2 坪）
2（夫婦）	1DK	26（7.9 坪）
3（夫婦 + 子ども 1）	2DK	36（10.9 坪）
4（夫婦 + 子ども 2）	3DK	43（13.0 坪）
5（夫婦 + 子ども 3）	3DK	46（13.9 坪）
6（老夫婦 + 夫婦 + 子ども 2）	4DK	55（16.7 坪）

*K：キッチン、DK：ダイニングキッチン。数字は寝室の数

2. 施設基準
- 寝室：夫婦の寝室確保、満5歳以上の子どもは夫婦と寝室分離、満8歳以上の異性の子どもは寝室分離、老親の寝室は夫婦の寝室と分離。
- 上水道または水質が良好な地下水利用施設が完備された専用キッチンおよび専用トイレを確保。

3. 構造・性能・環境基準
- 永久建物として構造強度が確保され、主要構造部の材質は耐熱、耐火、放熱、防湿に良好な材質であること。
- 適切な防音、換気、採光、冷房、暖房設備を備えること。
- 騒音、振動、悪臭、大気汚染などの環境要素が法定基準に適合していること。
- 洪水、山崩れ、津波など自然災害の危険性が顕著でないこと。

帯数は全世帯のうち 5％前後を行ったり来たりしており、最近は増加傾向にある。日本も 1960 年代より意欲的に努力をしてきたが、4 〜 5％未満になったことはない。経済は成長したが、それと同じく雇用や生計が不安定な階層も増加し不良な住居から脱出できていないためである。

　最近では、居住水準より住居費の負担を少なくすることがさらに大きな課題となっている。居住水準が改善されたとしても住居費の負担が大きければ、絵に描いた餅でしかない。特に先進国は、「安くて良い家」のために導入した公共賃貸住宅政策が後退し、賃貸料の支援対象を減らしたことにより、貧困層の住居費負担は依然として解決できない課題となった。アメリカやヨーロッパでは、所得の 30％以上を住居費として支出する住居費過負担世帯は全体の 10％程度であるが、貧困層の場合は 40％を超える。韓国は特に若者たちの住居費負担が問題である。若者全体の約 26％は賃貸料の負担が過大であり、そのうち 20.5％は最低居住水準以下の家に居住している[1]。

　安定的に居住することができるのか、ということも依然として問題である。住宅の質的水準を高め住居費の負担を少なくすることが重要であるが、それだけで完成するわけではない。頻繁に引っ越しをしなければならず、住宅確保において差別を受けるのであれば住居の安定とはほど遠い。例えば、独居老人に対して民間賃貸業者が敬遠したり、外国人や若者などに対して賃貸料や賃貸の機会について差別をしたりすることが最近先進国で頻繁に起こっている問題である。

　総合的に見ると、住居の安定は上述した三つがすべて好循環となるときに可能である。つまり、すべての国民が基準以上の住宅に、合理的な価格で、安定的に居住できるようにする必要がある。しかし、現実では好循環ではなく悪循環の場合が多い。今もまだ多くの脆弱階層が良くない住居に住み相対的に高い住居費を負担し、不安定な生活を送っている、ということが現実である。考試院やチョッパンの面積当たりの家賃負担が最高級マンションよりもさらに高いという話があるほどである。政府の住宅政策は好循環を期待したが、現実では悪循環が蔓延している時、貧しい人々はどのような選択をするのだろうか。

貧しい人々が住む家の歴史

　韓国において貧しい人々が住む家は時代によって多様な姿で存在してきた。なによりもパンジャチョンは最も広範囲で長期間存在した居住地であった。家が絶対的に不足している状況では、どうしようもない選択でもあったが、それなりに合理的な選択でもあった。何も持たずに都市へ入ってくる人々には、なによりも最も安い住居地であった。住宅を購入するという夢をみることすらもできず、一般住宅はパンジャチョンに比べて何倍にもなる家賃を支払う必要があったため、生活の都合上、パンジャチョンがほぼ唯一の選択肢であった。さらに密かな収益を期待することもできた。公然と転売が行われ、手際のいい人たちは、入居権を売り、ほかのところにまた家を建てる、という場合もあった。まだ電算化されていない時期であったため、ブローカーたちが公務員と組み、偽物の入居権を乱発することも難しいことではなかった。それに対して社会の認識は、ほとんどの違法行為について「貧しい人々だから仕方がないだろう」という風に黙認していた時代であった。

　パンジャチョンは、一緒に仕事を探し生計を立てていくことができる互恵的なネットワークでもあった。それは、農村の住民たちが田植えを一緒にしていたように、パンジャチョンは協業の生産単位であった。内職は、地域の町内会のような近所づきあいと繋がっていた。文化的、情緒的にパンジャチョンは住民たちを守る空間でもあったのだ。親戚たちが近くに住んでいることもあったし、同郷の人々が集まり住んでいることもあった。ソウルという馴染みがなく危険に見える世界において心強い支えとなっていたのである。そのため、生活様式も農村の雰囲気と似ていたのである。食べ物をおすそ分けし合うこともあるし、子どもたちの世話を一緒にすることもあった。パンジャチョンは都市の中の農村であった。

　1970年代に入り、現地改良と陽性化を許可・奨励したためパンジャチョンはそのまま安定した地域になり始めた。それなりに家を修繕し、使っていない部屋を賃貸とし家計の足しにもした。貧しさから脱出することは難しかったが、それでもソウルに住んでいる人だと言えるくらいに安定を得ていた。韓国経済の成長とともに比較的成功しパンジャチョンから出ていったり、子どもたちを大学に行かせたりする家庭もあった。しかし、韓国経済の成功は、パン

140　　第2部　家、貧困、そして開発

ジャチョンの解散を促すものでもあった。その背景には、パンジャチョンが占めていた空間における中産層のためのマンション開発があった。

　合同再開発事業は、踏み止まることを知らなかった。1983年モデル事業の開始以後、迅速にソウル全域のパンジャチョンを解体し始めた。合同再開発事業の衝撃は大きかった。1980年代初めにソウル市民の10%以上が居住していたパンジャチョンが、10年後には2～3%へ減少した。70万人以上がパンジャチョンを離れたということになる。これらの人々はどこに行ったのだろうか。パンジャチョンの家主は、入居権を売り集合住宅を購入したが、パンジャチョンの間借り人たちは問題を抱えていた。地域内の公共賃貸住宅の建設は相当数のパンジャチョン撤去以降に始まり、なんの恩恵を受けることもなかった人々が非常に多かった。パンジャチョンから追い出された人々は、より一層安い住居地へ行くしかなかったのである。それは、永久賃貸住宅★1、半地下住居、屋上部屋、考試院、チョッパンなどであり、それらがパンジャチョンの後釜となった。

　これらの住居地はすべて貧しい人々が生活する良好ではない住居という共通点があるが、それぞれ異なる特徴がある。過去、パンジャチョンが蔓延していた時期には、ほとんどがパンジャチョンに含まれていたが、パンジャチョンが解体された後、単身、家族、若者、高齢者がそれぞれにあった便利な場所で生活をすることとなった。一種の貧しい人々の住居の分化と特性化とも考えられる。これを整理すると表4-1となる。

　土幕は、朝鮮時代の末期から日本の植民地解放前まで存在していたが、都市の下層民と離農貧民たちが主に家族単位で生活するところであった。パンジャチョンは、土幕の延長線上に始まったが、急激な離農人口の増加とともにソウルの最も重要な低価格住居としての役割を果たしてきた。ビニールハウス村は、パンジャチョンの解体過程において発生した新型不良住宅といえる。ただし、政府の厳しい取り締まりのため以前のように大規模に拡大することはできなかった。永久賃貸住宅は、主にパンジャチョンに居住していた貧困層たちのために代替住居地として造成され、現在においてもそのような性格は維持されている。チョッパンは、パンジャチョンと同じくらい長い歴史があり、主に都心や駅周辺に1人で住む貧困層たちが長期間居住しているところである。考試

表4-1　貧しい人々が住む住居の類型と特性

	形成背景	主な時期	主たる居住者	合法かどうか
土幕	離農および都心の最貧層の居住地	朝鮮後期から解放の時まで	家族単位の極貧層	違法だが黙認
パンジャチョン	急激な離農人口増加による緊急住居地	解放から2000年代まで	家族単位低所得層、単身借家人を含む	違法だが黙認陽性化と改良
永久賃貸住宅	パンジャチョンの解体後の代替住居地	1990年代から	家族単位貧困層、独居老人多数	公共賃貸住宅
考試院	パンジャチョンの解体後、駅周辺に単身中心の居住地	2000年代から	単身青年、日雇い労働者	違法、脱法だったが法的に管理
チョッパン	駅前などに古くから形成	解放後	都心生活型単身貧困層	違法、脱法だが現実認定
ビニールハウス村	パンジャチョンの解体後、代替用として不法造成	1980年代後半から	家族単位貧困層、最近単身拡大	違法だが強制撤去は自制
屋上部屋	大学街などに立地	1980年代から	単身青年	違法なため過料賦課
（半）地下住居	パンジャチョンの解体後、代表的な安価な住居空間	1980年代から	家族単位庶民層	合法や一部脱法

院は、2000年代より本格的に登場し、現在は大都市の単身生活者たちが最も簡単に選択する住居空間となった。屋上部屋は、一般の住宅の屋上に違法・脱法で作った部屋を意味するが、主に大学生の若者たちが居住している。地下住居は、多世帯・多家口住宅[★2]の半地下を住居として使用し庶民の重要な住居地となった（図4-1）。

　政府はこれらの住居類型のうち法的に住宅として認められないところに居住している場合を「非住宅居住」と呼んでいる。もちろんオフィステル[★3]もそのような類型に含まれるが、低所得者層のための場所とは言い難いため、一

142　　第2部　家、貧困、そして開発

般的には除外される。2018年に発表された国土交通部の調査によると、考試院、チョッパン、ビニールハウスなど非住宅に居住しているのは、首都圏の19万世帯、地方18万世帯の計37万世帯と推定され、そのうち考試院居住者が15万2,000人（41.0％）と最も多かった。これら非住宅居住世帯のほとんどは1人世帯（71.9％）で、60歳以上（28.4％）、30歳未満（23.9％）と比率が高い。さらに、所得下位20％である1分位世帯が12万3,000世帯（40.7％）であることから、非住宅居住者の主流は、概して低所得者の高齢1人世帯と若者1人世帯で構成されていることがわかる。居住期間は1年未満の比率が27.1％であり最も高く、20年以上の比率は10.7％と低い数字ではない。平均ウォルセ（月家賃）は32万8,000ウォンと考試院（33万4,000ウォン）の家賃負担が最も大きく、ビニールハウス（22万2,000ウォン）の家賃が最も安価であった[2]。

　これらの流れと相互関係は図4-1を見るとわかる。大きく貧困層の家族の住居、単身者用住居、都市型不安定生活者たちの住居に分けることができる。家族中心の住居は、土幕、パンジャチョン、ビニールハウス、永久賃貸住宅、地下住居などであり、単身者用住居は考試院、屋上部屋が代表的である。チョッパンは、歴史的に都心型不安定生活者たちの生活の場であった。パンジャチョンはこれらの各要素をすべて含む最大規模の住居地であった。

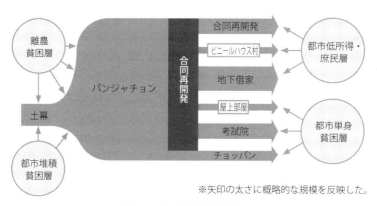

※矢印の太さに概略的な規模を反映した。

図4-1　貧しい家の系統図

貧困の象徴、永久賃貸住宅

　歴史的に永久賃貸住宅25万戸は、パンジャチョン撤去による代替住宅として始まった。パンジャチョンは、合同再開発事業により急速に姿を消し、1988年より住宅の価格、チョンセ（傳貰）・ウォルセ（月貰）の価格が暴騰すると、盧泰愚政府は、民心離反に耐えることができなかった。ほとんどのパンジャチョンに居住していた生活保護受給者たちでさえ安い家を失い住居費の負担に苦しんだ時であった。よって政府は、パンジャチョンに代用できる公共賃貸住宅を供給することを決め、特に生活保護受給者のうち、生計費を支援している居宅保護受給世帯数に合わせ、25万戸を目標に掲げた。そのうち、ソウル市に約5万戸を供給するとした。

　しかし、永久賃貸住宅は二つの点においてパンジャチョンとは状況がまったく異なっていた。一つ目は、立地である。パンジャチョンはソウル全域に分散されていた一方、永久賃貸住宅はいくつかの地域に集中していた。既に既存の市街地では大規模な住宅供給が難しい状況であったため、当時、郊外であったカンソ区、ノウォン区、カンナム区、スソ開発地区などに集中的に供給するほかなかった（図4-2）。パンジャチョンがソウル全域に散在していたとしたら、

1989年11月に開かれたソウル市チュンゲ洞永久賃貸住宅入居説明会。チュンゲ宅地永久賃貸住宅には、生活保護受給者など総640世帯が入居した。

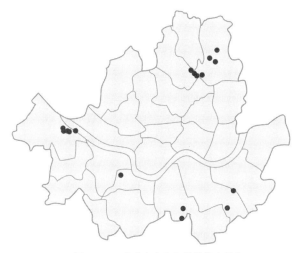

図 4-2　ソウル市内永久賃貸住宅分布

永久賃貸住宅は狭いところに高層マンションの形態で密集することとなった。これは、当然既存の住居地との断絶を招いた。戸建て住宅地はもちろん、近郊の分譲マンション団地とも明確な違いを見せた。マンションの塗色から住居環境まで違いがあった。ほとんどが廊下式小型マンションであったため、遠くからも下層民マンションということがわかるほどであった。

　このように永久賃貸住宅は、何ヶ所かに集中して建てられ、ソウルの自治区別生活保護受給者（現在は基礎生活保障受給者）比率に急激な変化があった。例えば、富裕層地域といわれていたカンナム区の生活保護受給者の比重が25区の自治区のうち3番目に多くなったのである。その結果、ソウル市の一部の区は生活保護受給者の集中にともない、福祉に関する費用の支出が増加し、財政運営が難しくなる状況が発生した。

　二つ目に、永久賃貸住宅の貧困の集積度がパンジャチョンより高くなった。パンジャチョンにも貧困層たちが集中して居住していたが、そこでは家主から間借り人まで、建設業の親方から日雇い労働者まで多様性がある居住空間であった。

　一方、永久賃貸住宅は、稼働能力がなく、また貧しい人から優先的に入居した。それにともない、永久賃貸住宅は、パンジャチョンとは生活の文化や条

件、多様性と活力の次元において大きな違いがあった。永久賃貸住宅は、全体の入居者の3分の2が生活保護受給者、または入居直前まで保護を受けていた世帯であったが、パンジャチョンは、住民の10%程度が生活保護受給者であり、居宅保護対象者はその半分程度であった。また、子どもがいる世帯もパンジャチョンに比べるとはるかに少なかった。表4-2からは、永久賃貸住宅の入居資格をほかの賃貸住宅の類型と比較すると、所得基準がはるかに低いことがわかる。現在、永久賃貸住宅の入居者のうち基礎生活保障の受給者（脱北者など含む）は、68.2%であり、6.0%は過去に受給していた人たちである。つまり、住民の74.2%が政府の支援を受けているか、受けていた人たちで構成されている団地ということである。もちろん、ソウル市は、ほかの地域に比べると

表4-2　公共賃貸住宅入居資格と賃貸料水準の比較

区分	入居資格	優先供給	専用面積分布（%）			賃料水準
			〜40m²	40〜60m²	60m²〜	
永久賃貸住宅	基礎生活保障受給者 一定所得以下の障がい者、高齢者扶養世帯、支援対象のひとり親世帯、前年度の都市労働者世帯月平均所得50%以下など	一定所得以下の国家有功者、報勲補償対象者など、子どものいる新婚夫婦、帰還国軍捕虜	96.2	3.3	0.5	相場の10%
国民賃貸住宅	前年度の都市労働者世帯月平均所得70%以下	障がい者、高齢者扶養家庭、ひとり親家庭・65歳以上高齢者・多子世帯（未成年の子どもが2人以上）都市労働者世帯月平均所得50%以下など	42.9	57.0	0.1	相場の60%〜80%
幸福住宅	前年度の都市労働者世帯月平均所得100%以下の大学生、就職準備生、若者、新婚夫婦、ひとり親家庭、高齢者、産業団地労働者 住居給与（住宅扶助）受給者など		91.8	8.2		相場の80%以下
長期チョンセ	前年度の都市労働者世帯月平均所得100%以下（専用面積60m²超過は120%以下適用）	多子女世帯、撤去民、国家有功者など	1.3	63.5	35.1	相場の80%以下

資料：イソンファ（2015）54、57頁から再構成

比重が小さく約60％がそうした人々であり、一般の低所得世帯等は、40％程度である（2020年基準）。

　このように貧困世帯が多く永久賃貸住宅に集まることにより、多様な問題が発生してきた。何よりも心理的・精神的な問題を抱えている人が周辺に被害を与えることが多い。少数のアルコール依存症の入居者たちが大きな声を出して歌ったり、騒音、路上放尿などの問題を起こすが、管理することは簡単ではない。また、貧困だけではなく病気も抱えている永久賃貸住宅の住民たちのうつ病や自殺も問題となっている。

　そうしたことから、子どもを育てている家庭にとって永久賃貸住宅は適していない住居地である。子どもたちを育てるには、家がとても狭い。住居費が安いため耐えて住むが、可能な限り早く出ていく機会をうかがうことになる。2005年の調査では、住民の4分の1程度（23.6％）は、転居を希望していて、夫婦と子どもで構成されている世帯の場合は、その比率が37.1％と高かった[3]。その結果、児童がいる世帯の大多数は、永久賃貸住宅団地からほかのところに転居し、さらに貧困高齢者の密集が深刻になってきたのである。

　政府も永久賃貸住宅団地のこのような問題をよく理解している。政府は、永久賃貸住宅をパンジャチョンの代替となる空間として考えていたが、永久賃貸住宅は、パンジャチョンの生態的な多様性とは距離がある人口構成と住宅形態により社会的に断絶した住居地となっている。これを受けて、政府は1993年、これ以上の永久賃貸住宅を作らないとし、当初の目標であった25万戸から19万戸だけを建設し中断した。それ以後、2008年に低価格な公共賃貸住宅が必要である、と世論に提起されたが、数量を分散し供給している。さらに、既存の永久賃貸住宅の住居環境改善や社会統合の方案が重要な政策関心となった。既に決定されてはいるが、今後とも公共賃貸住宅の類型を統合し、入居階層を区別せずに居住する方向で政策が変われば、入居者の多様性や社会統合にも役に立つだろう。

既成市街地の廉価な住まい：（半）地下住居、屋上部屋

　韓国の（半）地下住居は、既に全世界に知られている。映画「パラサイト」のおかげである。主人公のギテク一家が住んでいる家が、半地下の部屋であっ

た。読者たちも映画の多くの場面を覚えていることだろう。じめじめとして臭いがする空間、道で行われている害虫駆除の消毒剤の煙が部屋に入り、泥酔した通行人が部屋の窓に放尿することもあるあの住居である。また、この家族たちには、「半地下の臭い」が染み付いていた。さらに、2022年夏には、全国民が半地下の問題を知り、ショックを受けることが起きた。それは、突然の暴雨によりある家族が住んでいた半地下住居が浸水し、一家全員が亡くなるという惨たらしい事故である。

半地下住居は庶民たちにとって見慣れた住居空間である。特に、半地下住居を最初の家に選ぶ新婚世帯は多い。半地下が、本格的に住宅市場に登場したのは、1980年代後半からである。当時、ソウル市のチョンセ・ウォルセが本格的に上がり、パンジャチョンが合同再開発事業によりむやみに解体されはじめた時であった。急激な住宅価格の高騰とチョンセ・ウォルセの不安に対応するため、政府は新都市などにマンションの供給を増やすことで、多世帯・多家口住宅の供給の速度に火が付いた。それは、数か月のうちに既存の戸建て住宅を取り壊し3〜4階の住宅を新しく建てることができるためである。その多世帯・多家口住宅の下の階には、例外なく半地下の部屋が作られた。

半地下の起源は、緊張状態にあった南北関係のための防空壕としての役割であった。1970年、改正された建築法第22条の3に、「建築主は、大統領令により、決められた用途および規模の建築物を建築しようとする時には、地下層を設置しなければならない」という規定を新設した。これは、有事の時に、地下層を避難場所として活用するためであった。連立住宅やマンションの地下にある倉庫やボイラー室が、いざというときに避難場所となるのである。このような所に、1980年代より徐々に部屋が作られ始めたのであるが、1984年12月には、建築法の改定により地下層の法的要件が緩和された。それまでは、地下層は一つの階の3分の2以上が地表面の下に埋もれていなければならなかったが、規定緩和により、2分の1以上だけ埋もれていたら地下層とみなされることになった。地下層に「窓」も合法的に作れるようになった。また、地下層については、容積率算定や階数計算から外した。つまり、部屋をもっと増やすことができるよう奨励したのである。これは、当時急速に増加していた多世帯・多家口住宅の必須空間となった。3〜4階建て住宅に20％以上の部屋を増設さ

148　　第2部　家、貧困、そして開発

せることができるようになったのである。よって、半地下住居は1990年の韓国の代庶民の住宅問題を解決するにあたって大きな役割を果たしたのである。

しかし、周知のとおり半地下住居に居住することは不便で危険なことである。「パラサイト」のギテク一家の家がそのすべてを見せてくれている。半地下住居は平均して深さが地下1.44mで1m程度の高さにある窓を除きそのほかの空間は土の中である。そのため、半地下住居には、結露が頻繁に発生し、特に床下と窓側の壁の角に湿気による汚れとカビが発生する。そのため、半地下に居住している家庭は健康問題を抱えることになる。換気、採光、湿気、害虫、時には浸水の被害まで被るのである。それでも半地下は庶民たちの生活の場である。半地下に住む家庭の平均居住期間は、約5.4年に達し、そのなかでも20.5%は、10年以上住んでいる。住民の15.1%が基礎生活保障受給者であり、全体平均の4倍にもなる[4]。

しかし、2000年代に入り、半地下を奨励していた雰囲気は終わりを迎える。2001年、ソウル市の低地で大きな浸水被害が起こり、ほとんどの半地下住居の下水道が逆流するという事態が発生した。これにより、ソウル市は浸水被害を受けた多世帯・多家口住宅を購入し賃貸住宅として活用（購入賃貸住宅）する一方、新築の場合、建築基準を厳格化し始めたのである。特に、路上駐車の問題が深刻化し、多世帯・多家口住宅の駐車場基準を強化し半地下建築の効用は幕を閉じることになった。つまり、半地下を作ることよりも駐車空間がさらに重要になった、ということである。そのため、最近韓国では、新築多世帯・多家口住宅は、すべて1階にピロティ構造で駐車空間を設置している。これとともに、半地下の劣悪な住居環境により半地下を求める人々も減っていった。代わりに最近の脱法的な住居は、多世帯・多家口住宅の一つの家をワンルームに区切る方法が増加している。地上の部屋を区切るこの方法は、もちろん違法である。しかし、過去に建てられた半地下がとても多いため、半地下住居は今も最も重要な庶民用住居空間の役割を担っている。2022年夏、浸水被害の事故もそのような住宅のうちの一つで起こった。

屋上部屋は、住宅の屋上に違法あるいは脱法的に作られた住居用の部屋のことである。1980年代よりスラブ形態の屋上に部屋を作ることが増加した。そして、1995年、建築面積算定に単独および多世帯住宅の1m未満の屋外階段

第4章　家と貧しさ　　149

を除外し、屋上部屋の独立性を強化した。もちろん、屋上の面積の8分の1以内だけ、階段室や水タンク室などの空間を作ることができるため、その部分をすべて住居用として転用したとしても、半地下より住宅供給効果は大きくない。しかし、大学周辺や交通が便利な庶民の住居地域に屋上部屋が相当数作られ始めた。ソウル市冠岳区奉天洞丘陵地一帯の多世帯・多家口住宅が密集している地域を調査した結果、全体調査の対象583ヶ所の19.5％に屋上部屋114個が存在していることが確認できた[5]。

　半地下は基本的に家族単位で居住していた一方、屋上部屋の居住者たちは、大学生と就活生、未婚の社会人など1人で住む場合が多い。比較的交通の便もよく、賃貸料が安く、相対的にプライバシーが守られるという長所がある。しかし、屋上部屋は暑さと寒さに脆弱である。もちろん、最近はエアコンの利用が多くなりよくはなっているが、それでも危機的な状況にさらされる。また、屋上部屋は、周辺住民の日射権および私生活を侵害する問題がある。屋上部屋に間借り人が常時在宅していると、高層からの視線を理由に近隣住民がプライバシー侵害を訴え始めた。それにより、水タンク室を改造した屋上部屋の増設を阻むため、2004年ソウル市では都市景観のため「建築物の屋上設計基準案」をつくり、屋上部屋を排除しようとしたが、屋上部屋はそれ以降も引き続き作られている[6]。

　屋上部屋に住む当事者はプライバシー侵害が少ないため一定程度ロマン化されている傾向もあるようだ。貧しくはあるが、空と星を見ることができ、夢、愛を育てられるというようなものである。映画やTVで紹介される屋上部屋はとてもロマンチックである。「私の心の屋上部屋」「屋上部屋の猫[★4]」「屋上部屋のプリンス[★5]」のようなドラマや有名芸能人たちの無名時代の屋上部屋での生活の紹介をとおして、そのようなイメージが作られてきた。しかし、屋上部屋のほとんどは、違法・脱法で作られ、さらに、最低居住水準をクリアできていない劣悪で安い住居であるだけである。どれほど劣悪であれば「ジ・オク・コ（地屋考）」、つまり地下住居、屋上部屋、考試院が若者の劣悪な住居を象徴する単語になるのだろうか。

　半地下と屋上部屋の居住比率は全国的に2005年全体世帯の4.0％から2020年1.9％に下がった。60万世帯以上から40万世帯前後に下がったのである。

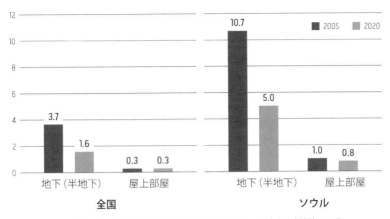

図 4-3　半地下および屋上部屋居住世帯の変化（単位：％）
資料：統計庁、国土交通部

また、ソウル市も全国よりはるかに多い方であるが、11.7％から5.8％に減少した（図4-3）。しかしながらいまだにソウル市では、約20万世帯が半地下で、約3万世帯が屋上で生活をしている。

単身生活者たちの生活の場、考試院（コシウォン）

「考試院」は、上品な名前である。考試[★6]の勉強をする空間という意味であるが、これを東洋圏の国家で、この漢字そのままを紹介すると人々は困惑する。このような上品な名前ではあるが、実際は一種のチョッパンのような所である。それは、寝食をしながら考試や公務員試験の準備をするシンリン洞、ノリャンジン一帯の「個室型読書室」が、都市内の生活施設に拡散されながらついた名前だと推測できる。1970〜1980年代、試験準備をする空間が、単身生活者たちの住居空間として定着してきたのである。2020年現在、ソウル市内だけで5,807ヶ所の考試院があり、考試院1軒あたりにつき37.7個の部屋がある。営業している考試院の個室数を計算し推測すると、ソウル市内だけで約15万5,000人程度が考試院で暮らしていることになる。ソウル市の人口が1,000万人とすると、約1.5％が考試院で生活をしていることになる。全国的に1万1,734軒の考試院があるが、そのうち50％がソウルに位置し、首都圏まで

第4章　家と貧しさ　　151

含めると80％が集まっているのである。さらに、考試院は、慣例としてご飯とキムチを無料で提供している。ほかのおかずは、各自が準備し共用冷蔵庫に保管するため、少なからず食事は解決できる。月20～40万ウォンで最小の寝食を解決できる空間ということである。つまり、考試院は、ソウル、首都圏では単身生活者たちが最も低価格でまた入りやすい短期で生活できる便利な住居空間のうちの一つである。

　しかし、考試院が私たちに見せる姿のうちの一つは、惨たらしい火事の事故である。2018年11月、チョンノ区カンス洞のクギル考試院での火事により7人が亡くなり、11人がけがを負った。築35年になる建物であり、2階に24個の部屋、3階に29個の部屋があり、階段側にあった301号室から火が出たのである。部屋の家賃料がほかの部屋に比べて4万ウォン高い、窓がある部屋（32万ウォン）に住んでいた人は脱出することができたが、廊下側に住んでいた人々は脱出できず多くの人が犠牲となった。この考試院は、スプリンクラーの設置が義務づけられる前の2007年に営業を開始したため、スプリンクラーがなく被害がより大きなものになったのである。このような大きな事故は、2006年ソンパ区ナウ考試テル[7]（8名死亡）、2008年ヨンイン市タワー考試テル（7名死亡）など、今も私たちの記憶に残っている。

　事故が起こる度に、考試院における火事に関する設備の設置基準が議論されてきた。しかし、考試院は、ソウルだけでも15万人以上の単身生活者たちへ安く寝る場所を提供する空間であるため、考試院を禁止するわけにもいかない。政府は、2009年7月、考試院を多重利用施設の一つに規定し、考試院が初めて制度の領域に入ることになった。同年、建築法の施行令を改定し、第2種近隣生活施設の類型として含まれることとなった。それ以降、これを強化し500平方メートル未満までを比較的規制の少ない近隣生活施設として、それ以上を超える規模は、宿泊施設として規定された。

　現在、考試院の公式名称は「多重生活施設」であるが、新規登録の場合は、各部屋に浴槽と炊事設備の設置を禁止し、強化された避難・防火および遮音基準と法的予防基準を適用している。問題は、既存の考試院である。なぜなら、スプリンクラーの設置に例外を設けたり、猶予期間が長いためである。2018年のチョンノ区クギル考試院での火災発生以降、制度が強化され、すべての考

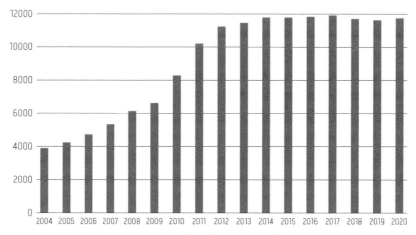

図 4-4　考試院推移（全国）（単位：ヶ所）
資料：消防防災庁白書

試院は 2022 年 6 月末までの間にスプリンクラーを設置するようになった。そのため 2020 年現在、スプリンクラーが設置されている考試院の比率は 86.0％に達した。しかし、まだ 15％程度は警報機しか設置されていない状況である。

相次ぐ事故を受けて、ソウル市は、考試院の全数調査および入居者に関する標本調査を実施し[7]、その結果を京郷新聞が詳細に報道した。それを抜粋する形で紹介してみる[8]。

全考試院のうち 90％は、地下鉄の駅から直線距離 1 キロメートル以内の駅近くであった。区ごとの分布は、カナク区が 938 個と最も多く、ドンジャク区（507 個）、ソンブク区（293 個）、ソデムン区（251 個）の順で主に 1 人世帯が多く住んでいる地域である。これは、考試院の主な利用者たちが日雇い労働者、就活生、学生であるという状況と深く関連している。

全考試院の部屋のうち、窓がない部屋の比率は 38.6％である。専用面積 7 平方メートル未満の部屋は 57.7％と半数以上である。月額 30 万ウォン未満の低価格考試院の比率も 42.7％であった。共用ではなく部屋ごとにトイレがあるところが 40.7％であり、共用でトイレを利用するところは 44.4％、共用と個人のトイレが両方あるところは 14.9％であった。また、共用浴室を使用する比率は 41.9％と高かった。平均共用シャワーの個数は 4.1 個であり、使用人員はシャ

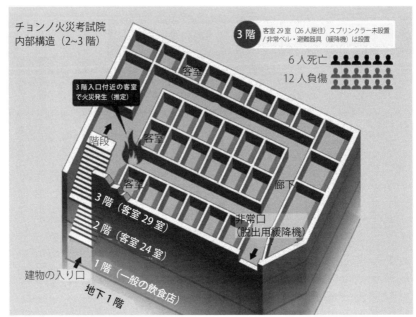

資料：チョンノ消防署資料を《連合ニュース》(2018.11.9) が図に変換

図 4-5　火災事故が発生したクギル考試院の構造

ワー1個につき 8.7 人であった。90.2%の考試院は、共用キッチンなどでご飯、キムチ、ラーメンなどの食事を無償で提供していた。共用冷蔵庫の数は平均 1.7 個であり、冷蔵庫1個あたり使用人員は 18.0 人であった。洗濯機も同様に共用の比率が 86.5%と高かった。平均共用洗濯機の数は 2.6 台であり、使用人員は1台当たり 15.1 人であった。

考試院の事業主の大多数は間借り人であった。考試院の平均賃料の収入は月 428 万ウォンで、公共料金と管理費は 208 万ウォンであった。計算上は、あまり割に合わない賃貸事業といえる。さらに、相当数の事業主たちは、週 52 時間制導入と最低賃金の引き上げ以降、「総務」と呼ばれる考試院の管理者を置かず、1人で運営していることがわかった。そうした点において、大多数の考試院の運営者は、やはり生計型自営業者水準ということがわかる。

考試院の居住者たちは、男性が 76.6%で、年齢別では 30 歳未満が 29.8%と最も多かった。しかし、50 代と 60 代以上の比率はそれぞれ 19.6%、19.8%で

合わせると39.4％と高く、中高齢層も多く利用している点が確認できた。これらの人々の勤務形態は、無給家族従事者・無職（44.7％）が最も多かった。続いて、臨時・日雇い労働者（34.1％）、常用労働者（16.8％）、自営業者（3.2％）の順であった。月平均の所得は、100万ウォン未満が37.2％と最も多かった。次に、100万〜200万ウォン（36.6％）、200〜300万ウォン（18.1％）、300万ウォン以上（5.7％）の順であった。所得が低いほど、考試院で生活する時間が長くなり、外食より考試院で提供される食事を主に食べている。

　居住者のうち国民基礎生活保障受給世帯の比率は、20.5％であった。受給の種類は、住居給与（住宅扶助）が19.0％と最も多く、その次が生計給与（生活扶助）（16.9％）、医療給与（医療扶助）（15.9％）の順であった。非受給世帯のほとんどは受給申請をした経験がなく、理由としては「受給資格がなさそうだから」、「手続きの方法を知らないから」などが挙げられた。考試院に住む主な理由は、「賃料が安いから」が46.6％と最も多かった。「職場と近いから」と回答した人たちは23.7％であった。ワンルームは、家賃以外にも公共料金と管理費などを追加で支払わなければならないが、考試院はこれらの費用がないから、ということもメリットとして挙げられていた。

　考試院に住むことが健康を脅かす要素があると回答した比率は60.1％であった。具体的には、狭小空間（32.8％）、騒音（19.8％）、採光の不足（18.5％）、換気の不足（17.8％）、孤立感と憂鬱感（17.3％）が健康を脅かす要因として挙げられた。居住者たちの関係は、「挨拶をする程度」と回答した人々が約半数（49.5％）であった。また、「最大限ほかの居住者と出会わないように努力している」（33.4％）の比率が高かった。

　この調査結果をみると、考試院は主に単身男性たちが交通の便がよく、安い費用で居住する場所である。収入は少ないが、若者たちが生活の基盤を築くまで有用な住まいである。さらに、若者だけが一時的に居住するところではなく、中高齢の日雇い労働者も多く住むところであることがわかる。外国人労働者も同様である。単身世帯の高い移動性、不安定雇用の状況が住居に影響を与えている現象だといえる。

第4章　家と貧しさ　　155

路上生活とチョッパンとのあいだ

　チョッパンの歴史は、過去のパンジャチョンの歴史と同じくらい長い。ソウル駅、ヨンドゥンポ駅、チョンニャンリ駅など、ソウルの入りこんだ関門周辺に昔からあったヨインスク（安宿）や売春街が1日ずつお金を払って泊まる安い宿泊所になりながら形成されてきたのである。現在はチョッパンという名前が政府の公式用語にまで使われているが、この場所はアジア通貨危機の前までは、それほど注目を集める場所ではなかった。1998年初めから路上生活者が急増し、これらの人々が路上生活とチョッパン生活を往復しているということが確認され、チョッパンの存在意味が理解されるようになった。主に都市の最下層民たちが長い間生活してきた場所として、野宿と宿泊施設の境界にいる人々の最後の生活の場であったのである。よって、野宿者対策を立てるためにもチョッパン対策が必要であるという認識になった。チョッパンの居住者のほとんどが単身男性であるという点においては、チョッパンと考試院は似ているが、チョッパンは一種の駅前生活と文化、長い間蓄積した貧しさを持っている点において考試院とは異なる。またさすらい型生活も深く関連している。実際、チョッパンの住民のなかには、野宿生活の経験がある比率が42.9％であり、路上生活者シェルターや浮浪人施設などの保護施設での居住経験も22.8％である。年齢構成や家族関係の断絶なども路上生活者と類似している[9]。

　チョッパンについては、ソウル市が毎年調査を実施していて（ソウル市（2018）『ソウル市チョッパン密集地域の建物実態及び居住民実態調査』）、韓国日報がこの資料を参照し特集記事を連載したこともある。その月の記事賞まで受賞したこのシリーズの題名は、「都市における貧しい人々の最後の住居地：地獄の下のチョッパン」（《韓国日報》2019.5.7. 〜 2019.5.9.）である。それほど最も劣悪な非住宅住居がチョッパンであるという説明である。ソウル市の報告書と韓国日報のシリーズの主な内容を中心にチョッパンの実情を見てみよう。

　ソウル市のチョッパン居住者数は、2018年末現在、3,183人である（表4-3）。徐々に居住者数は減少傾向にあるが、3,500人前後を維持している。部屋数は、それより多く4,000個前後だと把握されている。これらの数値は、20余年前の状況と比べて大きく変化していない。それほどチョッパンに最下層の人々が停滞しているということができる。2018年の調査によると、チョッパ

156　　第2部　家、貧困、そして開発

表 4-3　ソウルの地域別のチョッパン居住者

	居住者数（カッコは %）			基礎生活保障 受給者の割合 (%)	65 歳以上の独 居老人の割合 (%)	障がい者の 割合（%）
	計	男	女			
計	3,183 (100.0)	2.752 (86.5)	431 (13.5)	52.6	32.7	9.9
ドニ洞	570	537	33	49.6	34.2	9.6
チャンシン洞	328	275	53	42.7	37.8	11.0
ナンデムン	717	639	78	45.0	26.1	4.7
ドンジャ洞	1,054	922	132	52.9	31.4	13.0
ヨンドゥンポ駅	514	379	135	72.0	39.7	10.3

資料：ソウル市（2018）

ン住民たちの居住期間は平均 11.7 年であり、5 年未満は 28.8%、5 〜 15 年は 39.8%、15 年以上は 28.3% である。平均居住期間は年ごとに少しずつ長くなる傾向があるが、15 年以上の居住者の場合、2016 年の 24.2% から 2018 年には 28.3% に増加した。

　チョッパンの賃料は、月額平均 22 万 8,188 ウォン、1 日につき 7,000 ウォンから 1 万ウォン程度である。個人用宿泊施設としては、ソウル市では最も安いところである。平均賃料は 18 万 2,550 ウォンと、ソウル市の全マンションの平均 1 坪当たりの家賃 3 万 9,4000 ウォンの 4 倍を超えている。面積あたりの賃貸料は、とても高いということである。韓国日報の調査によると、チョッパンの家主たちの 70% 程度はチョッパン以外のほかの場所に住みながら、現地に管理人を置き経営している。

　チョッパン住民たちの主な所得源は、公的扶助が 56.6% と最も高く、勤労活動は 31.5% にとどまっている。基礎生活保障受給者と次上位階層など公的扶助を受ける受給者は全チョッパン住民の 67.1%（回答者 2,144 人のうち 1,440 人）に達する。それほど 20 万ウォン程度の住居給付を受ける人々が多い。そのため、実際は住居給付がすべてチョッパンの家主たちの収入になるという話もある。

　結局、チョッパンは私たちが最近会うことができる都市貧困の袋小路のようなところである。都市貧困層が天井と壁があるところで寝ることができる最後

第 4 章　家と貧しさ　　157

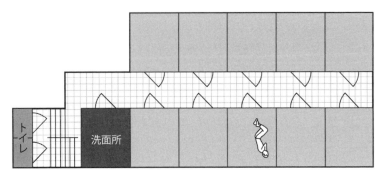

図 4-6　ドンジャ洞チョッパン平面図

の場所という表現をすることもできる。その長い間の生活の軌跡がなんであれ、チョッパンは貧しい人々の最後の住まいである。そのため政府でもチョッパン相談所を設置して福祉支援や生計支援を提供し、多様な団体が炊き出しを含む支援活動を行っている。しかし、チョッパンの居住者数は、大きな変化がなく継続しているところである。都市貧困の蓄積が止まっていないためである。

　すべての類型の非住宅居住者が不便で大変な生活を強いられているが、チョッパンは特に暑さが深刻である。ぎっしりとつまった部屋は正常に換気ができるわけもなく、扇風機すら設置されていないのが実情である。そのため、各地域のチョッパン相談所は、暑さを凌ぐ「避暑シェルター」まで運営をしているが、最近ではコロナ禍のため、それさえも利用することが簡単ではなくなった。そして、チョッパンも火災事故が頻発するところである。考試院と異なり火を使い室内で炊事を行うため大小を問わず火災が起こっている。2018年ドニ洞チョッパン火災、チョンノ 5 街ヨインスク火災、2019 年チョンジュヨインスク火災などにおいて、古紙回収により生計を立てていた高齢者たちが亡くなった。

　都心の要地に長い間、劣悪な住居用建物が放置されているため、当然、再開発の圧力が大きい。ヨンドゥンポ駅チョッパンは、既に公共再開発の方式で既存のチョッパンに住んでいたすべてのチョッパン住民たちを安い賃貸住宅へ収容（永久賃貸住宅 370 戸）し、1,190 戸の新規住宅を供給する開発に着手した。

またソウル駅前の代表的なチョッパン密集地域ドンジャ洞にも、再開発の風が吹いている。政府は、公共再開発の方式により、公共賃貸住宅1,250戸を含む2,410戸の住宅を供給しようと計画を推進中である。しかし、民間の地主たちは、民間で直接開発を行うと主張し、いまだに議論が続いている。このように物理的には、チョッパンの相当数が開発の圧力にさらされている。いつかくる変化は避けることはできないだろう。この過程において、既存のチョッパン住民たちを包摂することができるが、いずれにしても既存のチョッパン自体が減っていくのは致し方ないことである。

　チョッパンがなくなれば、新しく流入する貧困層はどこに住むようになるのだろうか。貧しい人々の住居地は姿や場所は変わるだろうが、結局どこかにまた作られるのである。貧困が残っている以上、貧しい人が集まる住まいはなくならないからである。

注

1　カン・ミナ、ウ・ミナ（2018）「賃貸料負担過多世帯の住居特性と政策的支援方案」〈国土政策Brief〉。

2　国土交通部（2018）「住宅以外の住まい居住実態調査」。

3　建設交通部（2005）『永久賃貸住宅住居実態調査』。

4　国土交通部（2020）「住居実態調査」。

5　キム・ソンテ、クオン・ヨンサン（2020）「都市困住居地としての多世帯・多世帯住宅の屋上部屋の形成と変化：冠岳区奉天洞一帯の青年世帯事例を中心に」〈韓国都市施設計画会誌〉21（2）、25~40頁。

6　同上。

7　ソウル市（2020）「ソウル市考試院報告書：住居状態及び居住世帯実態調査」。

8　〈2020考試院探査機〉、〈京郷新聞〉2020.10.7.。

9　大韓住宅公社（2005）『チョッパン住民の住居実態及び住居安定対策に関する研究』。

訳注

★1　永久賃貸住宅は、1989年に盧泰愚政権による「住宅200万戸建設計画」の一環として供給された。当初、生活保護者や医療扶助者、また国家有功者やその遺族を対象者として1991年に入居が始まった。居住弱者をはじめとする生活困窮層の居住安定のため、50年以上、または永久的な賃貸を目的に供給する公共賃貸住宅である（全泓奎（2023）「韓国の居住困窮層と居住支援」『社会保障研究』8（2）、175～190頁、国立社会保障・人口問題研究所）。

★2 既成市街地に立地する中小規模の集合住宅である。多世帯住宅は複数の入居世帯が各々家主であるが、多家口住宅は入居世帯はすべてテナントである。

★3 オフィステル（officetel）は、建築法上業務を主とするが宿食も可能とする建築物である。しかし実際は居住用のワンルームが主流である。

★4 日本で放映されたドラマの名称は「屋根部屋のネコ」となっている。

★5 日本で放映されたドラマの名称は「屋根部屋のプリンス」となっている。

★6 考試とは、司法試験や高級国家公務員への登竜門となる試験を意味する。司法考試、行政考試、外務考試の三種類がある。

★7 「考試テル」は「考試院」に比べるとやや居住水準と利用料が高いため、会社員などが利用することが多い。

第5章　パンジャチョンと合同再開発

パンジャチョンを中産層用のマンション団地へ

合同再開発事業の誕生

　韓国では、「再開発」「再建築」のような不動産や都市政策の専門用語が日常用語として使われている。再開発は、老朽・不良の低層住居地を撤去しマンションを建てる事業、再建築は古いマンションを建て替える事業である。この程度の知識は、既に常識となっている。特に、再開発、再建築は、ソウル市の有力なマンションの供給手段であるため、民間に対する規制をなくし、供給を促進するという主張に多くの人々が同調してきた。しかし、再開発事業は、「（整備）の基盤施設が劣悪で老朽・不良建築物が密集している地域にて住居環境を改善する事業」（都市および住居環境整備法第2条）である。不良住宅が密集しながら、道路、駐車場、緑地など基盤施設が劣悪なところを大規模に改善する事業である。これほど様々な所有者たちが関係し、基盤施設の整備のため公的な役割も必要になるため、再開発事業は基本的に「公共事業」である。どこを再開発するのか、という区域指定から事業施行計画、管理処分計画などすべて公共のコントロールのもと行われるのである。パンジャチョンのように不良な住宅が密集しているところは、当然公共の許認可や承認を得て進めるしかない。つまり、政府がパンジャチョンをどのようにするのかという計画と政策の下、再開発事業は進むのである。

　1970年代までソウル市は都市再開発を進める状況ではなかった。新しく開発するところを増やしていたため、古びた家を再開発する理由がなかった。不良住宅が集まっているパンジャチョンも手をつけると良かったが、そういった状況ではなかった。1960年代末、市民マンション建設も不良な住宅を取り壊してマンションを建設したことは、一種の再開発事業と呼べるが、都市政策史

では「パンジャチョン対策の住宅建設」とみなされていた。代わりに、ソウル市は1970年代初めよりパンジャチョンについていつか集団的に整備するという趣旨をもち、一括して再開発区域に指定していた。1973年まで145ヶ所のパンジャチョンを指定した。再開発区域として指定すれば、ソウル市は、新築や大規模修繕を禁止することができる。つまり、いつかパンジャチョン一帯を取り壊すという予定区域とすることができる。

　しかし、1980年代初めまでの約10年間の再開発事業の実績は微々たるものであった。現地改良方式の再開発が8区域で834世帯、住民自主撤去再開発が約12区域2,750世帯、そして海外資金の借入による一部改良再開発、委託方式による撤去再開発が15区域、2,677世帯を対象に施行された程度であった。すべてを合わせても5,000〜6,000世帯が対象であった。それさえも目に留まるような事業でもなかった。そして、再開発事業ではなかったが、災害の危険がある、高台のパンジャチョンの一部を撤去する程度の事業があった[1]。無許可住宅だけで15万棟以上あったため、全体的にみると一部だけ直し建てたという状況であった。

　1980年代に入ると、事情が変わってきた。絶対貧困から脱した状況において、少し良好な住宅に対する需要が急速に高まったからである。全斗煥政権は、住宅供給を最優先とし、非現実的ではあったが、1,000万戸の住宅を供給する目標を提示した。それでも現実的にソウル市内にマンションを建てられる空き地はほとんど残っていなかった。この時に目に入ったところが、パンジャチョンであった。1960〜1970年代初め、集団定着地として作られた時、パンジャチョンは荒地であったが、次第に地下鉄の路線が開通し、繁華街へと変わった所が多数あった。過去、果てしない大平原だったところが、良い立地となったのである。加えて、建設業界の立場では、新しい仕事が必要であった。1980年に勃発したイラン・イラク戦争により中東の建設景気が急落し、大量に撤退した状況であったため、国内の建設物量の拡大が必要であった。さらに良い名分までできたのである。1981年9月、ソウル市が1988年オリンピック開催地に確定すると、大々的に都市美化と整備を急ぐようになった。

　パンジャチョンを撤去し再開発しなければならない必要性と条件は整ったのである。しかし、どのような方式でするのだろうか。1970年まで進められた

自力再開発方式は、基本的に住民が新しいマンションを建てる費用をほぼすべて負担しなければならなかったため、なかなか進まなかった。一方、行政が直接主導する方式も難しいことは同じであった。1980年代はじめ、その時までまだ未開発地とパンジャチョンが入り混じっていたモク洞を、行政が直接開発しようとしたモク洞公営開発事業は多大な課題を残した。家屋の所有者と間借り人が立ち上がり批判を受けた政府は、直接事業を行うことについて再度考えるようになった（詳細は「第3章　事件」参照）。何らかの新しいアプローチが必要であったのである。

　それはつまり、街中の豊富な住宅購入欲求と建設業界の資本を活用する方法であった。すなわち、パンジャチョンの再開発を通してもともとの家屋の所有者数よりもさらに多いマンションを供給し、これを都市の中産階級に分譲した収益を活用し住民たちの負担を減らす方式であった。建設業界が事業費用を調達し建設および分譲まで責任を負うようにした。このような場合、行政は特別に介入することもなく、住民たちの負担も少なく家を修繕できるように見えた。以前の自力再開発方式と比較し住民の負担の低下は顕著であった。そのような点から、1983年、クロ1区域とチョンホ1区域の二つの地域で初めて施行された事業は大成功を収めた。

　8坪のバラック、それも自分の土地でもなく国公有地を占有した住宅を撤去し、マンションに変わったのだが、それはどのようにして所有者たちの費用負担もなく開発することが可能であったのだろうか。それは、その場所に建ったマンションを高い価格で買おうとする実需要者たちが多数存在し、また、もともとより多くの住宅建設を通して十分な開発利益が保証されていたからである。

合同再開発事業の構造

　合同再開事業の構造については、1987年のジャン・セフン（現　東亜大学社会学科教授）による修士論文（〈都市無許可定着地の撤去整備政策に関する研究〉、ソウル大学社会学科）が最も参考になると考える。もちろん、現在の観点では、用語や概念に馴染みのないものが多いかもしれない。当時は、韓国社会に対する変革への要求がどの時よりも高く、資本と国家の役割に関する

攻勢的意味の概念の使い方が流行していたためである。それでも、ジャン・セフンの論文は、合同再開発という、当時としては見慣れない現象が起こった社会的・経済的な要因を明らかにした。彼は、当時までのすべての資料を網羅してソウル市のパンジャチョンの生成と変容過程を探索し、合同再開発事業の構造と各アクターの役割を整理した。彼が整理した観点はそれ以後、また今でも合同再開発事業を理解する基本となっている。本書では、彼が1988年に新しく修正加筆した書籍（カン・セフン（1998）「都市化、国家、そして都市貧民」キム・ヒョングク、ハ・ソンギュ編『不良住宅再開発論』ナナム出版）を中心に紹介する。

　合同再開発事業は、住民（家屋の所有者）とディベロッパーが、それぞれ組合員と参加組合員になり、「合同」で再開発事業をするという意味に由来する名称である。しかし、形式は合同であったが実際の内容、つまりお金を出し処理を進め、余裕分の住宅を分譲し資金回収するというすべてのことは、ディベロッパーの仕事であった。ディベロッパーは、単純に工事だけを担う役割ではなく、最大限収益を上げ、住民の負担を下げ自身たちの利潤も多く受け取れるようにする実質的なアクターであった。当時、ソウル市の内部指針を見ても、合同再開発事業の形式的アクターは、地域住民たちが設立した組合であったが、実際の事業内容はすべてディベロッパーが行っていたことがわかる。

　　合同再開発事業細部施行指針（1984年1月）
　　1. 合同再開発は、地域住民たちが主体となり組合を結成し再開発を推進する。
　　2. 再開発組合は、再開発を施行するため参加する事業者（ディベロッパー）を選定する。
　　3. ディベロッパーは、移住補償金として世帯あたり500万ウォンを無利子で融資し、住民が移住したあと、既存の住宅を撤去する。この時、違法住宅は無補償で撤去し、合法な住宅は勘定価格に基づき補償したあと、撤去する。
　　4. ディベロッパーは撤去世帯数の1.5～2倍のマンションを建て、撤去住民に分譲したあと、残った世帯分を一般に分譲し投資費用を回

収する[2]。

　政府も傍観していたわけではない。パンジャチョンがあるところの国公有地を安く払下げ、私有地として転換させ、商業的再開発が可能になるよう基盤を提供した。特に、建蔽率と容積率を大幅に緩和して（一時は400％まで許容）既存のパンジャチョンにあった住宅数の2倍程度まで高層マンションとして建設できるようにした。開発利益自体が発生する条件を形成したのである。もちろん、その過程で税収増大やインフラ拡充といった効果も得られた。また、間借り人と組合（ディベロッパー）間の葛藤を仲裁したり、撤去を妨害する行為を取り締まったりして円滑な事業推進をサポートした。

　以上のような各アクターの投入と算出を図式化してみよう。家主たちは、政府により安く払下げを受けた土地を提供し、ソウル市は土地の払下げと都市計画的な支援、ディベロッパーは資本投入および事業運営を担当する方式で各々の資源を投入する。合同再開発事業の結果、家主とディベロッパーで開発利益を分けたのだが、特にディベロッパーは、不透明な会計などにより超過利益をもつことができた。この時、住民たちで構成された組合の幹部たちには、相当の謝礼が渡されたため、再開発事業は不正と葛藤の伏魔殿になったりもした。

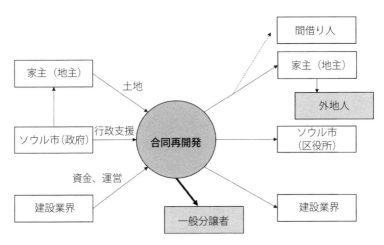

図 5-1　合同再開発事業のメカニズム

ソウル市は、国公有地の売却収益とともに、税収増大、都市基盤施設の改善、さらにマンションの供給により民心をなだめる効果を得た。ジャン・セフンの図を修正してそのメカニズムを図式化すると図5-1のとおりである。

誰も損をしない？

　前の構図を見ると、合同再開発事業は全員へ利益がある事業のように見える。事業初期に対策がしっかりと立てられなかった間借り人を除外すると、表面的には損をする人は誰もいなかった。間借り人に対しても1990年代からは、団地内の公共賃貸住宅に入居する、3か月分の生活費を受け取るかのどちらかを選択することができるようになり、それさえもほとんど解決した。それでは、パンジャチョンがマンションに変わればすべての人が利益を得ることができるのだろうか。それは、まるで海辺の砂から金属が出てくるようである。

　これを各アクター別に見てみよう。まず、パンジャチョンの住民たちである。再開発事業が始まる前、無許可住宅の家主と間借り人たちは互恵的な関係を維持しながら生活をしていた。家主たちは1部屋でも賃貸とし家賃収入を得て生活の足しにしており、間借り人たちは快適ではないが安い住居を手に入れ助かっていた。住民たちは、家主と間借り人に分かれていたが、生計や生活方式には大きな違いはなかった。同じ日雇い労働をし、貧しさは同じようなものであった。しかし、合同再開発事業により家主は土地の払下げを受け、財産権の所有の如何によって利害関係が変わり、状況は大いに違った。

　家主は、実際再開発事業が始まる前までは、自分の土地でもないところに極めて貧弱な住宅の持ち主であっただけである。占有権が認められ、売買する権利は保障されていたとはいえ、違法な無許可住宅の所有者であった。しかし、政府が再開発事業のため土地を払下げたことにより合法的に住宅の所有者である再開発組合員となった。権利者となったのである。しかし、彼らのうち新しく建てられたマンションに入居した人は10%にも満たなかった。入居するまで追加の費用が発生していたし、マンションの管理費を払いながら生活ができる状況ではなかった。建設の日雇い労働を主にしていた人々にとって、マンションは生活スタイルと合致していなかった。それにより、90%以上がバラックあるいは再開発入居権を外部の人に売った。それを買った人々をいわゆ

166　　第2部　家、貧困、そして開発

る不在家主と呼ぶ。組合やディベロッパーの立場では、不在家主が多くなれば多くなるほど事業の推進が容易になる。これは、パンジャチョンに入って生活する気持ちがないため、少しでも早く撤去しマンションを建てたいという人を集めるのに効率的であったのである。家を売ったもともとの家主たちは、当時の時価で少なくない金額を受け取った。郊外の連立住宅（中小規模の集合住宅）を購入する程度であった。パンジャチョンの大家から連立住宅の所有者になるということは、損をしたというよりも得をしたと見ることができる。しかし実際家主たちがパンジャチョンを出て以降も家主であった場合は、70％にとどまった。クロ1区域、チョンホ1区域、サダン洞の事例調査の結果と類似している。30％程度の人は、チョンセ金を間借り人に返し、借金の返済をすると逆に家主から間借り人となったのである。

　次に間借り人は自他共に認める被害者であった。なによりもパンジャチョンのような安い住居空間がなくなったためである。再開発事業によって転居をする時、チョンセ・ウォルセに該当する補償金に加え、数か月間の生活費を受け取ったとしても、周辺の家の家賃はその程度では賄うことができなかった。これについて再開発事業の地域の間借り人たちは激しく抵抗し、撤去民の団体まで作り、体系的で組織的な反対運動を展開した。結局政府は、1989年5月以降、事業の施行区域については、地域内に公共賃貸住宅を供給しようとした。既に事業が開始されているところは、原則として外されたため、衝突が一定期間続いたが、どちらにしても1990年からは間借り人たちの選択の幅も広がり、ある程度の住居対策が確立されたといえる。

　それでは、パンジャチョン入居権を購入した不在家主たちは、損をしたのだろうか？

　もちろんそうではない。不在家主が入居権を購入する形式とし、もともとのパンジャチョンの所有者に経済的な補償をしたわけではないが、恩恵は受けていた。彼らは請約[1]の手続きを踏むことなく、確実にマンションの入居が保障されていたのである。事業の施工期間が長くなり、一般の分譲者たちと比較し、費用がさらに必要になったが、損をしたとは言えなかった。

　追加で建てたマンションの分譲を受けた請約貯蓄加入者たちはどうだったのだろうか。もちろんパンジャチョン再開発事業の最大の恩恵者のうちの1人

表 5-1　パンジャチョン撤去による間借り人対策の変化

時期	対策内容	対策の意味
1985	1 部屋の入居権または転居費用の支援	マンションが 3 部屋の住宅である点を勘案して、入居権を 3 枚集めるとマンション分譲が可能だった。そのため、マンション分譲を受けようとする需要者が 3 枚を買い取る方式で間借り人を支援したのだ。
1987.6	1 部屋入居権または2 か月分の生活費、転居費支援	
1989.1	生活費を 3 か月に増額	
1989.5	公共賃貸住宅入居権または住居対策費のうち、選択。転居費支援	初めて公共賃貸住宅への入居資格を付与した。

注：2007 年からは公共賃貸住宅の入居権と 4 か月分の住居対策費の両方を受けられるように変更された。

だった。彼らは、手続きによっては相場より安く分譲を受けた人たちだった。いわゆる最初の分譲者たちだった。もちろん分譲の代金の一部がディベロッパーの超過収益でもあり、元の所有者に対する補償金の一部にもなったが、マンションの分譲を受けて損をしたということは全くなかった。

　ディベロッパーは、最大受益者のうちの一つであった。建設工事の受注により、一般的な利潤を超える利益があった。名目上、施行者は組合であったが、ディベロッパーは参加組合員として合同再開発事業の実質的な指揮をとった。この過程で目に見えない様々な利益を得たのである。サンゲ洞 173 番地の再開発事業のディベロッパーがどの程度利益を得たのかという分析を行った事例もあったが[3]、特に制度がまだ不透明であった初期にディベロッパーたちは相当な利益を得た。海外の建設業が萎縮する時期にソウルのいろいろなところで自分たちのブランドマンションを建てられるということだけでも恩恵があった。もちろんそのために受注競争が加熱し一部の組合の幹部たちとの癒着と不正、賄賂などの問題を引き起こすことにもなった。再開発や再建築事業の手続きが進むほど、手続きは厳しくなり、また随時検察と警察の捜査を受けているということは、そういった背景があるためである。

　最後に、ソウル市と政府である。相場よりも安く土地を払下げたことが損になるようにみえるが、実際得た利益は、比較できないほど大きかった。自治区

の立場では、その間無許可の建物という理由で一銭も受け取れなかった税金を受け取ることができるようになった。マンションの建設により、中高所得層が転入し、福祉支出を減らすことができただけではなく、地域のイメージも改善することができた。なによりも、再開発過程において、学校、公園、道路など地域社会の基盤施設を拡大することができた。これと同様、政府は仮に国公有地を相場よりも安く払下げたことになったとしても、パンジャチョンを再開発することにより、大きな利益を得た。しかし、実際それよりさらに重要に考えるべき点は、合同再開発事業を通して新築マンションの供給を増やし、中産層の住居需要を緩和し、さらに政治安定に寄与するという点である。広い意味で国家の役割の次元において合同再開発事業は絶対に損ではなかった。

　それでは、結局のところ合同再開発事業はすべてのアクターに利益を生んだのだろうか。再開発事業の過程において発生した開発利益は、そのまま韓国経済が成長した結果であったため、各アクターたちはこの開発利益の分け前を獲得できただけだろうか。

　しかし、人知れず甚大な損害を被った集団がいた。それは、パンジャチョンに住むしかなかった貧困層たちであった。事業区域内部だけをみると誰も損害を被ったようにはみえないが、広い意味でパンジャチョンの人々、ひいては居住問題が悪化した庶民階層たちが連鎖的な被害者であった。1980年代初めまでパンジャチョンには、ソウル市民の10%以上が住んでいた。パンジャチョンの住民の10%だけの人々が新しく建てられた分譲マンションまたは賃貸マンションに入居し、その他の人々は庶民たちが住んでいる地域に散らばっていった。少なくとも80万人、約25万世帯と推算できる。これは、全般的な庶民の住居費高騰につながった。このため多世帯・多家口住宅にかろうじて住んでいた人々さえも賃貸料引き上げの影響を受けた。

　結局、パンジャチョンでの合同再開発事業の最も大きな問題は、貧困層の安い住居が短期間のうちに消え、それにより人々の貧困がさらに深刻化した、ということである。パンジャチョンの内部構成員と直接的な関係者たちだけの損得を計算すると、一見、誰も損害を受けた人はいないと考えられる。しかし、合同再開発事業の成功の影には、安い住居の減少により貧困層の住居事情が悪化したという被害が隠れていたのである。その点において、合同再開発事業が

得た利益は砂場から得た金物ではない。むしろ、数百万の宝くじ購入者たちの損失を集め、数名の当選者たちが賞金を得る宝くじにたとえるのが正しい。

パンジャチョンから去った人々

　1990年前後、多くの研究者たちは、パンジャチョンの解体とその過程において貧困層がさらに厳しい状況に置かれるということを危惧していた。パンジャチョンから去った貧困層は、どこに行ったのだろうか。1980年代後半には、多様な事例調査が実施されたが、ちょうど当時は研究者たちが住民登録以前の情報を簡単に入手できたため、いわゆる追跡調査が容易であった。そのうち、初めて合同再開発事業を開始したクロ1区域とチョンホ1区域について、キム・ウジンの修士論文は事実上初の撤去民移住研究であった。キム・ウジンによると、パンジャチョンの住民たちの70%前後が、もともと住んでいた場所から1キロ以上離れることはできなかった。500メートル以内が45%前後であった（表5-2）。論文では、間借り人はもちろん家主たちの住居事情も悪化したと明らかにしている。

　それとともに前述したチョ・ウン、チョ・オクラ教授のサダン洞研究は、住

表 5-2　再開発区域住民の移住距離

移住距離	クロ1区域		チョンホ1区域	
	頻度 （カッコは比重%)	累積 (%)	頻度 （カッコは比重%)	累積 (%)
500m 以内	264 (47.3)	47.3	147 (40.8)	40.8
0.5～1km	149 (26.7)	74.0	101 (28.5)	69.3
1～1.5km	34 (6.0)	80.8	29 (8.1)	77.4
1.5～2km	5 (0.9)	80.9	9 (2.5)	79.9
2～3km	17 (3.0)	83.9	15 (4.2)	84.1
3～4km	14 (2.5)	86.4	9 (2.5)	86.1
4km 以上	75 (13.4)	100.0	50 (13.8)	100.0
計	558 (100.0)		360 (100.0)	

資料：キム・ウジン（1985）；キム・ヒョングク（1998）321頁から再引用

民登録の変動事項だけではなく、実際の生活の変化に至るまで追跡調査をしている。

　研究によると、サダン4区域第2工区には、1986年7月調査当時、1,100余世帯が居住していたが、1987年3月から自主撤去が始まり、翌年2月までの1年間で736世帯すべてが去った。ほとんどの世帯が、近くのドンジャク区とカナク区とカンナム区などに転居した。行政区域上でみると、全体の46.0％が同じドンジャク区内へ転居をしたのだが、主に近くのサダン洞へ転居した。住んでいたバラックが撤去になり転居をしたが、まだ撤去されていないところに転居した9.1％（地区内転居）を含むと55.1％が同じドンジャク区へ移ったといえる。その次に、11.6％がカナク区へ、8.2％がカンナム区に移った[4]。

　このようにサダン洞再開発区域の事例でみたように、撤去が始まった後、約1年の間で転居をした人々の4分の3は、その地域周辺から離れることができなかった。もちろん、それ以降において時間が経過するほど転居先はもっと遠くに拡散していったが、再開発事業によって非自発的な転居は、近隣へ集中した。なによりも子どもの教育、その間の生計基盤であった人的ネットワーク、慣れ親しんだ地理的環境などにより遠くに去っていかなかったのである。パンジャチョンは単に安い住宅だけを意味するものではなく、貧しい人々の生活の基盤そのものであったのである。もちろん1990年代に入り、再開発区域内に間借り人用の公共賃貸住宅が建設されはじめ、現地の戻り居住の比率も上がった。しかし、本格的に入居し始めたのは1990年代中盤になってからであり、様々な問題もあり相当数の間借り人たちは、賃貸住宅の代わりに生計費を選択した。全体的にみると、合同再開発事業以降、戻り居住した比率は10％前後に過ぎなかったのである。残りの人々は、いったんその地域から去るしかなかったのである。

　主に近くの地域へ移っていったパンジャチョンの人々はどのように生活したのだろうか。チョ・ウン、チョ・オクラ教授は、当時サダン洞再開発地域から移った世帯のうち93世帯を任意に抽出し、実際の居住地域と状況を調査した。彼らによると、全体の80.6％である75世帯が一般住宅に転居した一方、19.4％は再びパンジャチョン地域へ転居したことがわかった。以前はパンジャチョンに自宅を所有していた世帯の68.0％は家を購入し転居したが、28.0％

はチョンセ、4.0％はウォルセに変わっていた。チョンセで住んでいた人の68.0％は再びチョンセ契約の家に転居し、24.4％はウォルセ契約に下がっていた。また3世帯7.3％は、ビニールハウス密集地域のようなところに転居した。全般的に占有形態がさらに悪化したといえる。また転居先の部屋の面積は改善されたが、一つの家に住む世帯数は大幅に増えた（2.7世帯から3.7世帯）。それほど、いくつかの世帯が一緒に住める家へ転居したことがわかる[5]。

　重要な賃貸料の負担の変化をみてみよう。まず、チョンセ金の場合、転居前には300万ウォン未満が74％であったが、転居後は24％に減少した。ウォルセの保証金も転居前には78.3％が50万ウォン未満であった一方、転居後は16.7％に減った。よって全体の80％にあたる74世帯の居住費が上昇した。居住費の負担が同一であった世帯は13世帯、負担が減った世帯は5世帯であった。平均保証金はチョンセ世帯が341万ウォン、ウォルセ世帯が268万ウォン増えた[6]。このように住居費が高くなればなるほど、道の状態や騒音、悪臭などは改善されたが、市場との距離、市場の物価などはパンジャチョンに住んでいた時よりも悪くなった。それでも仕事をする場所は過去と大きく変わらなかった。これは、地域が解体されても仕事は引き続き既存のネットワークで続いたためである。その結果、通勤距離や時間は全般的にもっと長くなった[7]。

　近隣関係も大きく懸念される事案である。パンジャチョンは近隣との関係が非常に密接であっただけでなく、住宅構造自体が開放された条件であった。一方、一般の住居地域は状況が本質的に異なっていた。

　少額のお金を急に借りたり、外出時に家の様子をみてくれたり、練炭を取り替えてほしいとお願いしたりすることができなくなった。子どもたちを少しの時間預けることも難しくなった。特段気を遣わず会える近所の人もとても少なくなった。それほど一般住居地域では、いわゆる都市的な近隣関係に慣れなければならない状況になったのである。まるで農村のような都市を去り、都市の中の異邦人にならないようにさらなる努力をする必要があった。

　このようにパンジャチョンに住んでいた時とパンジャチョンから転居した状況は大きく変わっていた。表5-3は、パンジャチョンを離れる前と後の状況を比較したものである。

　時間が過ぎ住民たちが地下住居、永久賃貸住宅、チョッパンなどに散らばっ

172　　第2部　家、貧困、そして開発

表5-3　パンジャチョンで移住前後の隣人関係の変化（お願いできる隣人の数）（単位：％）

		なし	1~3軒	4軒以上
1万ウォン以内の金銭の貸し借り	前	23.7	44.1	32.3
	後	67.4	25.0	7.6
外出時の家事	前	47.0	37.3	15.7
	後	69.6	26.1	4.3
練炭の火替え	前	53.8	36.6	9.6
	後	79.3	18.5	2.2
子守	前	60.2	31.2	8.6
	後	79.1	18.7	2.2
随時訪問可能	前	15.1	35.5	49.4
	後	60.0	30.0	10.0

資料：チョ・ウン、チョ・オクラ（1992）85頁を再構成（原文の計算誤りを修正）

表5-4　低所得層の主な居住地の隣人関係の比較（単位：％）

	永久賃貸住宅					地下住居				
	全くない	ほとんどない	普通	時々する	よくする	全くない	ほとんどない	普通	時々する	よくする
お金が必要な時に借りたり貸したりする	21.5	38.2	24.7	14.2	1.4	50.8	31.3		16.3	1.8
一緒にご飯を食べたり、食べ物を分けたりする	8.9	23.9.	29.2	31.8	6.2	24.8	28.3		37.5	9.5

注：二つの調査の尺度は異なる。
資料：建設交通部（2005）；大韓住宅公社（2005）

たときは、パンジャチョンとさらに大きな異なりが生じる。もちろん、時代の変化の影響もあるため、単純に比較することは難しい。そういった点を勘案して、2005年に実施した永久賃貸住宅、地下住居の住民たちの近隣住民との関係について調査した結果（表5-4）と比較していただきたい。

合同再開発事業が残した課題

　合同再開発事業は韓国特有の再開発方式である。基本的に、事業において発生する開発利益をもともと居住していた住民へ補償し、行政も特段の費用支出

なく住宅と都市のインフラを改善することができる「夢の再開発」方式である。そのため多くの国が、この方式を自分たちも適用することができるかどうかを検討してきた。パンジャチョンが多くある発展途上国こそ、ソウルのこの経験を意識してきた。しかし、これらの国家の最も大きな問題は経済自体が未成長であるため、合同再開発事業の核心となる有効需要に基づく開発利益自体が満たされていないことである。韓国のモデルは魅力的であるが、まだ経済成長の実がなっていないのである。一方、先進国において韓国のモデルは、そもそも適用できなかった。何よりも開発利益を事業区域が独占する方式自体が認められないのである。また、既に都市開発が高度化された段階であるため、容積率を増やし開発利益を拡大することも簡単ではない。基本的に「私の家は私のお金で直さなくてはならない国」たちである。

　合同再開発事業は、容積率を増やし追加で住宅を供給し、これを実需要者たちが高い値段を付ける過程で開発利益が発生する構造である。この開発利益は仮に行政が一定部分関与しても、基本的には家主の手にかかっている。つまり、韓国型再開発事業の基本型である。この形態は以後、韓国のすべての再開発事業に適用された。一般の劣化戸建て住宅地域を対象にしたニュータウン事業も同一原理であった。劣化したマンションを再建築する事業も容積率の増大によって追加されるストックを一般に分譲し、開発利益を得ることが核心である。やはり同じ原理である。しかも、再建築事業は間借り人に対して対策を立てる必要がないため、開発利益をより大きく拡大することができ、これは建て替えマンションの価格暴騰の原因と指摘された。

　よって、合同再開発事業が残した一つ目の課題はこのような容積率ゲーム、開発利益の独占構造が正しいのか、また継続できるのか、という問題である。合同再開発事業のモデルが、今後も有効であるためには、継続して容積率を高くし、また、これを必要とする有効需要があれば、その過程で開発利益が発生しなければならない。

　しかし、このような開発利益独占構造が正しいのかという本質的な疑問が提起されている。2000年代に入ってニュータウン、建て替え、都市再生、そして公共再開発関連論争はすべてこの問題が本質だ。

　また、その開発利益を可能にしてきた高度成長自体が限界に直面したという

点も重要な問題である。もちろんだからといって開発がなくなるわけではなく、開発余力が特定場所にさらに集中する両極化が発生する。ある場所、あるタイプの住宅は開発利益がさらに大きくなる反面、その反対の場所やタイプの住宅は当初開発利益が発生しないため、再開発自体が不可能だったり公共支援なしには最小限の改善さえ不可能な状況に直面したりするのだ。

　二つ目の課題は、貧しい人々がますます郊外に、またさらに悪い環境に押し出される問題をどのように解決するかという点だ。私たちにも馴染みのある常識用語であるジェントリフィケーション現象は、実は合同再開発事業が出発点だった。パンジャチョンが消えた後に導入されたニュータウン事業も結局、貧しい人々を追い出す事業だった。一時、ソウル市の人口の 8.5% が住んでいるところをわずか 5 年で撤去し、マンションに変えようとした計画が推進されたことがある。

　それは、ニュータウンブームであり狂気だった。合同再開発事業でパンジャチョンが解体された衝撃波がまだ収まってもいないのに、より大きな規模の開発が推進されたのだ。このような政策は中産階層にマンションを供給してこそ住宅価格を安定させることができるという名分で施行されるが、結局貧しい人々はさらに押し出されてしまう。このような状況を放置し続けるべきなのだろうか。

　三つ目の課題は、公共賃貸住宅問題を解決することだ。パンジャチョンが解体され、それに代わる公共賃貸住宅（最初は永久賃貸住宅、その後再開発事業向け賃貸住宅）が供給されたが、今回は社会的隔離が問題である。永久賃貸住宅は前述したように、最も貧しい順に入居することで貧困層集中の問題を抱えていた。また、再開発区域内に建てられた賃貸住宅はそのような問題が少ないという期待とは異なり、駐車場や通行路などを通じて分譲マンションと断絶し分離されている。目に見えない社会的隔離現象が蔓延しているのだ。パンジャチョンが持っていた関係網と互恵的ネットワークも消えつつある。都市の中の農村ではなく、都市の中のただ貧しい町になってしまったのだ。

　合同再開発事業は、わずか 20 年で発展途上国の象徴のように映っていたパンジャチョンをソウルから完全になくすことに成功した。しかも、政府が財政投入をしなくても不良住宅だけでなく都市基盤施設に至るまで完全に変貌を遂

げさせることができた。商業的再開発あるいは開発利益依存型再開発と呼ばれるが、いずれにせよ韓国の経済成長と住宅難が作り出した成功例であった。しかし、この成功が韓国の都市にとって悪い前例となってしまった。容積率増加にともなう開発利益を私有財産のように所有者が独占することが当然とされ、政府は都市改善のために財政や資源を投入しなくてもいい名分を得た。再開発や建て替え事業を活性化するためには、ただ開発規制さえ緩和すればいいというやり方だ。市場中心の規制緩和論が再開発、建て替えの原則になってしまった。しかし、このような都市再開発論理は不動産市場をさらに両極化させ、貧しい人々を一層都市で暮らし難くした。

　容積率緩和にともなう開発利益は所有者が独占する排他的資産ではない。共に生きていくための公的資産だ。分けて使わなければならない。政府は開発利益配分の適切な規則を作らなければならない。また、政府自ら劣悪な地域の基盤施設と住宅を改善するために資源を投入しなければならない。開発利益を極大化したからといって、自然に都市が改善されるわけではない。これまで合同再開発事業が誤ってきた原理を今からでも正さなくてはならないのである。

注

1　ジャン・セフン「都市化、国家そして都市貧民」キム・ヒョングク、ハ・ソンギュ編（1998）『不良住宅の再開発論』ナナム出版、256、263頁。
2　キム・ヒョングク、ハ・ソンギュ編（1998）270頁。
3　キム・ヒョングク、ハ・ソンギュ編（1998）273頁。
4　チョ・ウン、チョ・オクラ（1992）『都市貧困の暮らしと空間』ソウル大学校出版文化院、73〜74頁。
5　チョ・ウン、チョ・オクラ（1992）77〜78頁。
6　チョ・ウン、チョ・オクラ（1992）79頁。
7　チョ・ウン、チョ・オクラ（1992）83〜84頁。

訳注

★1　韓国では住宅無所有者が新築のマンションを購入する際には、「住宅請約制度」が存在しており、銀行にそのための口座（請約貯蓄）を開設し、一定期間・一定金額を貯蓄することが求められる。

第6章　ニュータウンと都市再生

パンジャチョン以後の再開発

ソウル、土地区画整理事業で作られた都市

　ソウルは600年以上の歴史を持つ世界で最も古い首都の一つだ。ソウル市の境界は、最初は四つの大門の内側に形成され、1964年現在のようになるまで段階的に拡張されたが、都市の中心は一度も変わっていない。既存の都市が、高密化を繰り返す一方で、絶えず郊外へと拡張してきた。ソウルの600年は結局、より遠く、より高く、よりびっしりと変わる過程だった。

　ここまでパンジャチョンの成り立ちと消滅過程を主にみてきたが、それではソウルの一般的な住居地はどのように増えたのだろうか。今、私たちが知っている方式は新都市を作ったり、再開発、建て替えのように既存住宅地を壊して新しく建てたりする方法である。ところが、この二つの方式とも1980～1990年代から本格化したのである。

　それ以前はどうしていたのだろうか。周辺農地に家と建物を建てるためにどのように敷地を整えたのだろうか。まさに土地区画整理事業である。これは農地に対する耕地整理事業を考えればよい。様々な形の土地をきちんと整備し、

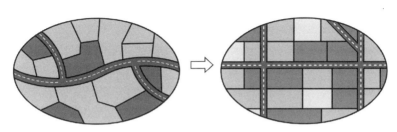

図6-1　土地区画整理事業の概念図
資料：ソウル政策アーカイブ

177

農道と農水路を開設する方法だ。これを都市用の土地に適用したのである。西欧の都市は数百年前からこのような方式で都市を建設してきた。

韓国でも日本の植民地期であった1934年に朝鮮市街地計画令を制定し、土地区画整理事業が本格化した。これにより既存の朝鮮時代の住居地を越えて郊外の空き地に計画的な土地開発が行われた。その後、ソウルのほとんどの土地は、土地区画整理事業方式で造成された。大通りがまっすぐにできているカンナム地域もすべてこの方式で造成された。ソウルで新都市方式の宅地開発を通じて作られたところは、モク洞新市街地、サンゲ洞新市街地、コドク地区など一部に過ぎない。

土地区画整理事業は、でこぼこした形の土地に家や建物を建てることができるように、きちんと区画し、道路、電気、上下水道、公園などの基盤施設を備える事業である。まっすぐになった土地は本来の土地面積より狭くなり、その割合を減歩率という。

減歩率が高いほど道路など基盤施設をより多く確保でき、その分快適な都市

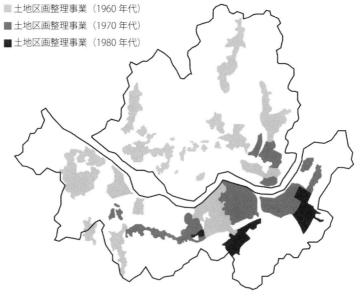

図6-2　土地区画整理事業の分布
資料：ソウル政策アーカイブ

178　第2部　家、貧困、そして開発

に造成できるとみれば良い。しかし、土地面積が減ったからといって損をする
わけではない。農地が宅地に変わったため、数十倍の利益を得ることもある。
この時、宅地造成にかかった費用を充当するためにソウル市は一部土地を別に
取っておくが、それがまさに保留地だ。前述したように、カンナム圏の新型不
良住宅の相当数が放置された保留地で発生している。1980年代、カンナム圏
で施行された土地区画整理事業は、減歩率が50％を超えるほど基盤施設がそ
れなりに整っている。

　しかし、それ以前の土地区画整理事業は公共基盤施設の比重が小さかった
（表6-1）。それだけ路地と道路も狭く、公園や空き地も足りなかったというこ
とだ。もちろん当時としては自動車がこんなに多く普及するとは想像できな
かったため、その程度で十分だという見立てであった。しかし、このようなと
ころに1980年代半ばから一戸建て住宅を壊して3〜4階建ての多世帯・多家
口住宅を新しく建てた。

表6-1　時期別土地区画整理事業の現況

造成時期	日本の植民地時代	1960年代	1970年代	1980年代
施行地区（個）	10	20	14	5
総地区面積（千㎡）	16,952	63,678.8	49,650.1	14,541.3
平均地区面積（千㎡）	1,695	3,183.7	3,546.4	2,908.3
平均公共用地率（％）	n.a.	28.4	30.0	47.5
平均減歩率（％）	n.a.	31.6	43.7	55.0
備考	ヨンドゥンポ、ドナン、チョンニャンリ、デヒョン、コンドクなど	ソギョ、トンデムン、ミョンモク、スユ、ブルガン、ソンサン、ヨンヒ、チャン洞、ヨクチョン、ファヤン、マンウ、ファゴク、チュンゴク、トボンなど	ヨンドン、ジャムシル、ケボン、サダン、ファヤン、イス、アムサ、チャンアンピョン、クロなど	カンドン、ケポ、カラク、ヤンジェなど

資料：ソウル政策アーカイブ、日本統治時代はユ・ギヒョン（2015）

それだけさらに高密度化した。さらに、住民たちがそれぞれ車を持つように
なるも、駐車スペースがなかったのである。過去に計画的に造成したという住
居団地が、現代生活環境とは全く合わない、不便な空間になってしまったの
だ。

　結局、ソウル全体の住居地面積の約40％を占める多世帯・多家口住宅が密
集した低層住居地をどうするかが2000年代から核心的課題として登場した。
そこには、約34万棟の低層住宅（居住世帯数では150万世帯以上）があるが、
そのうち3分の1は老朽住宅だ[1]。特にカンナム圏のマンション価格は暴騰す
るが、主にカンナム以外の地域に位置したこれら老朽低層住居地をマンション
に変える方法はないかということが課題だった。この時、検討された方法が合
同再開発事業方式を低層住居地に適用することであった。これがニュータウン
事業が登場した背景である。

パンジャチョン再開発モデルを一般住宅に：
ニュータウン事業

　「ニュータウン new town」は文字通り「新しい都市」または「新都市」と
いう意味だ。ところが、2002年6月に就任した李明博市長は、従来の老朽化
した地域を新しくする概念として、ニュータウンという言葉を掲げた。既存の
新都市という表現と混乱を起こしたものの、ソウルの立ち遅れたところを新し
くするという象徴的な用語だった。

　ニュータウン事業のモデルは簡単だった。前章で見た合同再開発事業方式を
老朽低層住居地に適用することである。すなわち、本来の住宅数より多くの住
宅を高層マンションとして建て、ここで生じる開発利益で元家主を支援し、同
時に都市基盤施設を拡充する方式だ。しかし、これらの低層住居地は、パン
ジャチョンより開発利益が少なかった。

　パンジャチョンは既存の容積率が低く、国公有地も安く払下げられたため
だ。このような点を補完するため、ニュータウン事業では事業地域を非常に広
く指定した。その後、事業地域の中で開発利益がさらに多く発生する区域で開
発利益が足りないところの基盤施設を支援できるようにした。また、事業地域

180　　第2部　家、貧困、そして開発

を広く定めたので、ある区域は再開発方式で、他の所はマンション建て替え方式で、またあえて再開発する必要がない所はそのまま残すなどとし、同じニュータウン地区内でも多様な事業技法を適用した。したがって、事業区域別に再開発、建て替え、住居環境改善など多様な方式を活用することができた。もちろん、その中で再開発事業方式が最も多かったため、今もニュータウン事業と再開発事業を混用して使っている。

　ソウル市は季明博市長就任4か月後の2002年10月、ワンシンリ、ウンピョン、ギルンの3ヶ所をニュータウン事業のモデル地区に指定した。このうちウンピョンニュータウンは典型的な新市街地造成事業で再開発とは関係なかったが、ブーム造成のため指定された。ワンシンリ、ギルンの場合は既に再開発事業を推進していたところだったが、より広域的に公共支援を増やす事例を作るためにモデル地区に含まれた。

　ところがこの頃、ソウルの不動産価格が本格的に上昇し始めたのである。

　これに対し「カンブク（江北）もカンナム（江南）のように」作ってこそ全

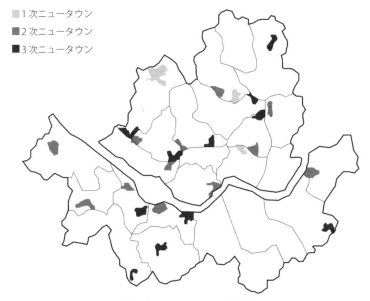

図6-3　ニュータウン指定現況
資料：ソウル政策アーカイブ

第6章　ニュータウンと都市再生　　181

体的な住宅価格を安定させることができるという議論が広がることになった。手の施しようのないニュータウン熱風が吹き始めたのである。そのため、まだモデル事業もまともに着手できていない段階で本事業が拡大指定された。

　2003年11月、12ヶ所の2次ニュータウン、2005年12月に11ヶ所の3次ニュータウン地区が追加で指定された（図6-3）。カンナム圏を除くすべての自治区ごとに1～2ヶ所が指定され、ソウル市の市街化された面積の6.4%、居住人口数で約8.5%に達する大々的なニュータウン事業が始まった。しかもソウル市の目標は、これらの地域を5年以内に開発することであった。

　このため、2004年の総選挙はまさに「ニュータウン選挙」であった。誰もが自分たちの地域を事業に含め、できるだけ早く推進するという公約を掲げ競った。2006年の地方選挙、2008年の総選挙では、既存に抜けたところを含めるという競争が起きた。これには与野党間で差異はなかった。選挙区民が皆望んでいることでもあった。さらに、2008年に大統領に就任した李明博は、これを一層拡大し、首都圏と全国にまでニュータウン事業を拡大した。

住宅価格が上がり続ければ成功できる

　ニュータウン事業は、大半がパンジャチョン合同再開発事業のモデルをそのまま適用した。本来の家主より多くの家を建てて一般分譲し、その収益で家主を支援するのである。間借り人に公共賃貸住宅を供給するのも同じだった。過去と比較すると、間借り人への対応はさらに強化され、公共賃貸住宅と4か月分（従来3か月）の生活費のいずれかを選択するのではなく、両方を受け取れるようにした。

　ところが、最も大きな問題は開発利益がパンジャチョン再開発の時より少ないということだった。理由は二つだが、まず所有者（権利者）が多すぎたことである。パンジャチョンは8坪の住宅であったため、小規模所有分に対して分譲資格を与える必要がほとんどなかった反面、ニュータウン地区の多世帯・多家口密集地域では所有区分など権利関係が複雑だった。つまり、再開発後に新規マンションを要求する家主があまりにも多かったのである。2番目の問題は、ニュータウン事業地区が低層住居地ではあるが、既に3～4階の多世帯・多家口住宅が密集していて、容積率が200%に達したという点である。パン

182　　第2部　家、貧困、そして開発

ジャチョンが概ね70%水準だったことと比べると、大きな差に違いなかった。開発利益の大きさは結局、容積率の差で決定されるだけに、これを最大300%まで上げても収益性がパンジャチョンほど大きく出るはずがなかったのである。

　その結果、相当数の地域ではニュータウン地区指定を祝う「垂れ幕」だけをかけ、実際に推進しようとすると採算が合わなかった。多くの地域で家主の負担が予想より大きすぎたのである。さらに、2008年の金融危機とともに不動産景気まで急落すると、ニュータウンが黄金の卵を産む事業ではなくなった。その熱風が怒りと葛藤に変わるまでには、あまり時間はかからなかった。事業が進むにつれ、自己負担に耐えられない家主の反発が爆発した。このため、2010年の地方選挙は4年前とは異なり、ニュータウンの「ニュー」という言葉すら出てこない選挙に変わった。また、事業を引き続き推進しようとする地域では採算性を高めるために無理に間借り人を事前に退去させたり、中型・大型を中心に建設したりするなどの変化が起きた。貧しい人々が減るほど事業の採算性が高くなる構造ゆえである。

　このような状況でニュータウン地域は葛藤の現場に変わったのである。家主は当初、「少ない負担で大きな家を」と考えていたが、時間が経つにつれて負担が増えると結局「マイホームを吹き飛ばした」と不満を爆発させた。その上、組合執行部の不透明な事業推進と不正が明らかになり、訴訟が相次いだ。数十年間一緒に暮らしてきた庶民の住居地が突然訴訟と集団苦情の震源地に変わったのだ。そして、その背景にはどんな形であれ再開発事業を受注して早く推進しようとする建設業者の利害関係も絡まっていた。

　間借り人も原則として公共賃貸住宅や4か月分の住居費の提供（2007年より両方）を受けるようになっていたが、家主が契約期間満了を理由に補償を受ける前に退去させることが常であった。事業施行が遅れ契約期間が満了になると、急いで間借り人を減らしていったのだ。また、ヨンサン事件[1]で問題になった商店テナントに対する低い補償も問題となった。

誰のためのニュータウン事業なのか

　再開発やニュータウン事業は良好な住宅を増やそうとする事業だ。ところ

が、小さな家に複数の家族が住んでいた地域を壊して、中大規模のマンション
を建てることになれば、住宅数はむしろ減るほかはない。実際、ソウル市の計
画によると、2006年から2010年までニュータウン事業を通じて13万6,346戸
の住宅が減失される反面、6万7,134戸が供給される計画だった[2]。しかも、新
築住宅は広くて価格が高い家がほとんどだ。専用面積60平方メートル以下の
割合は、事業前に63%だったのが30%に減り、売買価格が5億ウォン未満の
住宅の割合も約3分の1に減った。

　何よりも深刻なのはチョンセ価格4,000万ウォン未満の庶民向け住宅が完全
に消えるという事実である（表6-2）。結局、開発事業前には庶民の主な居住地
だった地域が事業後には中産所得層以上の住居地に変わるということである。

　このように住民水準とかけ離れた中大規模の高額マンションが建設されたこ
とで、もともとの住民の戻り居住率も下がった。ソウル市ギルン4区域の例を
みれば、家主など所有者は15.4%、間借り人まで含めた場合は10.9%だけがそ
の地域に再び居住した。言い換えれば、90%近い住民は開発事業以後、その地
域を離れたのである。これは単にギルン4区域だけの問題ではなく、大部分の
地域で共通して起こったことである。

　しかし、このように事業区域を離れた人々は、遠くへ行くことは難しい。子
どもの教育や職場、生活圏などがその地域に根ざしているため、近隣地域から
離れにくいのだ。

　このため、再開発事業が施行されれば、近隣の住宅価格はもちろん、チョン
セ価格が大幅に上がる。パンジャチョン合同再開発事業で現れたことがそのま
ま繰り返されるのだ。実際、図6-4のようにソデムン区の多世帯および連立住

表6-2　事業前後の住宅水準の比較

区分	事業前	事業後
専用面積60平方メートル以下の住宅比率	63%	30%
売買価格5億ウォン未満の住宅	86%	30%
傳貰価格4,000万ウォン未満の住宅比率	83%	0%
平均住宅規模（専用面積）	80㎡	107㎡
平均住宅価格	3億9,000万ウォン	5億4,000万ウォン

資料：ソウル市住居環境改善政策諮問委員会（2009）

184　　第2部　家、貧困、そして開発

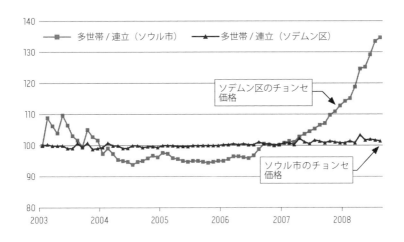

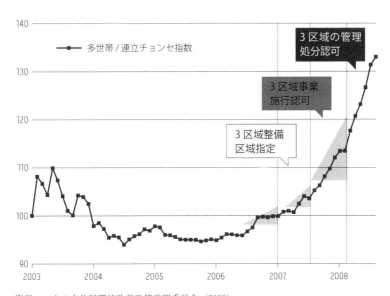

資料：ソウル市住居環境改善政策諮問委員会（2009）

図6-4　ソデムン区チョンセ価格の変化およびカゼウル3区域事業施行段階

宅のチョンセ価格はソウル平均に比べてはるかに上がったが、その時期がカゼウル3区域開発事業施行とかみ合っていた。

このようにもともとの住民がその地域にほとんど入居できない最大の理由は、住民の経済力が事業にかかる費用負担に耐えられないためだ。それでも中大規模のマンション一辺倒で建設する理由は「私が買えなくても高く売ることができるため」である。

もともとの住民の負担能力が低いうえ、政府支援もなしに再開発事業を推進しようとしたため、商業的に利益が多く残る方式で進めざるを得ないのである。また、間借り人には原則的に代替用賃貸住宅が提供されるようになっているが、これもやはり本来の対象者は、戻り居住するよりは4か月分の住居費を現金で受け取る。これは新しく建設される賃貸住宅も毎月家賃を支払う必要があり、規模も世帯員数に比べて大きすぎたり小さすぎたりするからである。しかも、事業期間が長くなる中、再開発組合が計画的に間借り人に対して契約期間満了を理由に退去させることが一度や二度ではない。事実上、無対策移住を強要している。

このように商業的な方式で再開発事業が推進されれば収益を中心に事業が進む。すなわち、再開発事業の本来の趣旨と目的に照らし合わせてみれば住環境が劣悪な地域が優先的に開発されて当然だが、現実は収益性が高い地域において優先的に施行されるということだ。反面、劣悪な住環境で直ちに改善が必要な地域でも経済性がなければ放置され続ける問題が発生する。

「住宅」自体の改良という側面から見れば、確かに再開発やニュータウン事業は効果的なやり方である。しかも、政府の資金もほとんどかからない。さらに住民たちは、政府は国公有地の売却代金などでかえって金儲けをしていると非難するほどだ。しかし、「住民」の視点から見れば、この事業は庶民の住居空間を上位階層に提供する事業だ。それは、事業前後の住居費負担と戻り入居率を見れば明確である。結果的に住宅は改良されるかもしれないが、住民の居住事情は良くならなかったり、むしろ悪くなったりする。社会的な葛藤も絶えない。「誰のための再開発なのか」という根本的な質問を投げかけざるを得ない。

ニュータウンから都市再生へ

避けられなかったニュータウン出口戦略

　先述したように 2010 年の地方選挙で既にニュータウン事業は、厄介者になったと説明した。辛うじて再選に成功したオ・セフン市長は、ニュータウンの話をしなかった。その代わり 2011 年 4 月、「新住居整備推進方向」により現地改良中心の「ヒューマンタウン」を推進すると発表した。既存住居地の枠組みを維持しながら小規模低層開発と改良をする方式であった。カンドン区アンサ洞のソウォン村など八つのモデル地区も指定した。このような方向転換の決定打になったのは、2008 年の金融危機とそれに続いた不動産市場の低迷だった。

　ニュータウン事業は基本的に住宅価格が上がり続けてこそ推進可能な事業だが、住宅価格がむしろ下がる状況になったためだ。追加の地域指定は当然中断され、ニュータウン事業地区に含まれた 30 ヶ所の存置地域、すなわち区域には入っているが住宅が良好で撤去が必要でないところは住民が望む場合に解除することにした。それでも既存指定された 241 ヶ所の事業区域はそのまま維持するというのがオ・セフン市長在任時までの立場だった。しかし、オ・セフン市長が 2011 年 8 月、無料給食問題により任期途中に辞職すると、状況は急変した。同年 10 月 26 日に行われた補欠選挙の過程で、ニュータウンの解除を求める声が殺到したのである。

　このような状況で、ソウル市長に就任したパク・ウォンスン市長の最大の懸案はニュータウン問題の解決だった。2011 年 12 月、ニュータウン住民たちが集まって妨害したある行事で、パク・ウォンスン市長は「どうしてこんなに多くの地域にニュータウンを指定し住民たちに葛藤を引き起こし、もともとの住民たちを追い出したのだろうか。あまりにも複雑で、地域ごとに異なり、進行順序が違う」と苦言を吐露するほどだった。パク・ウォンスン市長は、それまでの過剰な開発計画を整理し、分裂した市民をケアするという課題を解決しなければならなかったのだ。これは 1960 年頃から絶え間ない開発時代を経てきたソウル市が初めて直面した「開発過剰問題の収拾」だった。

　これに対しソウル市は、委員会を構成して状況把握に着手したが、数多くの

ニュータウン・再開発事業区域の中で事業が進行しているところは珍しかった。このため、多くのところで事業中断や区域指定を解除してほしいという要求が殺到した。当初の期待とは異なり、開発利益が大きくないうえに追加の負担金が高かったり、不正・脱法で事業が停滞したりしていたからである。しかし、事業推進に問題があるからといってすぐに中断することは容易ではなかった。建設業者などを通じて既に支出された費用があり、その処理も問題になったからである。

　これに対しソウル市は、正常に推進できる地域は支援を通じて迅速に進め（Aタイプ：正常推進）、推進が困難な地域は代案事業を誘導または解除し（Cタイプ：推進困難）、進行が止まっている地域はコーディネーターを派遣してAまたはCに分類（Bタイプ：停滞区域）することにした。地域別に長い議論と説得・調査、時には住民投票を経て2019年事業区域683ヶ所中394ヶ所は区域指定を解除し、286ヶ所は正常推進することとした。もちろんそのうち60%程度はパク・ウォンスン市長1期であった2014年までに整理したが、最終的な仕上げはそれからさらに5年がかかった。

都市再生事業の導入と拡散

　ニュータウン事業に反対したり解除要請が殺到した地域は大きく二つのタイプに分かれた。一つ目は既に基盤施設が豊富で、あえて壊してマンションを建てなくても良い所だった。このような所では都市型生活住宅のような小規模開発をするのがより有利だったためである。二つ目は逆に状況が劣悪な所だった。基盤施設が不良で世帯数も多く、全く採算が取れない地域である。そのまま推進するには住民の負担が大きすぎるため中断してほしいという所だった。したがって、良好な地域はニュータウン解除後、個別的開発過程で乱開発が問題になるほどだったが、劣悪な地域は放置されることが明らかであった。事情が悪くて開発はできないため放置され、さらに劣悪になる問題はどう解決するのか。

　まさにこの視点が都市再生事業を必要とする理由である。駐車スペースがなくて車で地域を何周もしなければならず、公園も、遊び場も、保育園も近くになかったらどうするのだろうか。全面撤去・再開発方式ができないところ

も、住めるところに変えなければならないのではないか。消防のため道路を拡充し、駐車場を設け、就労スペースや地域内に公共賃貸住宅も作る必要があった。子どもたちの遊び場と保育施設も同じだ。このような地域インフラがあってこそ、放置され衰退する空間を少しでも良い空間にすることができるのである。

　実際、現地改良中心の都市再生事業は、既にオ・セフン市長時代に導入され始めている。先述した「ヒューマンタウン」もその一環であり、都市再生の次元でセウン商店街入口側に緑帯公園造成なども推進した。このような事業と流れを共にしながら、パク・ウォンスン市長は解除地域に対する代案事業を本格化した。パク・ウォンスン市長は「ソウル型都市再生」を掲げ、老朽住居地を整備し共同体も活性化する方法を模索し、2014年チャンシン・スニン都市再生事業を皮切りに様々な所で進めていった。特に当時の中央政府であった朴槿恵政府は、都市再生を促進するため、「都市再生活性化及び支援に関する特別法」を制定した（2013年）。

　2021年現在、ニュータウンおよび再開発事業指定が解除された394ヶ所の中で92ヶ所は都市再生など代案事業を実施している。また、住居地域ではないがセウン商店街、チャンアンピョン、ナゴン商店街一帯など一時は経済の中心地だったところに対しては中心市街地型都市再生事業を適用している。ソウル駅高架道路を再生した「ソウル路7017事業」なども都市再生の一環である。

　このようなパク・ウォンスン市長の都市再生の努力は2017年にスタートした文在寅政府で「都市再生ニューディール事業」に拡大・改編され全国化された。全国に500ヶ所余りの老朽・不良住宅地域および衰退地域に対して住居環境を改善し必須的な公共インフラを拡充するという計画だった。また、ソウル市が都市再生事業と共に各地域の必須公共サービスをきめ細かく提供するという趣旨で始めた「10分ドンネ（町内）」事業も文在寅政府により「10分ドンネ生活SOC」事業に拡大された。

　私たちは一般的に都市再生といえば、壁画を塗ったり観光資源化したりする程度と考えがちである。マスコミでもそのように説明し、また批判してきた。しかし都市再生事業の核心は、公共インフラが脆弱な老朽・不良住居地、衰退する住居地を人が住めるところに変えるところにある。当然、駐車場の拡充、

道路開設、住宅改良だけでなく、小規模再開発、建て替えも含んでいる。ただ家を修理する程度ではなく、街路沿いの 3,000 坪程度の規模までは中高層マンションの建設も並行する事業である（街路住宅整備事業）。また、立ち遅れた地域の公共施設を先導的に改善することにより、家主自ら住宅を直したり新しく建てたりすることができる環境を造成するというのが基本構図だ。それだけ都市再生事業は公共の先行投資と支援が前提になる。このため、政府は年間最大 10 兆ウォンの財政と公共機関および民間資金を都市再生事業に投入することにした。しかし、まだ市民が感じるほど変化がない。何より公共施設の改善が十分ではなかったのである。

再び撤去再開発へ？

　このように都市再生がまだ体感できる成果をあげていない状況で、2020 年から都市再生のために住宅価格が上がったという批判が台頭した。パク・ウォンスン市長が過去ニュータウン事業の「開発過剰」を収拾しながら意欲的に推進した都市再生事業が逆に「過小開発」を引き起こしたという批判に直面したのだ。文政権になりソウルの住宅価格が暴騰したが、パク・ウォンスン市長が再開発・建て替えを抑制することにより原因を提供したという指摘である。ニュータウン地区の解除によって、潜在的に 25 万戸のマンションを供給できる機会がなくなったという批判も出た。さらにパク・ウォンスン市長が力を入れたチャンシン・スニン地区でさえ再びクリアランス型再開発をするようにしてほしいという請願が上がってくるほどだった。一時は、ニュータウン地区で早急に解除してほしいとデモを行い、そのため最初の解除区域として都市再生事業を推進したこれらの地域でさえ状況が複雑になったのだ。

　先述したように、ニュータウン事業は住宅価格が上がるほど事業可能性が高くなる。ニュータウンが注目されたのも、そうでなくなったのも不動産景気騰落の影響が最も大きかった。文政権になって不動産価格が再び上がると、過去のニュータウンブームの時と類似した現象が現れたのだ。しかし、残念ながらソウル全体をマンションに変える方法はない。依然としてソウル市民の 40%が低層住居地で暮らしているほど膨大な規模であるうえに、既に容積率が高くて採算が取れない、という状況にも変化がないためである。もちろん不動産景

気が過熱すれば、その境界にあった一部地域は採算性が生じ、撤去再開発方式が可能になることはありうる。しかし、過去のニュータウンブームの時に期待したように、すべての所をそのような方法で変える術がないというのが厳然たる現実だ。

では、どうすればいいのだろうか。大きく二つの道があるだろう。一つ目は、条件が整っているところは迅速に再開発できるよう支援する。手続き方法を改善することもできるだろうし、一部の不要な規制は緩和することもできるだろう。特に公共が事業施行する場合には、より多くのインセンティブを提供しながら公共賃貸住宅の建設を増やす方法がある。二つ目は、撤去再開発のための採算性がない場合、公共の積極的な介入と支援を通じて都市再生事業の体感効果を高める道がある。単純改良のみならず道路や敷地規模の大きいところは、小規模型開発（街路住宅整備事業）を並行しなければならない。特にSHソウル住宅都市公社、LH韓国土地住宅公社などの公企業の参加モデルを強化する必要がある。

開発利益が多ければ適切に共有し、少なければ公共支援をさらに増やす方式で、古い低層住居地を人が住みやすい住居空間に変えようとする努力を止めてはならない。ところが、どんな方法を選んでも、最も重要なことは貧しい人々のための低廉な住居がなくならないようにしたり代替空間を十分に提供しなければならないということだ。「誰のための再開発かという質問」は今も、今後も続けなければならない。

注
1　ソウル研究院（2017）「ソウル市価層住居地の実態と改善方向」。
2　ソウル市住居環境改善政策諮問委員会（2009）「ソウル市住居環境改善政策総合点検および補完発展方案」、「ソウル市住居環境改善政策公聴会資料集」。

訳注
★1　2009年1月20日に再開発事業の補償を求め地区内の建物に籠城中であった住民と鎮圧のため進入した警官隊との間に衝突が起き、6名が死亡し23名の負傷者を出した事件である。

第3部

パンジャチョンの後のパンジャチョン

第7章　世界のパンジャチョン

どこにでも「パンジャチョン」はある

世界の都市人口の4分の1にあたる人々が住むパンジャチョン

　全世界の都市人口の4分の1は、パンジャチョンに住んでいる。数字で見ると10億人を超えている。30年前の1990年、全世界の都市人口の43.3%（7億2,000万人）がパンジャチョンに住んでいた時と比べれば良くなったが、国連は2035年には、さらに10億人がパンジャチョンに住むことになると予測している[1]。地域別、国別にみれば深刻なところがいくつかある。アフリカのサハラ南部地域の場合は、都市人口の半分以上がパンジャチョンに住んでいるが、そのうち中央アフリカ共和国は、なんとその割合が都市人口の98.5%に達する。一方、先進国は人口の0.1%以下だけがパンジャチョンに住んでいる（表7-1）。もちろん、韓国は国連の国別統計から完全に外れるほど、パンジャチョンのない国に属する。

　ところで、韓国で使われている「パンジャチョン」を国際的にはどう表現するのだろうか。古くから使ってきた単語はスラム slum（貧民村）である。しかし、「スラム」という表現には悪いイメージが連想され、先進国の貧しい人々が住んでいるところも同じ単語を使うため、これを区別する必要があった。そこで1990年代からNGOや国際機関を中心に中立的な表現といえる「インフォーマルセツルメント（informal settlement）」（「非正規居住地」「非公式居住地」などと訳すことができる）を使い始めた。だが、これもやはり混乱の要素がある。それは、非正規居住地には上位階層の資産増殖のための違法住宅や投機的な目的の住宅も含まれる可能性があるためである。これに対し「貧困層が主に住む非正規居住地」（informal settlement and slum）という表現が使われることもある[2]。しかし、国連人権委員会は「スラム」という表現

195

表7-1 地域別パンジャチョン居住人口推移

	都市全体の人口に占める割合（%）				人口（千人）
	1990年	2000年	2010年	2018年	2018年
世界全体	43.3	28.0	24.4	24.0	1,033,545
北アフリカと西アジア	28.4	23.0	19.4	25.6	83,052
ラテンアメリカとカリブ海	33.7	29.0	23.9	20.9	114,207
東アジアおよび東南アジア	46.6	38.0	30.0	27.2	369,967
中央アジアおよび南アジア	57.1	46.0	35.3	31.2	226,780
南太平洋	24.1	24.0	24.1	23.7	670
サハラ南部	70.0	65.0	62.1	56.2	237,840
ヨーロッパおよび北米	n.a.	0.1	0.1	0.1	1,022
オーストラリア、ニュージーランド	n.a.	n.a.	n.a.	0.01	8

資料：UN Habitat（2020）

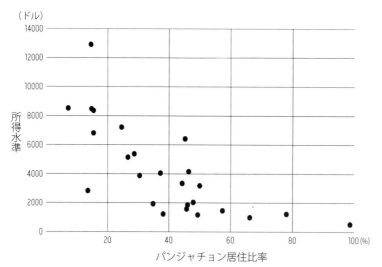

図7-1 1人当たりの国民所得とパンジャチョンに居住する割合の関係

に対して強い拒否感を表明し、「非正規居住地」という表現を使うことを要求している[3]。

　国際機構などが規定する非正規居住地、すなわちパンジャチョンは住宅、居

表 7-2　主要国の都市人口のうち、パンジャチョンに居住する割合（単位：%）

	1990	2000	2010	2018	1人当たりの国民所得（2020年、$）
中央アフリカ共和国	87.5	91.9	95.9	98.5	477
エチオピア	95.5	88.6	76.4	66.2	936
ケニア	54.9	54.8	54.7	46.1	1,838
南アフリカ共和国	46.2	33.2	23.0	26.4	5,090
イラク	16.9	16.9	52.8	46.4	4,157
トルコ	n.a.	n.a.	27.0	7.0	8,538
カンボジア	n.a.	78.9 (2005)	55.1 (2014)	45.6	1,513
インドネシア	50.8	34.4	23.0	30.4	3,870
モンゴル	68.5	64.9	42.7 (2014)	37.1	4,007
ミャンマー	n.a.	45.6 (2005)	41.0 (2014)	57:1	1,400
フィリピン	54.3	47.2	40.9	44.3	3,299
タイ	n.a.	26.0 (2005)	27.0	24.5	7,189
ベトナム	60.5	48.8	35.2	13.5	2,786
バングラデシュ	87.3	77.8	61.6	47.6	1,969
インド	54.9	41.5	29.4	34.8	1,901
ネパール	70.6	64.0	58.1	49.3	1,155
パキスタン	51.0	48.7	46.6	38.0	1,194
アルゼンチン	30.5	32.9	20.8	14.7	8,442
ボリビア	62.2	54.3	47.3	49.9	3,143
ブラジル	36.7	31.5	26.9	15.2	6,797
コロンビア	31.2	22.3	14.3	28.5	5,333
ハイチ	93.4	93.4	70.1	77.8	1,177
メキシコ	23.1	19.9	11.1 (2014)	15.1	8,347
ベラルーシ	n.a.	n.a.	n.a.	45.2	6,411
ルーマニア	n.a.	n.a.	n.a.	14.4	12,896

資料：UN Habitat（2020）；World Bank 国民所得資料

住地、住民税の側面で次のような属性があるところだ。①住宅が不良で未整備で、狭い家に多くの人が住み過密である。ほとんどを自身で直接建築し、建築基準に違反したり違法だったりする住宅が多く、それだけ居住の安定性が低く一時的だという特性がある。②居住地は非計画的に無分別に造成され、不規則に開発され拡張される。水道、下水道、電気、公共交通機関、道路などの基本的なインフラが不足しており、衛生的な問題も抱えている。③住民のほとんどは貧しく、社会的排除と差別を経験する場合が多い。病気と障がいなどがある人々が多く、主に非正規的な臨時的な仕事に従事する。

　結局、パンジャチョンは経済力の低い発展途上国において、貧しい都市民が住宅難を自力で解決する過程で発生する。内戦や政治的不安、不作、経済危機などは農村をさらに疲弊させ、都市のパンジャチョンを増やす促進剤になってきた。パンジャチョン居住比率は概して国家経済力に反比例するとみれば良い。実際、国連の国別都市人口におけるパンジャチョン居住比率を各国1人当たりの国民所得と比較すると、反比例する傾向が確認できる（図7-1）。ただし、経済水準が相当な程度に上がった国家も不正腐敗や独裁、そして深刻な社会・経済的両極化によってパンジャチョンが温存されたり増えたりもする。東欧や南米の一部の国がこれに該当する。

発展途上国のパンジャチョン政策の変化

　発展途上国は、大半が低い経済水準にもかかわらず、急激な都市化（特に首都集中）を経験している。都市で働き口を探そうとする欲求（pull 要因）と農村地域での脱出要求（push 要因）が重なり、全世界的に毎年7,000万人前後が都市に集まってきている。このように都市に集中した離農労働力は、それ自体を見れば都市に負担となるが、低賃金労働力を確保できるという点では、経済成長の原動力にもなる。

　しかし、まだ低い経済水準のため、政府は彼らに適切な住居を提供する余力も意志もない場合がほとんどである。特に都市人口が増えたが産業化水準が低く、過剰人口が都市に累積される過剰都市化（over urbanization）現象が現れた。

　このような状況で、離農労働力はパンジャチョンを通じて急を要する居住問題を自力で解決することになる。実際、パンジャチョンは発展途上国の最も重

発展途上国におけるパンジャチョンの事例

フィリピン・マニラ湾にあるパンジャチョン。フィリピンは全体都市人口の44.3%がパンジャチョンで暮らしており、台風、火災などに脆弱である。
出所：https://www.philstar.com/nation/2019/02/03/1890331/dilg-inventory-manila-bays-informal-settlers

タイ・バンコクのクロントイのパンジャチョン。ここの居住者だけで10万人に達し、バンコク住民の20%近くがパンジャチョンで暮らしている。タイはパンジャチョンの強制撤去よりは、地主が開発するものの、住民にも土地の一部を分ける「ランド・シェアリング（土地分有）」プログラムがしばしば行われた。
出所：https://www.borgenmagazine.com/bangkoks-klong-toey-slum/

第7章 世界のパンジャチョン

パキスタンは 850 万軒ほどの住宅が不足しているという。したがって、パンジャチョンを現実的に認め、多様な現地改良プロジェクトを進めている。そのうち 100 万人も居住する大規模なパンジャチョンであるカラチのオランギ・パイロット・プロジェクトが有名である。写真はその事業の様子である。
出所：https://diplomatonline.com/mag/2014/01/top-10-world-woes-a-look-at-some-of-the-planets-most-troubling-problems-and-how-countries-can-solve-or-try-to-solve-them/diplomat_jan2014_0020/

バングラデシュは都市人口の 47.6% がパンジャチョンに住むほどパンジャチョンが広がっている。住宅改良も課題だが、貧困脱出が急務だと見て、よく知られたグラミン銀行などを通じて小額貸付事業も推進してきた。写真は首都ダッカのパンジャチョンの様子である。
出所：https://blogs.lse.ac.uk/southasia/2019/05/20/lse-uc-berkeley-bangladesh-summit-2-the-invisible-illness-of-life-womens-health-narratives-in-a-dhaka-informal-settlement/

ブラジルは国全体としては中進国の経済水準を達成した国だ。過去に比べてパンジャチョンはかなり減ったが、パヴェラと呼ばれる伝統的なパンジャチョンが相当数残っている。依然として強制撤去問題があるものの、多くのところで現地改良プロジェクトが進められている。写真はリオデジャネイロのパンジャチョンである。
出所：https://unit16bartlett.wordpress.com/2012/10/28/building-brazil-the-proactive-urban-renewal-of-informal-settlements/

メキシコは経済的には既に中進国水準に達したが、深刻な両極化でパンジャチョンに居住する都市人口がまだ15%に達する。韓国で紹介された映画ではメキシコのパンジャチョンがまるで犯罪、麻薬などの温床であるように見えるが、実情は必ずしもそうではないという。写真はメキシコシティのパンジャチョン。
出所：https://www.jacobinmag.com/2015/10/mexico-city-df-right-to-the-city-harvey-gentrification-real-estate-corruption/

第7章　世界のパンジャチョン　　201

南アフリカはアフリカ大陸で最も経済力が高い国である。しかし、黒人と白人の長期にわたる分離と差別政策の結果、パンジャチョンに居住する人口が4分の1に達するほどだ。写真はヨハネスブルグのパンジャチョンである。宇宙人がパンジャチョンに隠れるという設定の映画「ディストリクト9」は、両極化と差別問題を風刺した秀作である。
出所：https://reliefweb.int/report/south-africa/south-africa-searches-solutions-shack-fires

国連で住宅や都市問題を担当しているハビタット本部はケニアの首都ナイロビにある。全世界のパンジャチョン問題を解決するために努力する機関である。ところが、ナイロビの人口の約7割がパンジャチョンに住んでいるほどケニアのパンジャチョンは深刻である。
出所：http://www.gpoba.org/activities/kayole-soweto-informal-settlement

202　第3部　パンジャチョンの後のパンジャチョン

要な安価住居の供給手段であり、世界的に10億人以上が居住している。しかし、パンジャチョンはその違法性によって絶え間なく撤去という脅威に苦しめられ、これは少なくとも表面的に国家がパンジャチョンを問題視したり敵対的に理解したりしているように見える原因になる。したがって、多くの研究者とNGOは「パンジャチョンが一般的に信じられているのとは異なり絶望的でも反社会的でもなく、むしろ占有権さえ認めれば自ら改良しながら居住問題を解決できる」という点を強調してきた。1970年代、ジョン・ターナーの自助住宅（セルフヘルプハウジング）理論がこれを代表する。これに対し、世界銀行をはじめとする国連機関も自助住宅を目指すべきモデルに設定し、その改良に必要な資金を支援したり、そのための住民の活動を推奨したりした。韓国の1970年代の現地改良政策は、世界銀行が見るには望ましく成功的なモデルだった。また、国連ハビタット（Habitat）は、2016年に開催された第3回世界人間定住会議（Habitat Ⅲ）などをきっかけに、パンジャチョン問題について各国のアプローチを変えることを促した。実際、多くの国がパンジャチョンへの対応方式を変えているが、①撤去と強制移住→②撤去後の住宅提供→③既存のパンジャチョンへの最低限のサービス提供→④占有安定性を拡大し物理的改良→⑤都市開発において、パンジャチョンの占有権認定などに発展している。

　しかし、パンジャチョンの占有権を認め、バラックを改良した結果が必ずしも貧しい人々に役立つわけではない。パンジャチョンが改良されるということは、すなわち商品価値（交換価値）を高め、公式的な住宅市場に編入されるという意味でもある。しかし、貧民の所得や生活条件が変わらず、住宅だけが公式住宅市場に編入される場合（自助的に改良された）パンジャチョンは上位階層のための住居地に変わりやすい。また、住宅改良にもかかわらず発展途上国の都市が追加的な開発圧力を受けることになれば、これらの地域は再び撤去の脅威にさらされることになる。したがって自助プログラムは、市場経済が未発達な一部の発展途上国だけで適用できる事例であるだけでなく、本質的に貧しい人々の住居問題を解決できないという主張もやはり強力である。まさに、パンジャチョン改良をめぐる自助住宅論争である。それでも現実的にパンジャチョンが蔓延している発展途上国で自助住宅は依然として最も効果的で重要な

第7章　世界のパンジャチョン　　203

代案として認識されている。

　このように発展途上国がパンジャチョンを開発し撤去することもあるが、同時にその自助機能を認めることでパンジャチョン政策が持つ二重的性格を確認することができる。すなわち、パンジャチョン政策は、安価な労働力確保のために不可欠な安価な住居地を提供する中で、①都市貧困層の社会不安を防止し包摂しようとする側面と、②パンジャチョン自体が都市空間の開発対象になる側面が複合的に作用した結果だ。したがって、各国のパンジャチョン政策は基本的にこの二つの側面の相互作用の中で、「黙認─撤去─移転─開発─（公共住宅へ）代替」などの多様な形態で展開されている。一般的に国家経済力が低い段階では黙認、撤去、移転、そして現地改良などの政策傾向を見せ、経済力がある段階以上に発展すれば、パンジャチョン空間自体を解体して開発する方向に進むこともある。各国の経済段階と政治・社会的に貧困層を包摂する必要性によって変わると言える。

　このような政策変化の過程を図で示してみる。図7-2に示すように、経済力が低い段階で一般的にパンジャチョンは黙認・放置され、その際、部分的に開発が必要な場合、撤去や集団移住政策が実施される傾向がある（図の①）。た

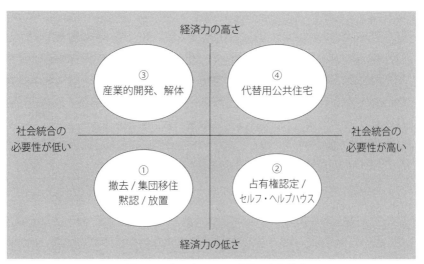

図7-2　パンジャチョン政策の変化構造

だし、この段階でも社会的包容の必要性によっては現地改良を許容したり占有権を付与する政策が実施されることもある（図の②）。そうするうちに経済力が高まると本格的にパンジャチョンを開発し活用する段階に進むが、社会統合の必要性の如何によって単純に開発し解体したり（図の③）公共（賃貸）住宅などの代替的住宅を提供する段階に進んだりすることもある（図の④）。最後の段階はいわば、パンジャチョンの安価な住居機能を国家の公式プログラムが代替する段階といえる。

東アジアの成功した国々の経験

図 7-2 で各国のパンジャチョン政策は、①黙認、放置、撤去移住→②占有権認定と現地改良→③再開発と解体→④公共賃貸住宅供給の段階を経ると説明した。ところが、世界的に発展途上国として出発した国の中で③、④段階まですべて経験した国は、東アジアのシンガポール、香港、台湾、韓国しか存在しない。南米、アジア、アフリカのすべての発展途上国がパンジャチョンを経験しているが、この 4 カ国（香港を含む）以外はいずれも①、②段階にとどまっており、ごく部分的に③段階の事例があるだけである。これは、これらの国々だけが絶対貧困状況から抜け出し、産業化と経済成長に成功したためだと言える。また、これらの国々は十分に民主化され、社会統合を主な価値と考える段階に達したのである。

東アジア 4 カ国はいずれも経済開発の初期段階では、パンジャチョンが広範囲に分布した。しかし、本格的な経済開発とともに、パンジャチョンは段階的に消える過程を経ることになる。もちろん国別に置かれた条件が違ったため、所要時間と過程には差がある。いずれも所得 500 ドルの段階で、パンジャチョン居住の割合が 20% 程度と類似した状態から出発した。しかし政策は明確な違いを見せている。ソウルは黙認—撤去—再定住—自助住宅など一般的に発展途上国が経験した段階をすべて経たのである。以後、所得 2,000 ドル頃に、商業的再開発（合同再開発事業）に着手し、1 万ドル段階に達し、ほとんどのパンジャチョンが消えた。

香港は英国の植民地だった当時、中国の共産化に伴い、流民まで押し寄せた。これに対し、パンジャチョンが蔓延したが、初期は単純撤去に終始した。

しかし 1953 年、シェッキップメイ地域で大火災が起きると、パンジャチョンに代わる公共賃貸住宅政策に旋回した。それでも香港のパンジャチョンはかなり遅い 1980 年代、国民所得 1 万ドルの段階になるまで続いた。これは、中国本土返還日程を控えた香港総督部が中国本土との関係を考慮してパンジャチョン撤去や解体を無理に施行できず、違法移民者が引き続き流入したためだ。中国が香港返還に合意した後、違法移民統制を強化し、パンジャチョンの実質的な解消が可能になった。ところが、香港はこの過程で他の発展途上国で一般化された自助住宅、すなわち改良による商品化は絶対に許さない政策を固守した。パンジャチョン自体の商品化を統制しながら公共賃貸住宅に転換した事例と言える。

シンガポールは、経済開発に本格的に着手した 1960 年代以降、直ちに公共住宅の供給とともにパンジャチョンを解体し、以後公式統計ではその数値を確認することもできない。これは香港とは異なり権威的な政府が強力な統制力を発揮しただけでなく、世界的にも特別な公共住宅プログラムと連動したためだ。特に、パンジャチョンが人種別集団居住地化されることを警戒し、パンジャチョンを撤去し、その場に公共住宅を建てるものの、国家全体の人種別比率に合わせて分散入居させる戦略を選んだ。

台湾は、50 年近く日本による植民地を経験した国だ。台湾が日本から独立したばかりの 1949 年、国民党政府が共産党に押し出されて台湾を占領することになる。突然台湾の人口が 610 万人から 746 万人に増え、特に首都の台北は 27 万人から 50 万人へと 2 倍近くに急増した。このため、従来はパンジャチョンがほとんどなかった台湾に急激にパンジャチョンが増えたが、居住者の大部分が本土流入人口だった。1963 年の調査では、パンジャチョンに台北市民の 28% も居住していた。しかし台湾も 1970 年代初めになると住民に公共（賃貸）住宅入居を斡旋する中、民間開発事業などを通じてパンジャチョンを早くなくすことになる。台湾も、現地改良や陽性化などの措置なしに、パンジャチョンを解消した国だ。

これらの国の経験を前述したパンジャチョン政策段階と照らし合わせてみると、ソウルだけ、①→②→③→④の全過程をすべて経験し、残りの国（都市）は基本的に①→④へと直ちに移行したが、転換期間や経路は少しずつ違いが

206　第 3 部　パンジャチョンの後のパンジャチョン

あった。シンガポールは一番早く公共住宅に転換し、香港は公共賃貸住宅に入居させたが期間が長くかかり、台湾は比較的早期に解消したが公共住宅の役割は微々たるものであった。

ところで、これらの国からパンジャチョンが消えた後、貧しい人々はどこへ行ったのだろうか。韓国の場合、本書の第2部で詳しく調べたが、永久賃貸住宅、地下住居、考試院、チョッパンなどに貧しい人々が移った。シンガポールは基本的に全国民に公共住宅を提供する目標を立てたうえで、違法・非合法住宅は厳正に取り締まった。その代わり、少数の貧しい階層には公共賃貸住宅を提供する方式で補完した。台湾は住宅政策において公共の直接供給の役割はほとんどなかったが、民間支援を通じて持ち家居住率約90％に到達した国である。民間賃貸料も相対的に低い方なので、駅周辺に韓国式の安宿が一部あることを除けば非住宅居住はほとんどないと言える。

しかし、香港は事情が全く異なる。1997年中国への主権返還後、公共賃貸住宅政策も後退し、人口が急増する中で住宅価格、賃貸料が暴騰したためだ。

香港の新種のパンジャチョン

香港は他のアジアの発展途上国と同様に、20世紀前の植民地と中国共産化による流民急増など社会的激変を経験し、深刻な住宅問題を経験した。パンジャチョンが蔓延していたのは言うまでもない。しかし、1950年代から英国式公共賃貸住宅を大量に供給し、多い時は全世帯の36.5％が公共賃貸住宅に居住していた（1991年）。このような方式で居住費を下げたのが香港の競争力と経済的繁栄の土台になったという[4]。

しかし、厳しい条件でもかろうじて解決してきた香港の住宅問題は、1997年に香港の主権が中国に返還されて以来、急激に悪化した。中国本土の人口が香港にもっと多く入ってくるようになったという理由もあるが、根本的には中国資本が押し流され不動産価格が暴騰したのである。もちろん返還初期にはアジア金融危機の影響に加え、SARS（2003年）の打撃まで受けて住宅価格がしばらく急落したが、2000年代半ばからは急騰を繰り返した。底点だった2004年から2018年までの約15年間、香港の住宅価格は5倍も上昇した。所得はほぼ停滞状態だったため、所得対比住宅価格（PIR）は20倍以上になった。複

第7章　世界のパンジャチョン　207

数の機関が発表する PIR では例外なく香港がずば抜けて高く世界 1 位を記録している。小さなマンションが数十億韓国ウォンで取り引きされるほどだ。

さらに公共賃貸住宅政策まで後退し、その恩恵を期待することもますます難しくなった。公共賃貸住宅に対する入居待機期間がますます長くなり、2020年 3 月末現在、平均 5.4 年かかる。そのうち高齢者世帯は 3.0 年程度に止まるが、一般低所得世帯の待機期間ははるかに長い。全体的に入居まで 6 年以上かかる世帯が 42.3% に達する。特に非高齢者 1 人世帯待機者は 10 万 3,600 世帯に達するが、特別配分物量がある場合にのみ機会が与えられるため、いつ入居できるかさえわからない[5]。逆説的に貧困層は、それでも期待ができるが、中途半端な所得がある大多数の世帯は苛酷な民間市場で住宅問題を解決するほかはない。これに伴い、数多くの単身世帯や公共賃貸住宅入居申請後に待機する世帯、ひいては不法滞在者などは、民間の劣悪でも安い住居を代案として探すことになる。

既存住宅やオフィス、工場などを細かく区画して作った間仕切り部屋（subdivided unit、住宅以外の建物を分けた場合はキュービカルと呼ぶこともある）、建物の屋上に居住空間を設置した屋上部屋（roof top）、個人別空間を金網で区画した鶏小屋（cage home）、そしてこれより現代化されたカプセル部屋（capsule home）などがその種類である。

この中で間仕切り部屋に住む人口は 2016 年公式調査によると、1,787 世帯 20 万 9,700 人で、全体世帯の 3.6% に当たる水準だ。特に旧都心のヤチムモン、シャムスイポ地域に 3 分の 1 以上が集中している。チョッパンの 1 人当たり平均使用面積は 2 坪にならない 5.3 平方メートルであり、これは香港全体 1 人当たり平均居住面積 15.0 平方メートルの 3 分の 1 水準だ。間仕切り部屋の中位賃貸料は一般民間賃貸の 40% 程度である 4,000HKS（約 62 万ウォン）だが、居住者の所得に占める割合は 31.8% に達する[6]。2019 年、ある市民団体の調査によると、間仕切り部屋の住民たちは所得の 41%、これに水道や電気代を合わせれば所得の半分以上を居住費として使っているという[7]。居住者は主に新規移住民、低所得労働者、障がい者などであり、彼らの半分程度は 1 人で暮らす。

間仕切り部屋は様々な世帯が、トイレとキッチン空間を共同で使用し、古い

建物を過度に分割しているため崩壊事故が発生することもある。

また、狭い廊下が迷路のように絡まっていたり、部屋を区分する仕切りが火災時の避難通路を塞いでいるため、火災に脆弱である。特に一般の建物を活用したキュービカルは1980年代香港の産業構造調整で製造業が本土に移転し、長い間空室で放置されるビルが多くなり、住居用に改造されたのである。2010年1月に発生した5階建て倒壊事件（死亡2人、負傷4人）について建築局が崩壊原因を調査した結果、1950年代に建てられた建物が老朽化した状況で中二階建てに改造された部屋の荷重に耐えられなかったためであることがわかった。この事件を契機に建築局は50年以上経った建物を対象に大々的な安全点検を実施した。調査を受けた4,011棟のうち安全上の問題がある建物は2,302棟で、このうち1,032棟は重大な欠陥があることがわかった。続いて当局では随時調査して告発措置を取っているが、2013年から2017年まで部屋の検査で問題が発見された件数は1,542件であり、このうち664件が起訴された。しかし、これは全体違法（不法）住居の数に比べれば氷山の一角だ。

マスコミではまるで「時限爆弾のような状況[8]」で火災危険および崩壊危険にさらされていると警告している[9]。市民団体の2018年のチョッパン調査によれば、50年以上経った建物の多くは設計容量の6倍まで荷重を超過していることがわかった。また、火災警報器を設置したところは20%にも満たなかった[10]。

先進国にもパンジャチョンがある

先進国には発展途上国型のパンジャチョンは事実上ない。つまり、他人の土地や国公有地を占有して違法に住宅を建てた形態はないということだ。本格的な都市化が既に200年余り前に始まったうえに、産業化初期の住宅問題を第2次世界大戦以後、福祉国家拡張時期に大部分解決したためだ。特に1970年代までは各国の経済状況も良好だったため、持ち家と公共賃貸住宅（または社会住宅）が共に増え、国民の住居事情も格段に改善された。過去不安定だった民間賃貸住宅はその居住比重が持続的に減少した。しかし1980年代に入って公共賃貸住宅に対する投資や供給が減り、代わりに民間賃貸住宅に対する家賃補助が増える傾向を示した。居住福祉政策が民間市場依存型に変わったのだ。こ

第7章　世界のパンジャチョン　　209

香港の非住宅居住事例

間仕切り部屋

出所：https://steemit.com/story/@malasunkwong/hong-kong-underground-1-sub-divided-flats

屋上部屋
出所：https://dornob.com/penthouse-slums-the-rooftop-shanty-towns-of-hong-kong/

鶏小屋住居
出所：https://www.rferl.org/a/china-hong-kong-housing/26872808.html

のような状況で1990年代から西欧の住宅価格が持続的に上昇することになる。このような傾向は、2008年の金融危機を契機に拡大した。金融危機克服のために各国が先を争って資金を供給したため、住宅を投資商品のように扱う住宅の金融化現象が深刻化したのだ。その結果、最近ほぼすべての国の住宅価格が金融危機以前の高点を超える一方、賃貸料も上がり続けることになる。2018年頃からは西欧各国が以前に緩和した賃貸料規制制度を再び復元しようとする動きまで現れる。社会経済的両極化、雇用不安定、資産価格上昇、若年層などの住居難が共通的な現象として登場したのだ。

ヨーロッパ各国の居住状況をモニタリングしているアベ・ピエール財団などの2020年報告書によれば、脆弱階層の居住状況は持続的に悪化している。EU国家の仮処分所得のうち居住費支出比率を見れば、全体世帯は21.0%である反面、貧困世帯は41.0%に達する。特に貧しい賃借世帯の居住費負担はこの10年間で20.8%も増加した。居住費過負担世帯比率の場合、非EU国籍者は24.0%でEU国籍者9.9%の倍以上、過密世帯比重もやはり各々33.2%、13.5%で移住民の住居事情がさらに難しくなった。それでもEU諸国の住宅部門支出は10年間で31.6%減少しGDPの1.3%にとどまっている[11]。

米国も脆弱階層の居住事情が厳しいのは同じだ。米国は全体的に720万戸の安い住宅が不足している状態で、民間賃貸住宅居住者の所得は減る反面、賃貸料だけが急速に上がっている。その結果、最貧層の75%は収入の半分以上を賃貸料として支出している。また、賃貸料支援が必要な最貧層の4分の1だけが、家賃補助を受けている実情だ[12]。

このような状況で貧しい家庭や移住労働者、1人で暮らす青年たちは何とかもう少し安い家を探すほかはない。彼らのための安い賃貸市場も形成されている。合法と違法の境界にある家々。住宅の地下室や車庫、倉庫などを炊事と就寝が可能な住宅に改造して貸し出すことだ。また、既存住宅の部屋を小さく割り、複数の世帯が買えるように違法または不法に改造する方式も盛んだ。韓国では半地下の部屋や考試院、ワンルーム割りのような部屋がある。

ニューヨークでは、条件付きで半地下住居の賃貸を行うことが可能だが、実際には法令違反も相当なものと見られる。

2019年の場合、違法改造が10%も増えたという[13]。このように半地下や法

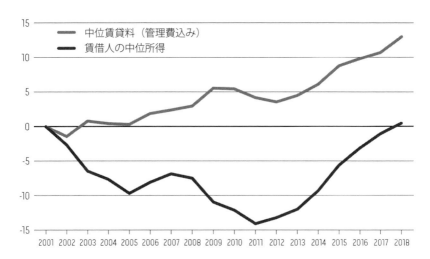

図 7-3　米国の民間賃貸料と所得上昇率の推移（単位：%）
資料：Center on Budget and Policy Priorities.

によって居住に相応しくないとして禁止された地下 celler に住む人口だけでもニューヨークで 30 万人と推定されている[14]。大部分の違法住宅は電気や下水設備に問題があり、火災に非常に弱い。ニューヨークでもたびたび関連事故が起きており、これに対し市当局は違法改造住宅を取り締まる各種規定を強化し、高い罰金を賦課しようとしているが現実はままならない。それだけ需要が多いからだ。

　特に、外国から新しく来た人々にとって、このような住宅は有用だ。彼らは通常、滞在資格そのものが不安定で所得が低いため、正常な民間住宅は自分たちの環境では手に入らない。違法改造住宅の賃貸料は一般住宅の約 60% 水準で、政府補助を受けられない低所得層に実質的に役立っている。賃貸人の立場からも追加的な賃貸所得確保、賃貸所得税回避などの長所がある。したがって不法滞在を含む非主流社会と違法・不法住居はそれなりの歴史性を持って密接に連結されている。これら違法・不法住居を物理的物差し（すなわち建築法など関連法規）だけで厳格に規制することは容易ではない。

　野宿と寝床の境界で生活する人も多い。ヨーロッパ全体で路上や一時保護所で生活しているホームレスは 2020 年現在 70 万人と推計されるが、これはこ

ニューヨークの半地下住宅の概念と外部の様子

出所:The real deal, 2020.2.4.

出所:City Building Owners Insurance Program.

第7章 世界のパンジャチョン 213

の 10 年間で 70% 近く増えた数値だ[15]。米国も約 58 万人のホームレスがいると見られている。2007 年から少しずつ減っていたが、最近 2 年前から上昇傾向に変わった[16]。そのため、韓国式の「チョッパン」または「安宿」とも言える Single Room Occupancy（SRO）や「ホームレス一時保護所 hostels」などで生活する人が、数百万人と推計されるほどだ。これに対しヨーロッパでは一種の社会運動として、空き家あるいは建物を無断占有するスクォーティング（squatting）運動が繰り広げられた。もちろん発展途上国の無断占有住宅とは異なるタイプである。ホームレスが集団的にテント村を作ってそこに起居する事例もしばしば報道されている。そしてヨーロッパのあちこちには中東や東欧から来た難民や違法移民が集団でテント村を作って生活している。フランス北部のカレはイギリスに渡るのを待っている難民で有名な場所である。

　反面、発展途上国のパンジャチョンと類似した形態の村は、私たちが外国映画でよく見る移動式住宅（mobile home）と言える。一般住宅市場で適切な住宅を手に入れることができない人々が、それでも安く購入できる。特に、2008 年の金融危機以後、サブプライムモーゲージなどによって住宅を差し押さえられた人々がテントや移動式住宅に集中しているという報道を覚えているだろう。米国では 2018 年現在、406 万の移動式住宅[17]やプレハブ住宅などに 1,770 万人、米国人口の 5.6% が居住している[18]。この中には中産層が休養用に利用する場合もあるが、大半は貧困層のための住まいだ。移動式住宅居住者の貧困率は一般世帯よりはるかに高く、貧困層 10 人に 1 世帯はこのような住宅に居住する[19]。また、米国で移動式住宅が最も多い 10 州には、最も貧しい 10 州のうち 8 州が含まれている。それだけ移動式住宅は貧困層の苦しい生活が連想されるのが現実だ[20]。

　このように先進国の都市にも様々な形態の違法または不法居住地がある。長い住宅政策の歴史を持ち、住宅在庫は十分だという都市でこのようなことが起こるのは、住宅問題の本質は、先進国も発展途上国も同じであることを示している。どの社会にも市場購買力に及ばない貧しい人々がいるもので、彼らに必要な下位市場があるのだ。特に住宅価格と賃貸料が所得よりさらに上がり、また難民や移住労働者が突然押し寄せる場合、正常な住宅で居住問題を解決することは不可能だ。発展途上国のように国有地に違法に建築した住宅ではない

米国の移動式住宅団地とテント村

出所：Affordable Housing Online
https://affordablehousingonline.com/blog/mobile-homes-good-affordable-housing-option/

出所：Places, 2015.12.

第 7 章　世界のパンジャチョン　　215

が、各種不法と違法が横行せざるを得ない。移住労働者の場合、ゲットーを形成し拡大することもある。

ところが各国の経験を見れば、これら違法・不法居住地を一掃しようとする強力な対策を施行する事例はない。人権的な問題だけではない。これらの人々が先進国の大都市に負担を与えるだけでなく、安価な労働力として都市経済に寄与するため、彼らの住居を黙認せざるを得ない側面も大きいのだ。結局、国ごとに形態は異なるが、安価な住居をめぐる国と社会の態度は発展途上国と同じである。

注

1　"Informal Settlements in South Africa", *Borgen Magazine*, 2019.10.90

2　UN Habitat, "Informal Settlements", *Habitat III Issue Papers 22*, 2015, p.10

3　UN, "Report of the Special Rapporteur on adequate housing as a componet of the right to an adequate standard of living, and on the to non-discrimination in this context", UN 総会資料 . 2018.

4　M. Castells, L. Goh and R. W. Kwok, *The Shek Kip Mei Syndrome: Economic Development and Public Housing in Hong Kong and Singapore*, Pion, 1990.

5　Hong Kong Housing Authority HP（https://www.housingauthority.gov.hk/en）.

6　Census and Statistics Department, "Persons Living in Subdivided Units", *Thematic Report*, 2018.

7　"Rents for Subdivided flats in Hong Kong hit a new high, concern group study shows", *SCMP*, 2019.6.23.

8　"Ramshackle subdivided flats in Hong Kong's old buildings are an 'urban ticking time bomb', researchers warn", *SCMP*, 2018.7.15.

9　"No way out: How Hong Kong's subdivided flats are leaving some residents in fire traps", *SCMP*, 2017.5.16.

10　"Ramshackle subdivided flats in Hong Kong's old buildings are an'urban ticking time bomb' researchers warn", *SCMP*, 2018.7.15

11　Abbé Pierre & FEANTSA, "Fifth Overview of Housing Exclusion in Europe 2020", 2020.

12　Center on Budget and Policy Priorities HP（https://www. chon ore/renters-incomes-havent-caught-up-to-housing-costs）.

13　"City's basement apartment crackdown ramps up", *The Real Deal*, 2020.2.40.

14　"The New York City real estate market has gotten so bad that people are paying millions to live in the basement", *Business Insider*, 2018.8.21.

15 Abbé Pierre & FEANTSA. "Fifth Overview of Housing Exclusion in Europe 2020", 2020.

16 "Estimated number of homeless people in the U.S. 2007-2020", *Statista*, 2021.3.

17 "Number of mobile homes in the U.S. 2015-2023", *Statista*, 2020.11.6

18 " 6 Remarkable Mobile Home Statistics You Need to Know", *Movity*, 2020.1.29.

19 "Are Manufactured Homes a Solution to the Housing Affordability Crisis?", Apartment List, 2018.6.15.

20 "Why do so many Americans live in mobile homes?", BBC News, 2013.9.24

第8章　パンジャチョンが残した課題

パンジャチョンに対する国際社会の呼びかけ

居住に対する権利と住民参加の原則

　韓国では、パンジャチョンはもう過ぎ去ったことになった。国民の半分以上は、実物のパンジャチョンを日常で経験したり、直接見たりしたこともない。行政でも今は「無許可不良住宅」「集団定着地」「零細民村（ママ）」のような用語を使用していない。代わりに再開発、建て替え、低層老朽住居地のような都市計画と関連した一般用語を使っている。一時、ソウル市民の3分の1以上が暮らしていたパンジャチョンが40年余りで完全に消えたのは、全面的に韓国の奇跡的経済復興のおかげだ。さらに、少しでも良い家に住みたいという国民の熱望も、パンジャチョン時代を早く終わらせた要因だった。それほど多くの人がパンジャチョンに住んでいた国で、これほど早くパンジャチョンをなくしたのは韓国がほとんど唯一だ。

　しかし、パンジャチョンは依然として世界的に蔓延している問題だ。前述のように、10億人近くの人々がまだパンジャチョンに住んでいる。数多くの人が不良住宅、災害・災難、強制撤去と暴力、そして困窮に苦しんでいる。しかも農村の貧困を避けて都市に押し寄せる人口は減っていないので、このまま放置すればパンジャチョン人口は今後30億人に達すると予想する。

　そのため、国際社会では発展途上国のパンジャチョンとその住民の状況を解決することを極めて重要な社会・経済的課題と認識している。しかし、この問題はなかなか進展を見せていない。各国の脆弱な経済力が最大の原因ではあるが、パンジャチョン問題に対処する各国政府の態度がこれをさらに悪化させていると思う。このような問題意識の下、国連は2030年までに全世界のパンジャチョン居住者を半分に減らすことを目標に「パンジャチョン改善2030戦

218　第3部　パンジャチョンの後のパンジャチョン

略（slum Up grading 2030 Strategy）」を推進中だ。このため、国連ハビタットは 2008 年から「住民参加型パンジャチョン改善プログラム（PSUP：The Participatory Slum Upgrading Programme）」を本格化し、40 カ国 190 以上の都市で官民協力事業を進めている。2020 年までに同事業を通じて 10 億ドルの支援金を調達し、500 万人以上を支援した。これを通じて 80 万人以上が安定的な住居を確保することができたという。長期的にはこのような事業を 2,000 都市で実施する計画だ[1]。

　また、国連事務総長は「パンジャチョン改善 2030 戦略」を後押しするため、特別報告官（Special Rapporteur）に対し、パンジャチョン問題に対する各国のアプローチと対応原則を提示させた。これに対し 2018 年国連総会に提出された報告書は、パンジャチョン改善の核心原理が「適切な住居に対する権利保障」にあるという点を明確にした。したがって強制撤去を中断しなければならず、やむを得ず移転しなければならない場合には居住権およびその他の人権基準を充足することを要求している。また、パンジャチョンの価値を認めるよう法律を改正し、貧しい人も包摂できる都市計画と土地利用を強調した。さらに、パンジャチョン住民の参加と経済的自立を支援し、パンジャチョンに対する投機を防ぎ、関連した腐敗を根絶するなど、計 31 の事項を要望している。特別報告官はこれと共に、前述したようにスラムという表現ではなく、非正規居住地という中立的な表現を使うことも促した。

居住権概念の発展と課題

　国際機関が求めているパンジャチョン問題に対する原則は簡明だ。パンジャチョンが貧しい人々の暮らしの場ということを認め、住民中心、権利中心にアプローチしろ、ということだ。それを圧縮する用語が「居住権」である。韓国では、居住権は見慣れない用語ではない。1980 年代の撤去反対運動を経て、撤去民の要求は単に利権争いだけでなく、住居に対する権利を要求するという事実を確認したためだ。パンジャチョンの開発が住民の居住事情をさらに悪化させ、ひいては貧困を深化させる問題だということを理解するようになったのだ。そのために居住権という言葉を使うのが自然になった。1980 年代後半、国際社会から暴力的な強制撤去と非難された時は、居住権侵害の事実はないと

抗弁してきた政府が、1990年代後半からは居住権に基づいた政策を展開し始めた。最低居住水準を制度化し、撤去民に対する居住保障を強化し、公共賃貸住宅の拡大を政府の最も重要な住宅政策課題に置いた。さらに2015年には住居基本法を制定し「国民は関係法令および条例で定めるところにより物理的・社会的危険から抜け出し快適で安定した居住環境で人間らしい居住生活を送る権利を持つ」（第2条）と規定した。

居住権とは一言でいうと、すべての国民が人間らしい居住生活を送れる権利だと言えるが、その議論の歴史は長い。1948年の「世界人権宣言」に初めて居住権が国際的な規範的権利として登場した。今もその宣言を発表した日の12月10日を「世界人権の日」として記念している。「人権宣言」25章1節には「すべての人は自分と家族の健康と幸せのために適切な生活水準に対する権利を持っている。これには医・食・住と医療、必須の社会サービスが含まれる」と書かれている。その後、国連はこれをさらに具体化する国際規約を採択し、そのうち住居に関しては「経済的・社会的および文化的権利に関する国際規約」（1966）が重要だ。この規約の11条には「この規約の当事国は、すべての者が適当な食料、衣服及び住宅を含め、自分自身と家庭のための適当な生活水準を享受する権利と生活条件を持続的に改善する権利を有することを認める」とされている。この規約は1990年1月、韓国国会も批准することで国内法と同じ効力を持っている。これを踏まえ、国連社会人権委員会は1991年、「適切な住居に対する権利（The right to a dequate housing）」と題した一般論評（General Comment IV）を通じて居住権の内容を体系的に整理した。

また1993年、国連人権委員会は第77号決議（Resolution）を通じて強制撤去を明白な人権侵害と規定し、各国政府にこれを阻止できる対策を立てるよう促した。特にこの頃は、韓国でも強制撤去問題が深刻な社会問題として浮上したため、国内市民団体も国連人権決議に照らして政府に強く問題提起をした。

これらの居住権に関する議論は、その後さらに進展し、1996年にイスタンブールで開かれた第2回世界人間定住会議（UN Habitat II）の「人間定住に関するイスタンブール宣言」において、「我々は、国際法が保障する適切な住居に対する権利を忠実に実現させることを改めて確認する」（第8条）、「我々は住宅市場に参加できない人々を支援し、できるだけ安価な住宅供給を拡大す

適切な住居に対する権利（抜粋）

- 誰もが自分の経済状況に適した住居を手に入れることができなければならない。
- すべての住居は一定規模以上でなければならず、寒さ、湿気、暑さ、雨、風などを防ぐことができる水準でなければならない。
- すべての住居はきれいな水、電気、採光、上・下水道、道路、料理のためのエネルギー使用、洗面施設、飲食物の保存などに必要な施設および設備を備えていなければならない。
- すべての住居は高齢者、障害者、子ども、患者などが利用しやすいものでなければならない。
- すべての住居は職場に近く、保健所、学校、保育施設などの社会的施設から近い場所になければならない。

るために努力する」（第9条）と、居住権への国家的責務をさらに表明した。

　それから20年後にエクアドルの首都キトで開催された2016年第3次会議では「都市に対する権利」にその概念が拡張され、包摂都市（The Inclusive City）が中心議題となった。住居だけでなく都市そのものが共に生きていかなければならないという次元で発展したのだ。また、都市基礎サービスに対する平等な接近性、社会統合と包摂的な共同体形成の支援、移住民・難民など社会的弱者層の生活の質向上などの議題も強調された。居住権侵害に対して防御し、これを守ろうと強調したことから、住居、都市、ひいては地球環境に対する積極的権利を主張する方向に進展したのだ。

　しかし、このような居住権、都市権の議論には決定的な限界がある。権利ではあるものの、守らなくても処罰できないからだ。まさに「自由権」と「社会権」の違いだ。国家が侵害してはならない権利が自由権ならば、国家が少し介入して改善しなければならない権利が社会権だ。不当な人身拘束をするとか、集会・出版の自由を阻むことが自由権侵害ならば、国家が可能な限り最善を尽くせば良いのが社会権である。したがって、社会権はその絶対的水準を国際的に決めることはできない。

　例えば、フランスの居住権とある発展途上国の居住権水準は根本的に異な

第8章　パンジャチョンが残した課題　221

る。フランスでは、社会連帯レベルですべての自治体が一定比率（25%）の公共賃貸住宅を確保しなければならず、これを達成できない場合、それに相応する費用を他の自治体に支払うことになっている。反面、数多くの発展途上国は公共賃貸住宅が全く整っていないだけでなく、パンジャチョンさえも撤去の脅威にさらされている場合が多い。これらの国では強制撤去さえ防げれば幸いであり、たとえ掘っ立て小屋であっても直して暮らせば幸せなこともありうる。このように国ごとに居住権の実現目標が異なるのは避けられない。

　結局、居住権、都市権は国別に絶対的基準や正解があるのではなく、持続的に努力し改善しようとする過程で理解しなければならない。そのような点で、私たちは居住権の発展過程のすべてを経験したと言っても過言ではない。撤去に抵抗しながら公共賃貸住宅を勝ち取り、その過程で居住権が韓国社会に受け入れられるようになった。その余勢を駆って公共賃貸住宅を持続的に拡大し、住居給与[★1] を導入して民間賃貸住宅に居住する人々にも補助金を支給するほど発展した。このすべてがパンジャチョンの形成と解体過程で貧しい人々の権利探しに献身した多くの人々の努力のおかげだ。

　それでも私たちはまだパンジャチョンが残した課題を解決できていない。

パンジャチョンの残した宿題

変わらない要求：安くて良い家が必要だ

　パンジャチョンは貧しい時代にやむを得ない現象ではあったが、肯定的な要素も多かった。何より国民に安い住居を提供したという点だ。これは、パンジャチョン居住者だけに役立ったのではなく、低い人件費で労働力を確保しなければならない韓国経済にも大いに役立った。パンジャチョンは韓国初期の経済成長に必須だった豊富な低賃金労働力の確保を可能にした中心手段だった。そのような点で、韓国の経済成長がパンジャチョンに大きな借金をしていることは明らかだ。このようなパンジャチョンの役割は時代が変わり、パンジャチョンがすべて消えた状況でも同じだ。依然として安い家が必要な人々が存在するためだ。

　パンジャチョンが合同再開発事業によってなくなったことは、「すべてのこ

222　　第3部　パンジャチョンの後のパンジャチョン

とがうまくいったから」ではない。すなわち、そこに住んでいた低所得層の経済力が一般的な住居を求めることができるほど成長したからではないということだ。したがって、社会的弱者層が持続的に抱えている居住問題解決のためには、何よりも公共賃貸住宅供給を増やさなければならない。対象階層も伝統的な貧困層だけでなく、市場で住宅問題の解決に困難を来たしている若者層、新婚夫婦などにも拡大されなければならない。しかし、公共賃貸住宅を早く増やすには限界があるため、民間の賃貸住宅に居住する低所得層に賃貸料補助を並行する必要がある。

　これは公共賃貸住宅に入居できなかった階層に対する公平性の観点からも役立つ。政府は基礎生活保障対象者と次上位階層[★2]に住居給与を世帯員数と居住地域により差別支給しているが、その支給額を高め、若者層などに対象を増やしていかなければならない。

　新種のパンジャチョンとも言える脱法、違法住居に対する取り締まりも解決しなければならない課題だ。多くの低所得、若者層が考試院、チョッパンなど不良で違法的に運用されている住宅に居住している。しかも多世帯・多家口住宅の内部を違法に分けた小型ワンルームも多数存在している。これらの住宅は単に法的要件を満たしていないだけでなく、安全の面でも多くの問題を抱えている。考試院での火災は既に社会問題になり、スプリンクラー設置などが段階的に進んでいるが、既存住宅の部屋区切りは摘発することは容易ではない。しかし、少なくとも安全は最優先に置かなければならない。結局、より多くの良質な住宅が供給されることが、このような違法住居を防ぐ道だろう。移動性の高い若者や雇用不安定階層のニーズを考慮した住宅供給が切実になっている。

人を中心とする都市整備

　住宅は1つで存在するのではなく、他の住宅と地域を成して存在する。老朽・不良住宅の場合、家も直さなければならないが、地域の改善が同時に進行しなければならない理由だ。パンジャチョンは個別住宅自体が不良なのはもちろん、住宅があるところの環境、すなわち基盤施設の不良という点でさらに問題であった。したがって、パンジャチョン政策は住宅政策であり、都市再生政

策でもあった。

　韓国はパンジャチョンを良性化し現地改良する段階を経たが、それだけで完全な住宅と住居地にすることはできなかった。一定の時点では地域全体に対する整備が必要であった。過去、韓国のパンジャチョンの基盤施設の状況を勘案すれば、クリアランス型再開発が避けられない側面があった。しかし、この過程で間借り人の居住権問題が発生し、家主も自分たちの経済能力や生活環境を考慮しない問題を経験した。このため、パンジャチョン再開発地域のもともとの住民の戻り居住率が 10% にも満たないため、結果的にパンジャチョンが都市中産層のためのマンション供給源として使われたという批判を受けた経緯がある。最近のジェントリフィケーションの問題が居住地域で現れたのだ。

　このため、間借り人向けの公共賃貸住宅供給、元住民の戻り居住率を高められる方法、小商いを保護する方法などが論点になり、一部は多くの葛藤を経験した後に制度化されたりもした。たとえパンジャチョンは消えても、最近課題となっている都市再生、都市再開発にもこのような問題が依然として残っている。誰のための再開発かという問題は、パンジャチョンが消えて 20 年余りが過ぎた現在も続いている。居住地の整備過程で元居住民の参加と保護は依然として解決しなければならない課題だ。都市再整備事業はやむを得ず収益性を考慮しなければならないが、元居住民の住居と生活権が保障されるよう均衡を成すことは都市政策の重要課題といえる。

　これと共に既存の老朽・不良住居地を改良したり開発することは必ず開発利益の配分問題を招くことになっている。「誰のための再開発か」という問題も結局、開発利益の配分をめぐる葛藤といえる。したがって、居住地の再整備で発生する開発利益が全面的に所有者にわたることにしてはならない。都市再整備の影響が当該地域だけに及ぶのではなく、周辺地域ひいては都市全体に影響を及ぼすためだ。パンジャチョンの再開発過程で、私たちは既に様々な副作用を経験している。その点で都市再整備費の開発利益は所有者だけでなく、そこで生きていく貧しい人々、ひいては都市全体の発展のために一緒に使われなければならない。各種都市計画制度および手続き、また開発利益還収制度が既にそのような要素を含んでいるが、都市政策運用でさらに積極的に考慮する必要がある。

224　　第 3 部　パンジャチョンの後のパンジャチョン

社会が支える貧困克服

パンジャチョンは貧しい人々の自己解決型居住空間であっただけでなく、彼らの生活・経済・福祉共同体でもあった。パンジャチョンの住民同士で就労先を斡旋したり、一緒に働いたりもし、生活に困難がある場合、互いに支えあったりもした。児童保育システムが構築されなかった時代に、パンジャチョンの路地はそれ自体が保育園であり幼稚園だった。単純に住民の大多数が離農民であるため、農村社会のような共同体文化が持続しているためだけではなかった。国家福祉が不在の中で自主的に貧困を乗り越えていかなければならなかったためだ。したがって、パンジャチョンが解体されるということは単純に安い住居が消えるということだけでなく、仕事・家事・育児共同体などの自助ネットワークが消えることを意味した。

20〜30年前よりは比較にならないほど福祉制度が整備され社会安全網が強化されたが、貧困層保護に穴があるのではないかと憂慮するのもそのような理由のためだ。基礎生活保障制度、健康保険、国民年金、高齢基礎年金などがあるにもかかわらず、貧困層が隠蔽、分散、孤立しているために現れる不安感だ。そのような点で古い課題ではあるが、社会福祉デリバリーシステムを強化することは依然として重要だ。過去のパンジャチョン時代には公共福祉は「零細民支援」と通称された生活保護と就労事業しかなく、福祉デリバリーシステムもやはり洞事務所[2]と統・班長[3]の行政体系しかなかった。しかし、1998年のいわゆるIMF通貨危機以後、福祉制度は速いスピードで拡充された。基礎生活保障制度が導入され、社会福祉専門要員（現在の社会福祉職公務員）を含め、社会福祉館、自活支援センターなどが大規模に拡大された。

それにもかかわらず、隠れている貧困層は、さらに見つけにくいように感じられる。考えるのも恐ろしい一家心中が頻発し、これを現在の社会福祉デリバリーシステムが発見し予防できずにいるためだ。これは貧困層が過去よりさらに隠されているために現れる現象だ。パンジャチョンの時代より貧しさが恥ずかしく、隠したいものになってしまったのだ。このような条件で助けが必要な貧困層を早期に見つけ出し、適切な支援につなげることは非常に重要だ。公的社会福祉デリバリーシステムの他にも多様な民間参加を通じて共同で努力する必要がある。

パンジャチョンはそれ自体が福祉安全網だったが、それよりさらに重要な性格は就労ネットワークだったことだ。男性は建設業への就職、女性は内職や縫製などがパンジャチョンネットワークを通じて行われた。公的な就職斡旋や職業訓練機能がきちんと定着する前に、住民同士でこのような役割を果たしてきたのだ。この姿が消えてから、これらのことは今や公共の責任となっている。もちろん依然として民間斡旋業者などがあるが、慢性的な雇用不安定時代に入って以後、公共の就労支援の役割はより一層重要になっている。若者の未就職、長期失職などに対処する積極的労働市場政策を強化し、特に断絶された貧困層を労働市場に引き込もうとする努力が活性化されなければならない。このために雇用サービスデリバリーシステムを強化し、長期失業状態の世帯を支援しながら同時に勤労意欲を高める失業扶助制度の導入も急ぐ必要がある。

　最後に、永久賃貸住宅のソーシャルミックス問題は、今に始まったことではない。パンジャチョンを代替した公共賃貸住宅が郊外に大規模団地として建設されたうえに、特に極貧層優先入居の結果として多様な社会問題が現れたためだ。政府は初期から永久賃貸住宅が持つ問題を認識し、これを補完するために多様な試みをしているが、依然として十分ではない。政府は永久賃貸住宅に集中した貧困層居住を分散させる観点から公共賃貸住宅制度の統合を進めているが、既存入居者に対する適用には長い時間がかかる。したがって、永久賃貸住宅団地での住民参加プログラム、アウトリーチ型福祉などの努力が必要だ。また、再開発地域に建てられた賃貸住宅は駐車スペース、団地内の移動、学校などで目に見えても見えなくても差別的な眼差しにさらされる。この問題もまた、より積極的に解決しようとする努力が必要だ。

共に生きる都市の夢

　韓国のパンジャチョンは、まさに生老病死を経験した。パンジャチョンがすべて消えた今、その劇的な経験から私たちは「大都市で低廉な住居は必ず必要であり、それは貧しい人々の権利」ということを知った。これは貧しい家庭だけに役立つのではなく、社会と国家経済にも役立つということも理解した。また、パンジャチョンの形成と密集、拡散、そして消滅過程は私たちにとって都市とは様々な階層、様々な職業が一緒に暮らさなければならないところだとい

うことを確認させた。

　これと共に、パンジャチョンの運命は貧しい人々が暮らす空間が金儲けの対象になった時にどんなことが起きるのかも教えてくれた。貧しい人々はもっと遠く、もっと不便なところに押し出されるしかなかった。一方では莫大な開発利益が生じるが、他方ではそれによる不利益をそのまま甘受しろというのは正義ではない。撤去民闘争はその結果であり、遅いが社会は変わった。居住権は与えられたものではなく、貧しい人々の努力によって勝ち取られたものだった。しかし、居住権はパンジャチョンの再開発にだけ適用される話ではない。劣悪な住居に高い住居費を負担しなければならない人々がいるならば、国家はこれを改善する責務がある。公共賃貸住宅、家賃補助制度など現代福祉国家が施行した住宅政策が私たちの具体的な政策目標になったのだ。

　都市は生きている生命体のように変化し進化する。空間とその上で行われる人間活動の間には調和する時期もあるが、不調和を成す時がさらに多い。人々の活動や空間利用方式は急速に変わる反面、既存の空間は変化が遅いため両者間に不調和が発生するのだ。これを再び調和させようとすることが都市再整備あるいは都市再生、都市再開発事業といえる。過去に形成された空間構造を現在、ひいては未来のニーズに合わせて直していくことだ。

　パンジャチョンに対する合同再開発もそのような観点から見れば都市空間の進化だった。そして今もソウル全域、大都市の隅々に分布する老朽・不良住居地に対する整備事業は止められない課題だ。ただし、その方法はクリアランス型もあり得るし、改良型もあり得るだけだ。どんな方法が必ずしも正しいとは限らない。地域環境、住民の要求などを取りまとめて最適な方法を探すことが肝要だ。改良型再生なのか、クリアランス型再開発なのかという議論は、それ自体が無意味だ。本当に重要な問題は、このような都市変容の過程で競争力の弱い人々が押し流されないようにすることだ。開発利益の最大化論理ではなく、共存と包摂の都市原理が作動しなければならない。

　みんなが良い家に住むことはできない。それでもできるだけみんなが安くて良い家で暮らせるように努力する社会にならなければならない。みんなが良い町に住むことはできない。しかし、どの町も安全で快適で便利な生活施設を備えるよう努力する社会にならなければならない。都市に富裕層や中産層だけが

第8章　パンジャチョンが残した課題　　227

住むことはできない。都市は様々な所得階層、幅広い年齢層、多くの職業群の人々が共に暮らし、作っていく空間だ。ソウルは、パンジャチョンが蔓延していた時期が逆説的に貧富の差が最も少なかった時だった。みんな貧しく、今に比べれば貧困を敬遠したり差別したりしなかった時期だった。希望も溢れていた。

　韓国は今や世界10大経済力を持つ国家になり、貧困の象徴だったパンジャチョンまですべてなくなったが、心の貧困はさらに深く鋭くなった。貧しい人が住む家はもっと隠したいところになった。しかし、パンジャチョンの経験が物語っているように、共に生きていける都市は成長と発展の力が大きい。パンジャチョンが消えた都市で、一緒に暮らす都市を夢見てみる。

注

1　UN-Habitat HP（https://unhabitat.org）。
2　現在は住民自治センターに再編されている。
3　洞の下部組織として設置され、行政施策の広報および住民意見の伝達等の役割を担っている。

訳注

★1　住居給与は、居住が不安定な低所得者層等の居住費負担を緩和し、良質の居住水準を確保するために家賃を補助する制度（国土交通部『2023年住居給与事業案内』）である。韓国の居住政策にかんする最上位法に当たる「住居基本法」第15条（住居費補助）では、「国家及び地方自治団体は居住費負担が重く居住生活を営むのが困難な低所得世帯に住居給与を支給」すべきと記している。こうした住居給与は、「住居給与法」第2条第1項と「国民基礎生活保障法」第11条第1項に依拠しており、「住居給与は受給者に居住の安定に必要な家賃、修繕維持費、その他の物を支給する」こととして定義されている（全泓奎（2023）「韓国の居住困窮層と居住支援」国立社会保障・人口問題研究所『社会保障研究』vol.8, no.2, pp.175-190）。
★2　家計所得が最低生計費の100〜120%以下に該当する階層を指す。基礎生活受給者よりやや状況が良い人々で、潜在的貧困層ともみなされている。

228　第3部　パンジャチョンの後のパンジャチョン

補論　パンジャチョンと不動産政策の 経験

研究と実践の関心

　私がパンジャチョンに初めて出合った日を今でも忘れることができない。大学入学試験を受けるために上京したその年の1月、ソウルには雪が特に多く積もっていた。キャンパスに行く道の左右に想像もできなかった光景が広がっていた。遠く白い雪に覆われた山の尾根に、パンジャチョンが黒い豆をまいたかのように散らばっていたのだ。夜の路地で街灯の下から見える情景は幻想的でさえあった。突然出合った1980年代の「ソウル暮らし」の風景だった。

　都市工学を専攻した私が卒業する頃、合同再開発事業が始まった。初めは古いパンジャチョンをマンションに変える程度かと思っていたのだが、すぐにソウルの人口の10％近くが移動しなければならない大仕事であることを知った。パンジャチョンの所々で悲鳴が上がり、私も多くの青年たちと同じように黙っていることができなかった。パンジャチョンに部屋を得て住むことから始めた。本書でも紹介したアレンスキーの運動論を実践する出発点だった。ソウル市内のほとんどすべてのパンジャチョンを歩いてみた。自然に撤去反対運動に参加するようになり、ソウル市撤去民協議会で常勤活動家として働いた。

　その後、研究を再開した後も貧しい人々の居住問題から抜け出すことができなかった。韓国の経済成長とパンジャチョン、韓国の撤去民運動の歴史と意味、パンジャチョンの穴を埋めるようになった公共賃貸住宅の性格、居住権と公共の役割、ホームレスの人々の暮らしと社会の責任などは私の研究実践の関心事だった。韓国都市研究所はそのような点で私にとって大切な職場であり現場だった。20代から30代の大部分を貧しい人々たちのそばで過ごすことを志した。

　盧武鉉政府に加わったのは幸運でもあり苦難でもあった。政府を批判する立

場だったのにいきなり住宅価格を安定させ、住居を改善しなければならないという宿題にとりかかるために参加したのだった。ちょうど韓国は通貨危機を克服するのと同時に住宅価格が上昇している時だった。全世界で不動産バブルが起こっていた。住宅供給の拡大と共に盧泰愚政権の時に推進されかけて終わった未完の不動産改革の課題を制度化しなければならないという宿題が横たわっていた。現在も論争になっている総合不動産税、建て替え事業超過利益の返還制度が当時導入された。その時始まった100万戸公共賃貸住宅ロードマップは韓国の居住福祉政策の基本枠となった。

　しかし貧民運動出身の私が不動産政策に関与することで盧武鉉政権が理念的に傾きすぎたという批判がつきまとった。反対に撤去民運動をしていた人が政策に加わったのに庶民たちの居住問題がさらに悪化したという批判も同時に受けた。政府の政策は何人かによって左右されるいう構造では決してないのだが、そのような私には過ぎた批判がしばしばわき起こった。しかし2008年の全世界的な金融通貨危機が過度な不動産バブルによるものということが明らかになり、盧武鉉政府の先手を打った努力が後にではあるが評価されることとなった。この時の経験を基に不動産政策に対する何冊かの本を書いたりもした。

　盧武鉉政府以降10年が経った時、再び政権に加わった。悔しくもこの時は不動産の価格が暴騰していた。やはり非常に身に余る評価だとは思うが、メディアや政界で私が文在寅政権の不動産政策の責任者および設計者だと指摘されることがよくあった。当然文在寅政権の不動産政策に対する深い責任感を感じていた。そのためこの本を出版することに対しては非難も多いことが予想される。文在寅政府の責任に対してまず明らかにしろという要求があるのだと思う。

文在寅政府と不動産

　それならば、なぜ文在寅政権は住宅価格を適正化できなかったのだろうか？

　これに対する世の中の評価は既に出ていて、「規制による供給不足で、税金は住宅価格を適正化する効果もなく国民をより苦しめただけだった」というのが定説になっている。

このため、政界、特に政党「国民の力」は、大統領選挙キャンペーンの過程で文在寅政権の政策を総体的に失敗と規定し、大部分の政策を元に戻すと公約した。この間実施してきたこととは反対のことをしたらいいという点で、民主党もこの点で国民の力と大差なかった。

　そのような中、2022 年初めから、ここしばらく市場に流れてきた莫大な資金の余波で物価が急騰すると、全世界が流動性の縮小に乗り出し始めた。わずか 1、2 か月の間に市場の雰囲気が急変し、不動産価格が本格的に下落し始めた。8 月に入るとすぐ「11 年ぶりの最大下落」、「ソウルのマンション 30％下落続出」などの記事が出た。米国、ニュージーランド、豪州など、この間不動産価格が上がり続けた国も本格的に下落し始めたのだ。供給不足のために住宅価格が上がり、また、継続して上がり続けるという恐怖心を増長したメディア、専門家、政界は一気に口をつぐんだ。

　文在寅政権の不動産政策が失敗だったとするなら、その原因を省察することが重要だ。この間、流動性、需要、供給、税金、建て替え、再開発等々原因に対する激しい議論が交わされた。開発政策の失敗以外にも不動産市場特有の景気循環や私たちだけではどうにもしがたいマクロ経済の影響もあったのだろう。不動産市場の診断と政策効果を判断するためには、原因、過程、そして構造を共に見なければならない。文在寅政権の期間には歴代のどの政権よりも供給が多かったが、さらに多く増えた需要に耐えられなかった。どのような需要がなぜ増えたのかという点も重要である。

　この頃になると私は「文在寅政権の失敗を告白することで、社会がしっかりと省察する機会をつくるべきか？」という悩みと圧迫感を覚えるようになった。しかし国民の苦しみと不安が続いているのに政策に直接関与した人が何かを説明しようとすることは道理に合わない。ただの弁明にしかならないだろう。今も続く市場不安に加え、全世界的に流動的な市場環境を前にして何かを述べるには早すぎる。1 年前に書いた本で明らかにしたように「今は経験したことのない過剰な流動性が奨励されることでもたらされる危険に恐れをもってともに準備するときである[1]」。

　その代わり、この間先延ばしにしてきた宿題を一つずつ終わらせているところである。他の国の住宅政策を体系的に紹介する仕事を終わらせるため、2021

年に『家に閉じ込められた国、東アジアと中国』という本を出版した。それより前に発刊した『夢の住宅政策を探して』で西欧主要国家の政策を紹介したとするならば、この本は隣国の国家の話である。また、最近は全世界的な不動産市場の不安の原因と政府の役割を論じた論文がいくつか出ている。しかしながら今、長い間の宿題、すなわちパンジャチョンに対する心の借りを返そうとしている。

パンジャチョンの歴史と意味の整理

パンジャチョンは貧しい人々が都市に定着するための前線基地だった。自力でパンジャチョンを抜け出し、一般の都市ネットワークに編入するにあたり成功した人もいた。しかし韓国のパンジャチョンは非常に暴力的な解体過程を経てきた。多い時はソウルの人口の 40％近くが住んでいたのに、合同再開発事業でわずか 20 年余りの間にすべてなくなってしまった。パンジャチョンはマンションに変わったが、そこにとどまっていた貧しさは消えるはずもなかった。大部分が見えない所に散らばっていっただけなのである。

本書で詳細を述べているが、半地下は代表的なパンジャチョン以降のパンジャチョンである。2022 年の水害は、半地下がどのようなところかを社会に再認識させた。20 年前にも半地下住宅が水につかり大きな問題となったソウル市で再び同じ問題が起こったのだ。この間、ソウルと首都圏にどれだけ多くの素敵な家が建ち並んだだろうか。また半地下が多く密集している街をマンションに変えるというニュータウンの熱風が巻き起こりもした。しかし、貧しさがなくならない限り貧しい人々が住む家もなくならない。

パンジャチョンは今や博物館にその痕跡を見ることができる。貧しい人々の住居問題も公共賃貸住宅、家賃補助のような現代的な居住福祉制度の中で解決策を探る時代となった。しかしパンジャチョンの経験が私たちの社会に残した課題は依然として残っている。「都市はともに暮らしていけるところにならなければならない」ということだ。私が二つの政府にわたって約 5 年間経験した現実の不動産政策は「ソウルのマンション価格との戦争」に他ならなかった。すべての国民の視線がすべて外面的な部分に向けられていたためである。よいマンションをより多く供給したら住宅循環効果によって長期的に低所得層の住

居もよくなるだろうという、いわゆる住宅フィルタリング（filtering process）
理論は貧しい人々には通用しない。もう一段、よりよい家にあがるための階段
の段差はとても高い。貧困がなくならないのならば、貧困がとどまる家をもっ
と大切にしなければならない。それが「パンジャチョンの歴史」が私たちに残
した教訓である。

注

1　キム・スヒョン、チン・ミユン（2021）『家に閉じ込められた国、東アジアと中国』五月
　　の春、358 頁。

監訳者あとがき

　今年は、筆者が本書のテーマでもあるパンジャチョンに初めて荷物を下ろし生活し始めてからちょうど30年目になる。

　筆者は、ソウル市内にあったパンジャチョンで5年ほどを住民とともに過ごしたことがある[1]。当時軍隊を除隊し気を引き締めながらマスコミへの就職に向けて入社試験の準備をしていたところであった。

　図書館で勉強に励んでいた筆者の耳に、マイク越しに後輩たちが騒ぐ声が投げつけられた。「カンゼチョルゴ（強制撤去、強制立ち退き）が入った！」。

　1986年のアジア競技大会、そして88年のソウルオリンピックという国家的な大イベントの開催を機に本格化した住宅再開発事業は、90年代に入ると瞬く間に拡大し、ソウルの町はずれにまでどんどんその手を伸ばしていたのであった。

　当時筆者のような学生運動上がりの若者たちにとっては、労働者や農民、そして貧民と呼ばれる社会的弱者との連帯の機会が多かった。

　1987年の民主化闘争で大統領選挙の直接選挙制の勝ち取り、手続的民主主義が韓国にも到来したとはいえ、社会の声なき人々、つまり資本主義によって生活が蹂躙され搾り取られている人々への関心や対応についてはまだまだ課題が山積みの状況であった。

　学生運動にかかわっていた筆者も、将来は民主的なメディアに入社し、社会の正義のために発信していくという、学生運動とは違う立場で新たな実践を行いたいといった夢を抱いていた頃であった。

　しかししばらく時間が経つと、図書館に籠っていた生活を断ち、後輩たちと強制立ち退きが行われた地域に走っていた。

　筆者のような80年代の最後に大学生活を送ったグループにも、当時はこの

ような学生運動はじめ、「社会参加」と言われていた、労働者、農民、貧民など、社会から見放されていたグループとの連帯活動の機会はまだ多かった。そうしたところが今の時代とは少し違って見えるのは筆者だけではないだろう。

　本書の著者の時代は筆者の時代より10年を遡る。さらに10年前の世代に当たる1970年代に既にこのような経験や現場に献身的に身を置きつつ、社会的に疎外され排除された住民のために実践した先輩たちのグループがあった。それらの方々については本書でも詳しく述べられている通りである。

　ここでは、本書を翻訳することになった背景をいくつかを取り上げる。それは本書の冒頭で著者が述べている内容とも重なる。つまり本書が刊行された年は2021年であるが、この年は、クァンジュ大団地事件とも呼ばれる、ソウル郊外の京義道のインフラや住宅などが全く整備されていない地域で、ソウル都心のスラム地域から強制的に再定住させられた人々による生活保障や権利要求に向けた闘いが起きた事件が発生した年からちょうど50年を迎える。またそうした貧困層の多くが居住する地域の改善のために当該地域の住民と共に闘った貧民（住民）運動が始まって50年の節目の年でもある。このような記念的な年に本書が刊行されたことの意義は大きい。

　それに加え、本年（2024年）は筆者がソウルのスラム地域に入り、住民と共に住民排除の再開発事業に立ち向かい、居住や生活の権利の獲得のために闘った年からも30年を迎えるため、思いが重なる。筆者は、現在もう一つ記憶を取りまとめ世に共有するための作業を行っている。それは「天主教都市貧民会」という活動の記録をまとめる作業である。

　同会は本書でもしばしば出てくる貧民地域活動家のキーパーソンの多くが所属していた団体であり、貧民や再開発問題において重要なアクターでもあった。同会も来年3月25日に設立から40年を迎えることになる。現在組織としての活動は休止しているが、80年代に上溪洞や木洞での激しい闘いにかかわっていたメンバー同士が、今でもSNSなどで交流しながら年に数回集まる機会を持ち、時には社会的弱者の側に立ちデモに参加したりしている。

　いずれにしても2020年以降は、こうした貧困地域との関連で重要な団体や施設などの活動が、30年、40年を迎えることに伴う記念事業が立て続けに予定されている。

監訳者あとがき　　235

さて、ここでは、本書の著者と筆者との思い出や、著者の紹介をもう少し補筆しておきたい。というのは、本書にはパンジャチョンの再開発に伴う住民の権利擁護などにかかわっていた人物が多く出ているものの、著者自身にかかわる物語が少ないのが少し気になっていたためである。

　先述したように、筆者は現在、天主教都市貧民会の記録を刊行するための作業を行っている。遠くは70年代、多くの場合80年代に同会とかかわりながら様々な活動に参加していた人々に対し、それらのメンバー間のかかわりや思い、思惑、期待とのずれ、挫折、悲しみ、そして将来に向けた希望などについて会員の話を聞きこんだ。その際、しばしば本書の著者の話が取り上げられた。その度に筆者は、著者は同会のメンバーではなかったもののこれだけ多くの人々の間の記憶に残っているということは、当時著者が果たしていた役割が大きかったのでは、と思うようになった。

　そこで本書の翻訳を機に、著者本人の話を聞く場を用意することにした。

　2024年3月25日、筆者は上記の天主教都市貧民会の記録作業を行っている他のメンバー3人（朴在天、金ドンウォン、金ヨンシル）と共に、著者が勤務する世宗大学校の研究室を訪ねた。外で会うこともできたが、それには事情があった。

　現在著者が検察に起訴されている身であることがその理由の一つである。これは著者が何か大きな罪を犯したためではなく、著者が前政権の政権側の中枢（大統領府政策室長、大臣クラスのポスト）を担っていたことによるとみられる。

　現在政権を執っている尹錫悦は、執権初期から継続して前政権側で中心的な役割を果たしていた人物への政治攻撃を行っていると言われている。

　今回の著者に対する検察起訴の件も、それにほぼ近いことではないかと推察される。それは著者が当該業務の直接的な当事者でもなかった、原発廃止への政治圧力だとか、住宅関連統計のデータ改ざんの指示だとか、ほぼ言いがかりに近いことで起訴されているからである。

　いずれにしても、こうした状況からむやみに外に出て活動をすることは控えざるを得ない。そこで我々が著者の勤務先を訪ね、研究室の中でインタビューを行ったのである。

　本書には、本書の舞台となっている貧困地域、つまりパンジャチョンにまつ

わる多くの人物が登場する。とりわけ72頁以降に最も重要な人物が登場している。

　韓国は1950年の朝鮮戦争により焦土と化し、地域の至る所で自然発生的な形でバラックが形成されるようになった。

　その後1960年代から本格化する経済発展により、圧縮的経済成長とも呼ばれるほどの成長を遂げることになった。そして、ソウルと釜山を結ぶ高速道路は地方から都市への高速移動を可能にし、ソウルへソウルへと若い労働力の移動が始まった。それは1955年から始まる日本の高度経済成長期、集団就職の列車に乗って若者が都市へとやってきたのとも重なり、当時の都会の風景にもなっていたのであった。

　しかしこれらの人々を収容できる住まいが都市にはなく、当時ソウル市の約40％の地域、およそ10万人とも言われる人々が本書の舞台となったパンジャチョンで生活していた。

　そのような地域での生活困難や権利侵害などに対し、肩を並べて住民側に立って共に悩み、一緒に泣きながら闘っていた人々の話が、本書では「パンジャチョンの改革家たち」というくだりで紹介されている。それはまさに住民運動50周年の歴史でもある。

　1970年代、朴正熙政権による軍事独裁体制、再度のクーデターを経て80年代に光州事件を起こし政権を完全に掌握した全斗煥、それに続く盧泰愚政権の時代は、都市化が高度化かつ暴力的な形で進められた時代でもあった。と同時に、本書の著者が本書のテーマにかかわるようになった時代ともオーバーラップしてくる。本書の著者は1980年に大学に入学した。韓国では学生たちの間で入学した年に「学番」を付けて、何々学番と呼ぶ場合が多い。

　80学番であった著者は一つ上の先輩に誘われ、貧しい人々が住む地域に初めてかかわるようになった。「その時、私もボランティアのような活動をしていました」と言う著者は、ソウル大学校工学部（都市工学専攻）で大学生活を始めた。しかししばらくすると、工学部の中でも貧困地域の現場に出入りする者がいることに気付く。それと共に、自身も自ずとそのような現場に身を向けることになった。

　今のソウル駅の近くに、陽洞と呼ばれていた地域がある（現在は「會峴洞」

監訳者あとがき　　237

に編入）。そこは当時の貧困が集中することで知られた地域で、多くの小説や映画の背景にもなった[2]。そこは60年代、「バタヤ」とも言えるような、今で言う廃品回収業を営む人々が居住し、いわゆる貧民窟のような様相を帯びていた地域でもある。当時の用語で浮浪者や浮浪児と呼ばれる人々が最後に生きる生活の場でもあった。その中では貧困、暴力、売春などのイメージが地域を彩っていた。

　著者は最初、そのような地域に入り他の工学部の学生たちと共に社会福祉館を拠点としながら子どもの世話をするボランティア活動にかかわった。

　しばらく時間が経つと他の地域の活動にかかわっていた人々と知り合うようになり、その中で70年代に貧困地域で活動していた先輩グループとかかわるようになったのであった。その代表的な人物が、82頁に写真と共に紹介されている、ジェ・ジョング元議員やジョン・デイリー神父（韓国名、チョン・イルウ）、パク・ジェチョンから始まる「ボグンジャリコミュニティ」の活動家グループであった。こうした人々と本格的にかかわるようになったのは1983年頃である。

　その時期、ソウルでは木洞地域の再開発が激しくなり、そこから集団移住した人々のための居住地として（国外の援助団体や宗教団体からの支援を受け）、既に住民の自主的な再定住によってセルフ・ヘルプで住宅を建ててコミュニティを築き始めていた京義道始興のボグンジャリコミュニティの近くに「モクファマウル」が建設されていた。

　当時著者は、いわゆる学生運動グループの中で対外交渉や協力活動を担っていた。そのような活動をきっかけに、当時、市民運動や宗教運動の中心にいた先輩グループとの関係を築くようになった。その後、本人も本格的な地域活動にかかわることになり、舎堂3洞に赴き当該地域を拠点とした活動を展開することになる。もちろんこの地域も立ち退きが行われた再開発地域で、著者は当該地域での活動中に警察に拘束され、しばらく拘置所に入ったこともあった。拘置所を出た著者は1986年に軍隊に入隊し、89年1月に除隊するまでしばらく社会からは離れた身となってしまう。

　軍隊を除隊した著者は、違う生活に進むことも考えていたが、後輩たちからの要請を受け、強制立ち退きに対応するため住民当事者が1987年に組織した

「ソウル市撤去民協議会」の常勤スタッフとなった。

　しかし当時の様子について著者は、「1989年になれば撤去民運動のみならず韓国社会の運動陣営全体が既に疲れ果てていた」と言う。つまり、当初は戦闘的な当事者組織として、強制立ち退きにあった住民の権利獲得のために作られた同組織にも、そのような停滞した雰囲気が漂っていたのだ。

　「それにさらに火をつけたのが、東独の崩壊、ソ連の崩壊で、我々が信じて描いていたすべてが壊れていくことを感じた」

　世界の変化や変革が連鎖的に繰り広げられていくことを期待しながら、それを夢見ながら闘ってきたが、そのような闘いは消耗的でもあり、一部の住民は、革命的というよりは目先の利益に負け、「命を懸けて戦っても結局は補償金がいくら上がったのかの闘いのようになってしまう。だから自分たちは闘ってはいてもいったい何のための闘いなのか、こうした乖離感が頭をよぎる中、東欧でさえ潰れてしまった」。

　そうした経験や思いを抱きつつしばらくその団体で活動していた著者も、91年には組織を辞め、92年に大学院の博士後期課程に進学することになった。

　そして1994年には、それまでにスラム地域や住民の支援に努めていた「都市貧民研究所」を改変して作った「韓国都市研究所」の事務局長となった。その職を6年間続ける中で、これまでとは違う住民運動のメンバーやグループとの出会いが始まることになった。

　1980年から大学生活を送ることになった著者は先輩の誘いを受け、初めて都市貧困の現場に出合い、その後学生運動の延長として都市貧民運動のグループに出会い、時には住民の当事者組織の常勤スタッフの役割を担ったり、学生グループの対外協力という役割から、様々な市民社会グループの先輩たちに出会うことになった。そして、韓国都市研究所の事務局長を最後に、行政関連の組織を経験した後、大学の教員となっていった。

　筆者と著者との出会いは、この韓国都市研究所での2年余りの期間で得られた。

　当時筆者は、冒頭で述べたように、1994年から再開発事業地域として立ち退きが行われていた地域に住民の組織化のために生活し始めていた。マスコミへの就職の夢を捨てて地域で生活していた筆者は大学を休学した状態であった

監訳者あとがき　　239

が、やはり最終的には大学を卒業することと、その後どのような形で活動を続けていくか悩んでいた時期でもあった。

　当時、筆者のような形で地域とのかかわりを持っていた学生グループが何人もおり、そのメンバーと一緒に作ったのが「ソウル撤去地域学生支援対策連席会議（略称、ソジョン、ソ地連）」であった。

　ソジョンでは、1990年代に再開発が行われる地域に赴いて、再開発事業の問題や矛盾、住民組織の必要性や学生支援の意義などについて学生グループを相手に講演を行ったり、強制立ち退きが行われる地域に支援に出向いたりしていた。そのような活動の中で、ほとんどのメンバーは筆者と同じく大学卒業という時期を迎えていたことから、これまでのような地域での経験を生かす形で、地域で住民として、または地域の活動家として生きていくことを決心し、そのための教育を受けることにした。もちろんそのような教育を実施できる教育機関はどこにもない。そこで私たちは、韓国都市研究所に依頼し、地域で実践していくための教育を施してほしいと頼み込んだのである。

　当時、韓国都市研究所はいくつかの研究部署に分かれていたが、そのうち一つが「住民運動研究室」という部署であった。これは、本研究所の前身が「都市貧民研究所」であったことを受け継ぎ活動を行っているという象徴的な意味を持つ部署でもあった。

　そこで、同室を中心に、「住民運動現場活動家」になるために必要なカリキュラムを作成し、それを4か月のコースとして、理論教育と現地調査、先輩グループへのインタビューによる理念の共有といったプログラムが組まれ実施された。

　そこで筆者も含め10名の仲間が教育を受けたが、最後まで続けることができたのは8名だけであった。

　筆者はその教育を履修した後、1996年に設立された「韓国住民運動情報教育院」という教育機関の事務局長を務めることになった。そして、同機関の事務室が韓国都市研究所の中に置かれていたこともあり、研究所の一部の業務を兼務することになったのである。それが、著者が韓国都市研究所の事務局長として勤めた6年間の最後の時期に重なる。

　その後、著者は韓国都市研究所から「ソウル市政開発研究院（現在、ソウル

240

研究院）」に異動し、さらにその後政府から呼ばれ、青瓦台（大統領室）の秘書官を務めた後、世宗大学校の教員になった。大学教員となった著者はその後もソウル研究院の研究院長を務め再度政府に呼ばれ、今度は大統領室のトップでもある「政策室長（大臣級）」にもなったのである。

　著者と筆者との交友はその期間中も続き、筆者が再開発事業が終わり高層マンションに入れ替わってしまった地域を後にし、日本への留学の道に出た後も、著者は出張などで筆者の住む地域を訪ねてきてくれた。貧しい苦学生が暮らすみすぼらしい老朽化したアパートで一夜を共に過ごした著者が、見るに見かねて講演の謝礼金をすべて筆者に渡して帰国した時のことなど、今でも忘れられないエピソードがいくつもある。

　大学生の頃から貧しい地域の子どもや住民のことを考え、自分が拘束されても住民の近くにいようとしていた著者、その後も現場を離れず、少し遠い立場からでも継続して現場とのかかわりを持っていた著者であるからこそ本書が執筆できたのだと筆者は考えている。

　本書がぜひとも多くの日本の読者、とりわけ若い人々の手にわたって、こうした経験が共有できることを期待してやまない。

　最後に、本書は日本学術振興会科学研究費国際共同研究強化（B）東アジア型社会開発に関する国際比較研究（20KK0041、研究代表者：全泓奎）による研究の一環として刊行するものである。

　また、本書の刊行に際しては、明石書店編集部の神野斉氏、岩井峰人氏にご尽力をいただいた。岩井氏には前著（2022）でもお世話になり、今回も写真などの図表が多い中で細かな作業に丁寧にご対応いただいた。ここに記して感謝したい。

全　泓　奎

注
1　全泓奎（2022）『貧困と排除に立ち向かうアクションリサーチ——韓国・日本・台湾・香港の経験を研究につなぐ』明石書店。
2　現在も日本の簡易宿泊所に当たる、いやそれよりもっと劣悪な「チョッパン」と呼ばれる廉価の宿泊所が当該地域の近くに散在している。

参考文献

※英文以外はすべて韓国語文献

第1章

キム・ギョンミン（2014）「20世紀後半クロ工団で再現した19世紀英国ボルジップ」、『プレシアン』

京城帝国大学衛生調査部（2010）『土幕民の生活と衛生』パク・ヒョウンスク訳、ミンソクウォン

国史編纂委員会〈韓国文化史〉（http://contents.history.go.kr/mobile/km/main.do）.

ソウル市（1983）『ソウル6百年史』第5巻

ソウル市（2014）『ベクサマウル住居地保全区域デザインガイドライン樹立委託報告書』

ソウル市政開発研究院（2001）『ソウル20世紀空間変遷史』

ソウル市政開発研究院・韓国都市研究所（2002）『ソウル市ビニルハウス村住民の暮らしと社会政策』ソウル市政開発研究院

大韓住宅公社（2020）『住居実態調査』

チェ・ビョンテク、「日帝時代の庶民を泣かせた住宅難と土幕」ウェブマガジン、〈ヨクサラン〉（http://www.koreanhistory.org/4198）2020.1.17.

チョン・チョルグン「スン・ヒョサン、イ・ロジェ代表が語るベクサ・マウルプロジェクト」、ダウムブログ〈世の中と人の間〉（https://blog.daum.net/prhy0801/15682581）.2016.2.6.

ヤン・ユンジェ（1991）『低所得層の住居地形態研究：巨大都市ソウルのもう一つの暮らしの場』ヨルファダン

「新都市は投機場、噂の立証」《京郷新聞》1990.10.8.

第2章

イ・ギョンジャ（2009）『洗濯場』ムニダン

ソウル市（1979）『低所得市民生活実態調査』

ソウル大学校環境大学院付設環境計画研究所（1993）『不良住宅再開発事業の問題点と開発方案研究』大韓住宅公社

チョ・ウン（2012）『サダン洞プラス25』もう一つの文化

チョ・ウン、チョ・オクラ（1992）『都市貧民の暮らしと空間』ソウル大学校出版文化院

ハ・ソクリョル（1998）「都市無許可定着地の雇用構造」キム・ヒョングク、ハ・ソンギュ編、『不良住宅再開発論』ナナム出版

民主化運動記念事業会編（2009）『韓国民主化運動史2：維新体制期』トルベゲ

ユン・ジュンホ（1988）「ボン洞日記3：ドヒョギ兄さんへの手紙」『ボンドンに降る雨』、文学と知性社

KDI（1981）『貧困の実態と零細民対策』

KDI（1981）『零細民住居環境と改善対策』

KDI（1982）『零細民対策と財政』

「全国タルドンネに『上陸警察官』零細民集団居住地域に固定配置」《中央日報》1984.11.6.

第3章

大韓ニュース第1143号、1977.7.19.

チョ・セヒ（2000）『こびとが打ち上げた小さなボール』理性と力

民主化運動記念事業会編（2010）『韓国民主運動史3：ソウルの春から文民政府樹立まで』トルベゲ

ユン・フンギル（1977）『9足の靴で残った男』文学と知性社

「チョンゲチョンの氾濫」《京郷新聞》1963.6.22.

「路地に鉄条門をつける」《京郷新聞》1964.9.29.

「あわただしい強制撤去の末に」《京郷新聞》1970.4.29.

「クァンジュの川べりでうめく撤去民村」《京郷新聞》1970.6.3.

「パンジャチョン撤去に催涙弾、サダン洞投石で立ち向かう住民と二日目の対決」《京郷新聞》1970.11.7.

「来年3月まで分譲、クァンジュ団地入居権転売防ぐ」《京郷新聞》1970.11.11.

「サダン洞かくれんぼ―バラック撤去」《京郷新聞》1970.11.11.

「世界の始まりと終わり（7）市民マンション」《京郷新聞》1971.2.26.

「ソウルの新風速度（128）市民マンション」《京郷新聞》1971.4.6.

「ソウルの新風速度（131）市民マンション」《京郷新聞》1971.4.10.

「クァンジュ無許可建物20日までに撤去」《京郷新聞》1971.5.18.

「不動産で裏取引、入居証一枚に10・60万ウォン」《京郷新聞》1971.7.21.

「今年7万5千人が入居」《京郷新聞》1971.7.21.

「クァンジュ団地整理に大きく停滞、無許可転入者がほぼ半分」《京郷新聞》1971.8.6.

「首謀者11人に令状申請」《京郷新聞》1971.8.11.

「2人に実刑申告、クァンジュ団地騒動事件、18人に執行猶予」、《京郷新聞》1972.1.29.

「ここに行政を：ヨンドゥンポ区シンジョン・シンウォル撤去民定着団地」《京郷新聞》

1974.9.18.

「一瞬で多くの命を奪った恐怖の落雷」《京郷新聞》1977.7.9.

「失火か放火か」《京郷新聞》1992.3.9.

《クムチョンコミュニティ新聞》2011.7.27.

「5階建て市民マンションが倒壊」《中央日報》1970.4.8.

「シフン土砂崩れ地区道路新設」《中央日報》1987.9.14.

「路頭に放り出された冬の夜」《朝鮮日報》1962.11.28.

「ソンイン洞パンジャチョン撤去」《朝鮮日報》1964.10.16.

「灰に埋もれた生計、ナムサン洞火災速報」《朝鮮日報》1966.1.20.

「パンジャチョンの雨」《朝鮮日報》1967.8.27.

「電車、来年着工」《朝鮮日報》1968.11.24.

「チョンゲ川のパンジャチョンに火」《朝鮮日報》1969.10.21.

「ワウ新マンション崩壊」《朝鮮日報》1970.4.9.

「クァンジュを衛星都市に」《朝鮮日報》1970.5.20.

「『テントでは冬を越せない』」《朝鮮日報》1970.9.29.

「クァンジュ団地入居証書偽造」《朝鮮日報》1970.10.4.

「クァンジュ大団地460世帯分譲権取り消し」《朝鮮日報》1970.11.3.

「撤去民泣かせの入居権」《朝鮮日報》1970.11.4.

「無許可建物撤去班クァンジュ団地に常住《朝鮮日報》1970.12.20.

「クァンジュ団地事業所などが壊される」《朝鮮日報》1971.5.21.

「団地付近に受け入れるよう」《朝鮮日報》1971.6.8.

「荒地の傷を洗い流して…」《朝鮮日報》1974.2.10.

「ソンナム移住ソウル撤去民たち、大部分定着に失敗」《朝鮮日報》1974.4.14.

「ソチョ、コッマウルに火、4人が死亡」《朝鮮日報》1992.3.9.

「コッマウルで火災、138名が家を失う」《朝鮮日報》1998.4.4.

「水災民・バラック撤去民の定着計画が足踏み状態に」《中央日報》1965.10.26.

「消防路がなく出動した消防車もただ火を見ているしかなく：パンジャチョン火災の問題点」
　　《中央日報》1969.12.17.

「ソウルの脆弱性、その欠点を突く」《東亜日報》1966.7.19.

「水魔の季節、水に流されるからだ」《東亜日報》1967.7.22.

「住宅団地造成不振」《東亜日報》1969.1.13.

「パンジャチョンに岩がかぶさる」《東亜日報》1969.1.20.

「マンションを繰り上げて完成、68年以降、パンジャチョンを5月から撤去、金市長が念押
　　し」《東亜日報》1969.4.22.

「無許可パンジャチョン撤去に反対、こどもも参加、1000人余りが登校拒否」《東亜日報》
　　1969.6.9.

「パンジャチョン民：撤去班員投石戦、合わせて 60 余りが重軽傷」《東亜日報》1969.6.30.

「全水防要員非常勤務令」《東亜日報》1969.7.16.

「厳寒でのバラック強制撤去」《東亜日報》1969.12.3.

「震えながら暮らす 800 世帯」《東亜日報》1970.1.10.

「クァンジュ大団地開発、ヤン市長」《東亜日報》1970.5.19.

「クァンジュ撤去民の生活難が深刻に」《東亜日報》1970.6.24.

「偽造入居証、押印は本物」《東亜日報》1971.7.22.

「無許可バラックの整理進展せず」《東亜日報》1971.8.2.

「払下げ土地価格引き下げ要求、クァンジュ団地大規模騒動」《東亜日報》1971.8.10.

「クァンジュ団地：拙速な市政に苦情爆発、強制移住、都市化計画の虚」《東亜日報》
　　1971.8.11.

「お腹が空いてしかたがない」《東亜日報》1975.2.7.

「シフン事件の死亡者合わせて 38 人」《東亜日報》1977.7.11.

「市民マンション危険、70 年前後に乱立工事：67 棟が特別管理」《東亜日報》1996.12.16.

「罹災者が千名余り」《毎日経済新聞》1967.10.30.

「とんでもない団地移住」《毎日経済新聞》1969.8.7.

「無視された零細民マンション、入居権が安価で売買」《毎日経済新聞》1969.11.8.

「暗澹たるクァンジュ大団地造成、予算確保やっと 10%」《毎日経済新聞》1969.12.29.

「無許可建物 2 万棟が撤去」《毎日経済新聞》1970.1.13.

「騒動…市民マンション」《毎日経済新聞》1970.2.12.

「マンション、クァンジュ団地入居後 6 か月以内は転売できないように市条例規定を整備」
　　《毎日経済新聞》1970.7.9.

「ヤンソウル市長クァンジュ大団地 350 万坪大団地規模で開発」《毎日経済新聞》1970.7.21.

「クァンジュ団地入居に不正、市職員 2 名を拘束」《毎日経済新聞》1970.8.4.

「無許可宅地開発、クァンジュ団地の向かいに大規模」《毎日経済新聞》1971.3.17.

「要求条件すべて受け入れ」《毎日経済新聞》1971.8.11.

「痛みを経験する衛星都市、クァンジュ団地住民騒動の拡大」《毎日経済新聞》1971.8.12.

「クェワンジュ団地移住計画に伴うバラック撤去中止」《毎日経済新聞》1971.8.17.

「ミン・ジョンドク、［イ・ソソン平伝―母の道 20］火災で見えなくなった目、キリスト教と
　　サンムン洞に出会う」《毎日労働ニュース》2014.10.8.

「パンベ洞ビニールハウスに火」《連合ニュース》2001.7.18.

安全保険公団ブログ（https://blog.naver.com/koshablog/10022788148）

MB ニュースデスク、1987.7.27.

第 4 章

イ・ソンファ（2021）「公共賃貸住宅のライフサイクル別住居安全効果に関する研究」セ

ジョン大学校博士学位論文

カン・ミナ、ウ・ミナ（2018）「賃貸で負担過多世帯の住居特性と政策的支援方案」『国土政策 Brief』

キムサンテ、クォン・ヨンサン（2020）「都市貧困住居地としての多家口・多世代住宅屋根裏部屋の形成と偏か：クァナク区ボンチョン洞洞一帯の青年世帯事例を中心に」『韓国都市計画会誌 21（2）』

建設交通部（2005）『永久賃貸住宅住居実態調査』

国土交通部（2018）『住宅以外の住まい住居実態調査』

消防防災庁白書各年度

ソウル市（2018）『ソウル市チョッパン密集地域の建物実態及び居住民実態調査』

ソウル市（2020）『ソウル市コシウォン報告書：居住実態及び居住世帯実態調査』

大韓住宅公社（2005）『地下住居空間の住居環境と居住民実態に関する研究』

大韓住宅公社（2005）『チョッパン住民の住居実態及び住居安全対策に関する研究』

「都市における貧しい人々の最後の住居地：地獄の下のチョッパン」《韓国日報》2019.5.7.〜2019.5.9.

「2020 コシウォン探査記」《京郷新聞》2020.10.07.

「クギルコシウォングラフィック」《連合ニュース》2018.11.9.

第 5 章

カン・セフン（1998）「都市化、国家、そして都市貧民」キム・ヒョングク、ハ・ソンギュ編『不良住宅再開発論』ナナム出版

キム・ウジン（1985）「不良住宅再開発住民の再定着の特性に関する研究」ソウル大学校修士論文

キム・ヒョングク（1998）「サンゲ洞騒動の顛末」キム・ヒョングク、ハ・ソンギュ編『不良住宅再開発論』ナナム出版

建設交通部（2005）『永久賃貸住宅住居実態調査』

大韓住宅公社（2005）『地下住居空間の住居環境と住民の実態に関する研究』

チョ・ウン、チョ・オクラ（1992）『都市貧民の暮らしと空間』ソウル大学校出版文学院

第 6 章

ソウル研究院（2017）『ソウル市低層住居地の実態と改善方向』

ソウル市住居環境改善政策諮問委員会（2009）「ソウル市住居環境改善政策総合点検及び補完発展方案」ソウル市住居環境政策公聴会資料集

ソウル政策アーカイブ（https://seoulsolution.kr/ko/content/）

ユ・ギヒョン（2015）「ソウル市土地区画整理時用の制度持続性研究」『ソウル都市研究』第 16 巻第 3 号

第 7 章

"6 Remarkable Mobile Home Statistics You Need to Know", *Movity*, 2020.1.29.

Abbé Pierre & FEANTSA, "Fifth Overview of Housing Exclusion in Europe 2020", 2020.

"Are Manufactured Homes a Solution to the Housing Affordability Crisis?", Apartment List, 2018.6.15.

Castells, M., Goh, L. and Kwok, R. W., *The Shek Kip Mei Syndrome: Economic Development and Public Housing in Hong Kong and Singapore*, Pion, 1990.

Center on Budget and Policy Priorities, Renters' Income Haven't Caught Up to Housing Costs（https://www.cbpp.org/renters-incomes-havent-caught-up-to-housing-costs）

Census and Statistics Department, "Persons Living in Subdivided Units", *Thematic Report*, 2018.

"City's basement apartment crackdown ramps up", *The Real Deal*, 2020.2.4.

"Estimated number of homeless people in the U.S. 2007-2020", *Statista*, 2021.3.23.

Hong Kong Housing Authority（https://www.housingauthority.gov.hk/en/）

"Informal Settlements in South Africa", *Borgen megazine*, 2019.10.9.

"No way out: How Hong Kong's subdivided flats are leaving some residents in fire traps", *SCMP*, 2017.5.16.

"Number of mobile homes in the U.S. 2015-2023", *Statista*, 2020.11.6.

"Ramshackle subdivided flats in Hong Kong's old buildings are an 'urban ticking time bomb', researchers warn", *SCMP*, 2018.7.15.

"Rents for Subdivided flats in Hong Kong hit a new high, concern group study shows", *SCMP*, 2019.6.23.

"Subdivided flats leave some Hongkongers in fire traps", *Today*, 2017.5.29.

"The New York City real estate market has gotten so bad that people are paying millions to live in the basement", *Business Insider*, 2018.8.21.

UN Habitat, "Informal Settlements", *Habitat III Issue Papers 22*, 2015.

UN Habitat, "Global Urban Indicators Database", 2020.

UN, "Report of the Special Rapporteur on adequate housing as a componet of the right to an adequate standard of living, and on the right to non-discrimination in this context", UN 총회 자료 , 2018.

"Why do so many Americans live in mobile homes?", *BBC News*, 2013.9.24.

第 8 章

UN-Habitat ホームページ（https://unhabitat.org）

補論

キム・スヒョン、チン・ミユン（2021）『住居に閉じ込められた国、東アジアと中国』五月の春、358 頁

【著者】

金 秀顯（きむ・すひょん）

韓国世宗大学公共政策大学院教授。韓国都市研究所所長、ソウル研究院院長を経て、盧武鉉・文在寅政府に参画。

主要著作：『不動産は終わった』、『韓国の貧困』、『夢の住宅政策を求めて』など。

【訳者】

川本 綾（かわもと・あや）

大阪公立大学客員研究員

主要著作：『移民と「エスニック文化権」の社会学——在日コリアン集住地と韓国チャイナタウンの比較分析』（明石書店、2018 年）、「移民と『エスニック文化権』——日本・韓国・台湾における移民の子どもたちの教育と課題」谷富夫他編著『社会再構築の挑戦——地域・多様性・未来』（ミネルヴァ書房、2020 年）など。

松下 茉那（まつした・まな）

神戸大学大学院国際協力研究科博士後期課程

主要著作：「第 4 章 韓国におけるホームレス問題と寄せ場型地域の社会開発実践——チョッパン地域における住民協同会活動を中心に」全泓奎・志賀信夫編著『東アジア都市の社会開発——貧困・分断・排除に立ち向かう包摂型政策と実践』（明石書店、2022 年）、『寄せ場型地域の居住支援にかんする日韓比較研究』（共編著、URP レポートシリーズ 54、2022 年）など。

【監訳者】

全 泓奎（じょん　ほんぎゅ）

大阪公立大学都市科学・防災研究センター・大学院現代システム科学研究科教授

主要著作：『貧困と排除に立ち向かうアクションリサーチ——韓国・日本・台湾・香港の経験を研究につなぐ』（明石書店、2022 年）、『包摂型社会——社会的排除アプローチとその実践』（法律文化社、2015 年）など。

韓国の居住と貧困
スラム地区パンジャチョンの歴史

2024 年 9 月 10 日　初版第 1 刷発行

著　者	金　　秀　顯
監訳者	全　　泓　奎
訳　者	川　本　　綾
	松　下　茉　那
発行者	大　江　道　雅
発行所	株式会社 明石書店

〒 101-0021 東京都千代田区外神田 6-9-5
電　話　03（5818）1171
FAX　03（5818）1174
振　替　00100-7-24505
https://www.akashi.co.jp/

装　丁	明石書店デザイン室
印刷・製本	モリモト印刷株式会社

（定価はカバーに表示してあります）　　　ISBN978-4-7503-5815-4

移民と「エスニック文化権」の社会学
在日コリアン集住地と韓国チャイナタウンの比較分析
川本綾著
◎3500円

社会的企業の日韓比較
政策・ネットワーク・キャリア形成
米澤旦、福井康貴編著
◎4500円

韓国型福祉レジームの形成過程分析
国民年金・医療保険・介護保険・保育政策を中心として
BAE JUNSUB著
◎4500円

韓国経済がわかる20講【改訂新版】
援助経済・高度成長・経済危機から経済大国への歩み
裵海善著
◎2500円

韓国現代史60年
徐仲錫著　文京洙訳　民主化運動記念事業会企画
◎2400円

居住の貧困と「賃貸世代」
国際比較でみる住宅政策
小玉徹著
◎3000円

韓国の公的扶助
「国民基礎生活保障」の条件付き給付と就労支援
松江暁子著
◎3800円

移民大国化する韓国
労働・家族・ジェンダーの視点から
春木育美、吉田美智子著
◎2000円

朝鮮王朝の貧困政策
日中韓比較研究の視点から
朴光駿著
◎6000円

韓国福祉国家の挑戦
金成垣著
◎3500円

福祉国家の日韓比較
「後発国」における雇用保障・社会保障
金成垣著
◎2800円

韓国福祉国家はいかにつくられたのか
民主化以降における福祉政策と福祉政治
キム・ヨンスン(金榮順)著　金成垣、松江暁子訳
◎4500円

アジアにおける高齢者の生活保障
持続可能な福祉社会を求めて
金成垣、大泉啓一郎、松江暁子編著
◎3200円

中国の弱者層と社会保障
「改革開放」の光と影
埋橋孝文、于洋、徐栄編著
◎3800円

転換期中国における社会保障と社会福祉
グローバリゼーションと東アジア社会の新構想5
日中社会学叢書
袖井孝子、陳立行編著
◎4500円

中国の介護保険構想
持続可能な制度構築へ向けた政策分析
楊慧敏著
◎3500円

〈価格は本体価格です〉

日中韓の貧困政策

理論・歴史・制度分析

五石敬路、ノ・デミョン、王春光 [編著]

◎A5判／上製／352頁　◎4,500円

日本・中国・韓国の研究者が共同で取り組んだ、東アジアの貧困に関する理論、政策、実態に関する実証研究の成果。各国における貧困の実態を最新のデータにより明らかにし、その歴史や制度枠組み、高齢者や子どもの貧困等に関する個別の論点を比較検討した。

●内容構成

第I部　理論と歴史

第1章　日中韓における貧困と社会政策　　　[ノ・デミョン・王春光・五石敬路]

第2章　中国農村部における貧困問題の設定と反貧困の実践に
　　　　関する理論的・政策的考察　　　　　　　　　　　[王春光]

第3章　早熟な脱工業化と社会政策への影響　　　　　　[五石敬路]

第II部　事実・分析

第4章　韓国の所得貧困とその争点　　　　　　　　　[イ・ヒョンジュ]

第5章　中国における相対的貧困と都市・農村格差　　　　[孫婧芳]

第6章　日中韓における家族形態と貧困　　　　　　　　[四方理人]

第III部　制度・政策

第7章　韓国の貧困政策　　　　　　　　　　　　[キム・ヒョンギョン]

第8章　中国における社会政策と農村の貧困削減　　[方倩・李秉勤]

第9章　日本の公的扶助制度および貧困対策　　　　　　　[湯山篤]

第IV部　現在の課題分析

第10章　韓国における高齢者の貧困と老後所得保障　　[ノ・デミョン]

第11章　日本における高齢者の貧困と所得保障政策　　　[四方理人]

第12章　多次元的な子どもの貧困の現況と課題　　　　[リュ・ジョンヒ]

第13章　都市部の低所得者向け住宅政策問題の考察　　　　　[王晶]

第14章　住まいの貧困から見る日本の住宅政策　　　　　[佐藤和宏]

第15章　正規と非正規：就業形態が農民工のワーキングプアに
　　　　与える影響　　　　　　　　　　　　　[李振剛・張建宝]

〈価格は本体価格です〉

東アジア都市の社会開発

貧困・分断・排除に立ち向かう包摂型政策と実践

全泓奎、志賀信夫 [編著]

◎A5判／並製／272頁　◎3,000円

東アジア各国の都市の貧困・社会的排除に立ち向かう地域実践の仕組みを、「社会開発（Social Development）」という文脈から比較検討し、社会的不利を被りがちな地域や人に対する社会開発の東アジアモデルの導出に資することを目指す。

《内容構成》

第1章　東アジアにおける社会的投資とアセット形成型社会開発アプローチ

第2章　公害問題から検討する「社会開発」

第3章　パートナーシップによる社会開発の推進
　　　　── SDGsの歴史的背景を踏まえた国内実施に求められる視点

第4章　韓国におけるホームレス問題と寄せ場型地域の社会開発実践
　　　　── チョッパン地域における住民協同会活動を中心に

第5章　ソウルと大阪における移住者の社会開発と地域コミュニティ
　　　　── カトリック大阪大司教区社会活動センターシナピス

第6章　日韓の生活困窮者支援比較 ── 地域福祉施策の観点から

第7章　城中村改造と包摂型住宅政策の実現

第8章　香港における社会的弱者向けのソーシャルインフラストラクチャーの都市地理的発展背景

第9章　社会的不利地域における福祉のまちづくりを支えるフードバンクの仕組み
　　　　── 台北市南機場団地における「南機場フードバンク」の事例から

第10章　台湾における外国にルーツを持つ子どもの支援

〈価格は本体価格です〉

映画で読み解く東アジア

社会に広がる分断と格差

全泓奎［編著］

◎A5判／並製／240頁　◎2,800円

東アジアを対象とする研究者たちが、各国の居住、雇用、社会保障、マイノリティ、ジェンダー等、社会の貧困や排除、差別、格差、分断にかかわる映画を選んで紹介。映画を通して東アジアの社会と歴史、暮らし、連帯の経験と未来への理解をはかる。

《内容構成》

第 1 部　居住と開発
第 1 章　都市の発展と開発主義に翻弄される家族とコミュニティ
第 2 章　韓国における居住貧困問題
第 3 章　伝統と現代に揺らぐ中国民衆たちの都市化

第 2 部　貧困と社会的排除
第 4 章　映画のなかの社会保障
第 5 章　映画から読み取る中国の社会保障の変遷

第 3 部　ジェンダー・LGBTQ
第 6 章　日本の娘たちの経験の同時代性と今日性
第 7 章　台湾における性の多様性の受容と分断

第 4 部　社会的弱者と差別
第 8 章　多様なライフコースが交差する多文化空間
　　　　──韓国の移住者の現在
第 9 章　部落差別の過去と現在──100年前から何が変わったのか
第 10 章　台湾社会における多様なマイノリティ層に関する現状と課題
第 11 章　ラディカルな香港、ラディカルな『時代革命』

〈価格は本体価格です〉

貧困と排除に立ち向かうアクションリサーチ

韓国・日本・台湾・香港の経験を研究につなぐ

全泓奎［著］

◎四六判／上製／216頁　◎2,800円

韓国で社会運動に関わったのち来日し、日本を含む東アジア都市で社会問題現場の当事者とともに解決にむけた研究を「アクションリサーチ」として行ってきた著者が、これまでの経験をもとに、貧困・排除に抗する研究の実践と研究手法についてまとめた一冊。

●内容構成

はしがき──焼き芋を売る

序論　アクションリサーチとライフ・ヒストリー法

第1章　ホームレスの人びとへのアクションリサーチ
1.ホームレス支援との出会い／2.フェイス・トゥ・フェイス（Face to Face）／3.当事者の声を聴く／4.水平交流の推進／5.おっちゃんが販売する雑誌──制度を変える制度を創り出す

第2章　住まいと地域へのアクションリサーチ
1.貧困か社会的排除か／2.社会的排除概念の歴史的な展開／3.貧困と社会的排除関連概念の比較／4.社会的排除アプローチから見た居住問題の含意／5.社会的包摂・排除に関連した地域の分類と対応課題

第3章　アクションリサーチの実践
1.和歌山在住在日コリアンの暮らしと生活課題へのアクションリサーチ／2.被差別部落のまちづくりとアクションリサーチ／3.地区共同のまちづくりに向けた新しい拠点──まちづくり合同会社「AKYインクルーシブコミュニティ研究所」の発足／4.被災外国人へのアクションリサーチ／5.東アジアにおける社会的不利地域居住者へのアクションリサーチ

〈価格は本体価格です〉